# 职业本科大学英语教学方法与课程设计

强 薇 著

哈尔滨出版社
HARBIN PUBLISHING HOUSE

# 图书在版编目（CIP）数据

职业本科大学英语教学方法与课程设计 / 强薇著.
哈尔滨：哈尔滨出版社，2024. 7. -- ISBN 978-7-5484-8062-4

Ⅰ. H319.3

中国国家版本馆CIP数据核字第2024ZN9847号

书　　名：职业本科大学英语教学方法与课程设计
ZHIYE BENKE DAXUE YINGYU JIAOXUE FANGFA YU KECHENG SHEJI

作　　者：强　薇 著
责任编辑：韩伟锋
封面设计：张　华
出版发行：哈尔滨出版社（Harbin Publishing House）
社　　址：哈尔滨市香坊区泰山路 82-9 号　邮编：150090
经　　销：全国新华书店
印　　刷：北京昌联印刷有限公司
网　　址：www.hrbcbs.com
E - mail：hrbcbs@yeah.net
编辑版权热线：（0451）87900271　87900272
开　　本：787mm×1092mm　1/16　印张：12.5　字数：250 千字
版　　次：2024 年 7 月第 1 版
印　　次：2024 年 7 月第 1 次印刷
书　　号：ISBN 978-7-5484-8062-4
定　　价：76.00 元

凡购本社图书发现印装错误，请与本社印制部联系调换。

服务热线：（0451）87900279

# 前言

英语作为国际通用语言，在当今全球化环境下扮演着至关重要的角色。职业本科大学英语教学方法与课程设计必须紧密结合现实需求，注重培养学生实际运用英语的能力。教学方法应当融会贯通多种途径，包括但不限于交际法、任务型教学以及内容与语言综合教学法。这些方法强调学生的参与与互动，促进学生在实际情境中运用英语，从而提高英语的能力。课程设计在职业本科英语教学中具有至关重要的地位。合理的课程设计应该以学生为核心，围绕着他们的学习需求展开。基于任务型教学理念的课程设计可以使学生置身于实际工作场景中，通过解决实际问题来学习语言。课程设计也应该兼顾语言技能的全面发展，如听、说、读、写等方面的综合训练，使学生在各个方面都能得到全面提升。

在职业本科大学英语教学中，教师扮演着至关重要的角色。教师应当具备专业知识和丰富的教学经验，同时具备灵活运用不同教学方法的能力。他们应当激发学生的学习兴趣，鼓励学生自主学习，培养他们的自主思考和解决问题的能力。教师也应该注重个性化教学，因材施教，根据学生的特点和水平量身定制教学方案，使每个学生都能够得到充分的发展。除教师的作用外，对教学资源的合理利用也是职业本科大学英语教学的重要组成部分。利用多媒体技术、网络资源等现代化手段，可以丰富教学内容，提高教学效果。这些资源的合理运用不仅可以增加教学的趣味性和多样性，还能够拓展学生的学习渠道，提高他们在英语学习中的积极性和主动性。职业本科大学英语教学方法与课程设计应当立足于现实需求，以学生为中心，注重培养学生的语言实际运用能力。教师和教学资源的合理利用也是提高教学质量的重要环节。多种教学方法的综合运用和科学合理的课程设计，可以更好地促进学生英语能力的全面提升。

# 目 录

## 第一章 大学英语教育的重要性················1
### 第一节 大学英语在职业本科教育中的地位················1
### 第二节 大学英语的学科特点················5
### 第三节 大学英语教育与职业发展················9
### 第四节 大学英语课程设计的目标················14

## 第二章 大学英语课程设置与结构················19
### 第一节 大学英语核心课程················19
### 第二节 课程模块化设计················23
### 第三节 大学英语教材选择················26
### 第四节 课程评估与反馈················31

## 第三章 大学英语教学方法与策略················37
### 第一节 交际法在大学英语教学中的应用················37
### 第二节 任务型教学设计················41
### 第三节 合作学习与小组活动················45
### 第四节 多媒体与技术辅助教学················50

## 第四章 大学英语教学评估与反馈················55
### 第一节 大学英语课堂评估方法················55
### 第二节 大作业设计与管理················60
### 第三节 个性化学习与反馈机制················66
### 第四节 学生参与与自我评估················71

## 第五章　跨文化英语教学与国际化视角 ……… 77
- 第一节　文化意识与大学英语教育 ……… 77
- 第二节　跨文化沟通技能培养 ……… 82
- 第三节　国际化视角的大学英语 ……… 87
- 第四节　英语交流与国际合作 ……… 91

## 第六章　大学英语教育技术与在线教学 ……… 97
- 第一节　教育技术在大学英语教育中的应用 ……… 97
- 第二节　在线学习平台与资源 ……… 101
- 第三节　远程教育的优势与挑战 ……… 106
- 第四节　创新技术对大学英语的影响 ……… 111

## 第七章　大学英语教育的专业发展 ……… 116
- 第一节　教育技能与教师发展 ……… 116
- 第二节　大学英语研究与论文写作 ……… 124
- 第三节　学术会议与专业协会 ……… 131
- 第四节　大学英语教育的未来趋势 ……… 137

## 第八章　大学英语教育政策与法规 ……… 143
- 第一节　大学英语教育政策概览 ……… 143
- 第二节　法规合规与课程设计 ……… 150
- 第三节　教育改革对大学英语的影响 ……… 156
- 第四节　教育政策变化的应对策略 ……… 161

## 第九章　大学英语教学的未来发展 ……… 168
- 第一节　大学英语教育的未来挑战 ……… 168
- 第二节　技术与教育的融合 ……… 173
- 第三节　全球化与大学英语教育 ……… 178
- 第四节　新趋势与前景展望 ……… 185

## 参考文献 ……… 193

# 第一章 大学英语教育的重要性

## 第一节 大学英语在职业本科教育中的地位

### 一、核心课程

#### （一）语言基础与沟通技能

大学英语语言基础是学生学习英语的基石。这一基础涵盖了语法、词汇和语音等多个方面。语法是英语的结构基础，它规定了单词组成句子和表达意思的方式。了解和掌握英语语法规则对于构建准确的句子至关重要。词汇则是语言的基本单位，它包括单词和短语，是表达思想和交流的关键。掌握丰富的词汇可以让学生更加灵活地表达自己的想法。语音是语言交流中的重要组成部分，正确的发音和语调可以帮助学生更好地被他人理解。理解和掌握语言基础对于学生在学习和实践中运用英语至关重要。语法的正确运用可以让学生在书面和口语表达中更准确地传达信息。词汇量的增加不仅可以丰富表达方式，还可以让学生更容易理解和解释复杂的概念。正确的语音和语调可以使学生更流利地与他人交流，减少交流障碍，提高交流效率。语言基础的学习需要持之以恒的努力和实践。反复地练习和应用，学生可以逐步加深对语法规则和词汇的理解和掌握。阅读、写作、听力和口语练习都是巩固语言基础的有效途径。积极参与语言交流活动，与其他英语使用者交流和互动，也是提高语言基础的重要方式。语言基础是学生在学习和工作中不可或缺的基础。它为学生提供了扎实的语言能力，使他们能够更好地适应各种语言环境，为未来的职业发展奠定坚实的基础。掌握良好的语法、词汇和语音能力，不仅可以提高学生的学术水平，还可以在跨文化交流和国际化工作中有出色的表现。沟通是一门精湛的艺术，它不仅仅是简单地信息交流，更是建立关系、传达情感和理念的方式。在大学英语学习中，培养良好的沟通技能至关重要。沟通能够促进思想交流和知识共享。与他人交流，可以汲取不同观点和见解，拓宽自己的视野，丰富自己的思维。良好的沟通能力对个人职业发展至关重要。在当今社会，无论是求职面试还是工作中的团队合作，都需要良好的沟通技能。有效的沟通可以帮助我们表达自己的想法，准确传达信息，并且更好地理解他人，从而更好地完成工作任务。良好的沟通技能也是建立人际关系的重要途径。与同学、老师、同事或者其他社交群体进行良好的交流，可以建立起互信、共鸣和合作的关系，这对于个人成长和社交发展都至关重要。大学英语课程不仅仅是为了提高语言能力，更是为了培养学生的沟通能力，这种能力在日后的生活和职业中都具有重要意义。

## （二）文学与文化

文学与文化紧密相连，相互影响。文学作为文化的表达方式，承载着特定时代和地域的价值观念、历史和传统。文学作品不仅反映了特定文化的精髓，也推动了文化的传承和演变。文学作为文化的一部分，塑造着人们的思维方式和生活态度，深刻影响着社会的发展和个体的成长。文学作品展现了文化的多样性和丰富性。不同文化背景下的文学作品体现了不同的信仰、价值观和生活方式。这些作品不仅记录了过去，也塑造了现在和未来。阅读和研究文学作品，可以了解到不同文化之间的相似性和差异性，促进文化间的交流和理解。文学作为文化的载体，传递着文化的精神内涵。文学作品反映了特定文化所重视的思想、美学和道德观念。它们的情节、人物和语言风格展现了文化中的核心价值和特征。这种传承和表达文化的方式不仅让人们了解到文化的深厚内涵，也有助于人们更好地保护和传承文化遗产。文学也是文化交流和融合的桥梁。在全球化的今天，不同文化之间的交流和融合变得更加频繁和紧密。文学作品不受地域限制，可以跨越语言和国界，在阅读和理解中感受到来自不同文化的精彩。这种跨文化交流和融合促进了人类文明的发展和进步。文学与文化密不可分。文学作为文化的表达方式和传承工具，展现了文化的多样性和丰富性，传递了文化的精神内涵，同时也促进了文化间的交流与融合。文学使人们能够更加全面地理解和体验不同文化，促进人类文明的繁荣与进步。

### (三)学术写作与研究

学术写作和研究在大学英语教育中占据重要位置。学术写作要求准确表达思想，结构清晰，逻辑严谨。它涉及对问题的深入思考和分析，以及对相关文献和资料的查找和引用。学术写作的目的是传达新观点、新发现或者对现有知识的深入探讨。研究是学术写作的基石，需要系统性的探究和分析。进行研究需要提出问题、收集数据、分析信息，并最终得出结论。这个过程需要扎实的方法论和严谨的思维，以确保研究的可信度和可靠性。学术研究是推动学科进步和知识创新的关键。在大学英语教育中，学术写作和研究能力的培养是非常重要的。学生需要掌握正确的写作技巧和研究方法，以便能够进行有意义的学术交流和贡献。学术写作和研究训练也有助于学生培养批判性思维和解决问题的能力，使他们在未来的学术和职业生涯中更加成功。学术写作和研究也需要规范和遵循一定的学术伦理。这包括对他人的成果和知识的尊重，避免抄袭和剽窃，以及确保研究结果的透明和可复制性。遵守学术道德规范对于学术社区的健康发展和持续进步至关重要。学术写作和研究在大学英语教育中具有重要意义。它们不仅是学生提升语言能力和表达能力的有效途径，更是培养学生批判性思维和解决问题的能力的关键。学术写作和研究的训练使学生能够更好地参与到学术界的交流和创新中，为学科发展和社会进步做出贡献。

## 二、职业化需求

### (一)专业英语技能

大学英语在职业本科教育中扮演着至关重要的角色，尤其是在培养学生专业英语技能方面。这种技能涵盖了多个层面，包括英语听力、口语、阅读和写作。在职业本科教育中，专业英语技能是学生成功融入特定职业领域必不可少的。专业英语技能在职业本科教育中的重要性体现在英语听力方面。学生需要能够准确理解听到的英语，特别是关于其所学专业领域的内容。这涉及对专业术语和概念的准确理解，从而为未来的工作做好准备。良好的听力技能还有助于学生更好地融入国际化的工作环境以及与外国同事进行有效沟通。口语能力也是专业英语技能中至关重要的一环。在职业本科教育中，学生需要能够用流利、清晰的英语表达自己的观点和想法。这不仅仅是简单的语法和词汇运用，更是能够与同事、客户和上司有效交流的关键。良好的口语能力使学生能够在工作场所更加自信地展现自己，提高工作效率并取得更好的职业发展。专业英语技能也体现在阅读方面。学生需要有能力阅读和理解专业领域的英语文献、报告和资料。这有助于他们获取最新的专业知识和信息，保持对行业发展的了解，并能够在工作中灵活运用这些知识。良好的阅读能力也为学生提供了更广阔的学习和成长空间，使他们成为行业中的佼佼者。专业英语技能还包括写作能力。学生需要能够以清晰、准确的英语编写专业文档、报告和邮件。良好的写作技能不仅能够展现学生的专业素养，还能够有效地传达信息，提高工作效率。书面表达使学生能够更好地与他人分享想法、解决问题，在职业领域中有出色的表现。在职业本科教育中，专业英语技能对于学生的未来职业发展至关重要。良好的听力、口语、阅读和写作能力可以帮助学生更好地适应职场环境，提高工作表现，从而更好地实现个人职业目标。

### （二）行业特定沟通技能

研究大学英语的行业特定沟通技能是为了更好地满足不同行业中的交流需求。不同行业有着各自独特的专业术语和沟通模式，因此，掌握适用于特定领域的英语技能对于成功融入工作环境至关重要。医学领域需要专业的医学术语和与患者的清晰的交流能力，而商业领域则需要掌握商务会话和报告的技巧。工程领域的沟通需求与其他领域不同，需要准确表达技术细节和解决方案。因此，大学英语教育需要为学生提供具体的行业英语技能，使他们能够在进入职场后顺利地与同事和客户进行沟通。行业特定的英语沟通技能对于学生的职业发展至关重要。它不仅仅是语言能力的提升，更是学生在特定行业中表现出色的证明。医学生需要掌握医学术语，以便与患者和医疗团队有效地交流。商务专业的学生需要学习商务英语，掌握商务谈判和书面沟通的技巧。工程师则需要理解和表达技术细节，与同事和客户合作解决问题。这些行业特定的沟通技能是他们在职业生涯中取得成功的关键。教育机构和教师们需要针对不同行业的需求来调整课程，以帮助学生提高相应领域的英语交流技能。模拟真实的工作场景，教师可以帮助学生熟悉特定行业的沟通方式，并提供实际的案例和练习，以加强他们的专业英语技能。这样的教学方法有助于学生更好地适应特定行业的工作环境，并为他们的职业发展奠定坚实基础。行业特定的英语沟通技能是大学英语教育中至关重要的一部分。大学教育为学生提供特定领域的英语技能，可以更好地满足不同行业对于英语沟通能力的需求，帮助学生顺利进入并成功融入特定领域的职场。

### （三）跨文化交流和国际化需求

大学英语学习不仅仅是为了提高语言能力，更重要的是为了应对跨文化交流和国际化的需求。在当今全球化的背景下，跨文化交流变得日益重要。人们来自不同的文化背景，语言只是交流的媒介，而理解和尊重彼此的文化差异才是真正的挑战。跨文化交流需要更多的包容心和开放态度，需要我们深入了解不同文化的历史、价值观念和习俗。国际化需求也在不断增长。随着全球经济的融合和国际交往的增加，人们需要具备良好的英语沟通能力，以适应国际化的环境。国际化并不仅仅指跨越国界进行交流，更重要的是融合不同文化、思维方式和工作方式，以更好地解决全球性问题。大学英语课程应该注重培养学生的跨文化意识和国际化视野，帮助他们具备跨越文化障碍的能力，并且适应多样化、开放性的国际环境。这不仅有助于个人的成长，也对社会的发展具有重要意义。

## 第二节 大学英语的学科特点

### 一、语言的灵活性与变化性

#### （一）语法与词汇的多样性

大学英语中的语法和词汇具有多种形式和表达方式。语法在英语中占据着重要位置，它是语言的骨架，塑造着句子的结构和表达方式。在不同的语境和场合下，语法结构会发生变化，以适应不同的交流需求。例如，在口语中，人们往往更倾向于使用简化的句子结构和非正式的语法形式，而在书面语言中则更注重准确和规范的语法使用。英语的词汇丰富多样，从传统的词汇到新兴的术语，涵盖了广泛的语言表达。词汇的多样性反映了英语作为一门全球性语言的适应能力。随着时间的推移和社会的变迁，新词汇不断涌现，反映着科技、文化和社会的发展。例如，随着数字化时代的到来，许多新词汇和缩写词出现在日常用语中，这些词汇丰富了英语的表达方式，使其更贴近当代社会和生活。英语的词汇多样性也受到了地域和文化的影响。不同地区和社群可能会使用不同的词汇或对同一词汇有不同的解释和含义。这种多样性丰富了英语的表达方式，使其更具包容性和适应性。词汇的多样性能够更好地表达个人观点和情感，以及理解不同地域和文化的交流内容。大学英语中的语法和词汇展现了语言的多样性和灵活性。语法结构和词汇选择在不同语境中发生变化，以满足不同交流需求。这种多样性反映了英语作为一门全球性语言的适应能力，使其成为连接个同文化和社会的桥梁。对于学习者而言，理解和掌握语法和词汇的多样性有助于更好地运用英语，更灵活地表达自己的思想和观点。

### （二）语言演变与新兴词汇

语言一直在不断演变，新兴词汇不断涌现。语言演变是一个持续的过程，受到各种因素的影响。社会变革、科技进步、文化交流等因素都会对语言产生影响。新兴词汇通常是随着这些变革而出现的，它们反映了社会的发展和人们的生活方式。语言演变是一个自然而然的过程。随着时间的推移，词汇、语法和发音都会发生改变。这种变化可能是因为人们的语言习惯和传播方式发生了改变，也可能是受到外部因素的影响，比如不同文化之间的交流和影响。这种演变使得语言更加丰富多样，更贴近人们的生活。新兴词汇的出现往往源于社会和科技的发展。随着科技的进步，新技术和新事物的出现需要新的词汇来描述和表达。比如，互联网、社交媒体和数字技术的兴起带来了许多新词汇，如"云计算""自媒体"等。这些新词汇满足了人们对新事物、新概念的表达需求，反映了现代社会的发展趋势。文化交流也是新兴词汇产生的重要原因。不同文化之间的交流和融合带来了新的思想、习惯和观念，促进了词汇的交流和创新。比如，随着全球化进程的加速，各国之间的文化交流增多，导致了一些跨文化的词汇出现，比如"文化互动""跨界合作"等。语言演变和新兴词汇也带来了一些挑战。一些传统语言可能面临被边缘化的风险，而新兴词汇的快速涌现也可能造成语言使用的混乱。一些新词汇的产生可能具有短暂性和时效性，不断涌现的新词也需要进行筛选和整合。语言的演变和新兴词汇的出现是不可避免的。这种演变和创新是语言生命力的体现，也是社会发展的反映。语言的多样性和变化性让人们更好地适应和反映当下社会的变化，也促进了文化的多元和交流。

### (三)地域差异与语言多样性

大学英语呈现出丰富的地域差异和语言多样性。英语作为一门全球性的语言，在不同地域和文化背景下呈现出独特的特点和使用方式。这种多样性展现了英语作为一种灵活而丰富的交流工具的本质，具有促进不同社群和文化间交流的重要作用。不同地域的英语展现出明显的语音、语调和词汇差异。在英国、美国、澳大利亚等地，英语的发音和用词可能存在显著差异。例如，美式英语和英式英语之间存在着明显的口音差异，以及在某些词汇的用法上的不同。这种地域差异丰富了英语的表达方式，使其更具多样性和包容性。英语的多样性还反映在其在不同文化和社会群体中的使用方式。不同文化背景下的英语可能涵盖各种方言、俚语和表达方式。比如，在英语的非母语使用者中，可能存在各种各样的语法结构和词汇选择，这反映了不同语言背景下的文化特征和交流风格。这种地域差异和语言多样性为大学英语的学习者提供了更广阔的视野和更深入的理解。学生接触不同地域和文化背景下的英语，能够更好地了解不同社群的习惯和思维方式。这种多样性也促进了学生对文化多样性的尊重和理解，有助于拓展他们的视野，使其能够更加灵活地应对多元化的交流环境。大学英语中的地域差异和语言多样性丰富了英语的表达方式，使其成为一种适应不同文化和社会的全球性语言。这种多样性不仅拓展了学生的视野，也为他们提供了更广泛的语言体验和交流机会，促进了跨文化交流和理解的发展。

## 二、跨文化交流的重要性

### (一)文化理解与尊重

文化理解与尊重是人类社会相互交流和共存的基石。它们涉及对不同文化传统、价值观和习俗的理解和尊重。文化理解意味着深入了解和认识不同文化的内涵和特点，而文化尊重则体现了对不同文化的尊重和包容。文化理解是人们更好地认识和了解世界的途径之一。每个文化都有其特征和价值观。了解不同文化的语言、宗教、传统、艺术和生活方式，人们可以更全面地把握世界的多样性和丰富性。这种了解有助于建立跨文化的沟通桥梁，促进文化交流和相互学习。文化理解也有助于打破文化偏见和误解。对不同文化的了解可以帮助人们认识到文化差异并不意味着优劣之分，而是丰富了人类社会的多样性。这种了解有助于消除对他者文化的误解和歧视，促进人们更加平等地相互尊重和交流。文化尊重是对其他文化的礼貌和尊敬。尊重他人的文化意味着尊重其价值观念、信仰和传统。这种尊重不意味着自己放弃或抹杀自己的文化身份，而是在保持自己文化独特性的尊重并包容其他文化的存在和发展。文化尊重使人们建立了互信和友好关系，有助于构建和谐的社会环境。文化理解和尊重也面临着挑战。文化冲突和文化冷漠可能导致对其他文化的误解和排斥。这些现象可能源自于缺乏对不同文化的了解和认知，也可能源自于文化优越感或歧视。因此，教育和宣传在提高人们对其他文化的理解和尊重方面扮演着重要角色。文化理解和尊重是构建和谐社会和促进全球互联互通的重要因素。理解和尊重不同文化，人们可以更好地交流、合作和共生，推动文化多元化的发展。文化的理解与尊重不仅是个体行为，更是整个社会进步和发展的基础。

## （二）全球化背景下的工作需求

在今天的全球化环境中，具备良好的英语能力已成为职场中必不可少的技能之一。全球化的背景使得跨国公司和国际组织之间的交流与合作变得日益频繁，因此对于具备良好英语沟通能力的员工的需求不断增加。许多职业要求员工能够熟练运用英语进行交流，尤其是在国际合作和跨国项目中。无论是商务领域、科技行业还是文化交流，英语作为一种全球性语言，在这些领域中都扮演着至关重要的角色。具备良好的英语能力可以帮助人们更好地理解国际市场，参与全球商业活动，并与来自不同国家和文化背景的人顺利交流。全球市场的融合使许多企业和组织需要员工具备跨文化交流的能力。这种能力不仅仅意味着语言水平高超，还包括了理解不同文化间的差异，并能够在跨文化环境中进行合作和沟通。在这种情况下，大学英语的学习不仅仅是为了提高语言能力，更是为了培养学生具备跨文化交流和全球合作的能力。在国际化的工作环境中，英语不仅仅是一种交流工具，更是连接不同文化和国家的桥梁。它帮助员工在国际市场上更具竞争力，并在跨国公司或国际组织中发挥更大的作用。因此，具备良好的大学英语能力不仅仅是一种个人优势，也是企业和组织对于员工的重要要求之一。在全球化的职场背景下，大学英语作为一种重要的语言技能，对于个人的职业发展和企业的国际竞争力至关重要。它不仅仅是一门语言学科，更是连接全球职场、促进跨文化交流和合作的关键。

### （三）拓展视野与个人成长

拓展视野与个人成长密不可分。学习使人们得以接触不同领域的知识，了解多样化的观点和理念。这种广泛的学习不仅能帮助个人拓展视野，也促进了个人的成长与发展。拓展视野意味着超越自身经验和观点，接纳多元的思维方式和观念。学习新知识、探索不同领域有助于打破思维的狭隘局限，提升个人对世界的理解和把握。这种拓展视野的过程使个人更加开放和包容，能够更客观地看待事物，更加灵活地应对复杂多变的情境。拓展视野也是个人成长的重要推动力。接触到不同领域的知识和观点有助于个人的全面发展。这种学习和认知的广度和深度有助于培养个人的思维能力、创新能力和解决问题的能力。对多种学科的探索使个人可以拓展自己的兴趣领域，培养自己的专业技能，为未来的发展打下坚实基础。拓展视野也能够促进个人的社会适应能力和人际交往能力。对不同领域的了解和理解有助于个人更好地融入多元化的社会环境。这种广泛的学习和视野拓展，使个人更有话题和共鸣点，更加容易与不同背景的人进行沟通和交流，建立良好的人际关系。拓展视野与个人成长息息相关。它不仅帮助个人更全面地认知世界，更促进了个人的综合发展和提升。广泛地学习和多元化的知识积累使个人能够更好地适应社会变化，更好地实现自身潜力的发掘与发展。拓展视野不仅是个人的需求，也是社会发展的需要。

## 第三节　大学英语教育与职业发展

### 一、大学英语教育

#### （一）语言技能的培养

语言技能的培养是一个需要持之以恒的过程。语言技能包括听力、口语、阅读和写作。这些技能相辅相成，共同构建了一个人完善的语言能力。不断地练习和应用使人们可以提高自己的语言技能，更好地运用语言进行沟通和交流。听力是语言技能中至关重要的一环。听力训练使人们能够更好地理解和掌握语言的语音、语调和语速。这有助于提高人们对语言的敏感度，更容易理解他人的意思和表达。不断地进行听力训练可以拓展人们的词汇量和提高语言理解能力以及听取信息的效率。口语是语言交流中至关重要的技能之一。口语训练使人们可以提高自己的语言流利度和准确性。口语训练不仅涉及语法和词汇的运用，更需要培养良好的发音和语音语调。不断地进行口语练习可以提高人们的口头表达能力，从而更自信地与他人进行交流和沟通。阅读是扩展语言能力和知识面的重要途径。阅读不同领域的书籍、文章和资料使人们可以了解到不同的语言风格和表达方式。阅读训练有助于拓展词汇量、提高阅读速度和理解能力，让人们更好地掌握语言的应用技巧。写作是语言表达能力的重要组成部分。写作训练使人们可以提高自己的文字组织能力和表达能力。写作不仅要求语法和词汇的准确运用，更需要清晰的逻辑和连贯的结构。不断地写作练习使人们能够更好地表达自己的观点和想法，提高自己的沟通能力。语言技能的培养需要持之以恒的努力和实践。听力、口语、阅读和写作的综合训练使人们可以提高自己的语言水平和表达能力，更好地应对各种语言交流场景。语言技能的提升不仅有助于个人的成长和发展，也对个人在学习和工作中起到重要的支撑作用。

## （二）文化与跨文化交流

大学英语涉及文化和跨文化交流方面的学习。文化是人类社会的核心，它包含了价值观念、习俗、信仰和艺术等各种元素。学习大学英语不仅仅是学习语言本身，更是对不同文化之间的差异和共同点探索和理解。学习文化使人们可以更深入地了解其他社会和群体的生活方式和思维方式。跨文化交流是在不同文化间进行沟通和互动的过程。全球化使跨文化交流变得日益重要。人们需要理解和尊重不同文化的差异，以便更好地进行交流和合作。大学英语教育着重于培养学生的跨文化交流能力，使他们能够适应多元化的社会和国际环境。文化和语言之间存在密切的联系。语言是文化的载体，反映了文化背后的价值观念和社会习俗。学习大学英语，学生不仅可以提高语言能力，更可以了解不同文化之间语言的使用方式和表达习惯。这有助于他们更好地融入其他文化并进行有效的交流。跨文化交流的重要性在于它帮助人们超越语言的障碍，促进了国际间的理解和合作。了解其他文化的传统和习俗有助于消除误解和偏见，增进人们之间的友谊和合作。大学英语教育致力于培养学生的跨文化交流技能，使他们具备更广泛的视野和更灵活的思维方式。大学英语的学习不仅仅是学习一门语言,更是探索和理解文化差异的过程。培养学生的跨文化交流能力,大学英语教育助力于促进全球间的合作与理解,使学生能够更好地适应多元化的社会环境。

### (三)应用于职业发展

语言能力在职业发展中扮演着重要角色。无论是口头交流还是书面沟通,良好的语言技能都是在工作场所中展现自己的关键。语言能力不仅体现在沟通上,也反映了一个人的专业素养和表达能力。有效的语言运用有助于建立自信,提高职业声誉。沟通是职业发展中至关重要的技能之一。良好的语言能力使得个人能够清晰、准确地表达自己的意见和观点,有效地与同事、客户和领导进行沟通交流。能够用清晰明了的语言沟通,有助于避免误解和不必要的问题的出现,促进工作效率的提高和团队的合作。除了口头表达,书面沟通也是职业发展中不可或缺的能力。良好的书面表达能力使人能够撰写清晰、准确的文件、报告和邮件。在商业环境中,正确的语法和用词能够传达出专业素养和对工作的认真态度,提升自己在职场上的形象。语言能力也与职业晋升息息相关。在面试和评估过程中,清晰的表达能力和流畅的语言给人留下积极的印象。能够自信地展示自己的能力和思想,对于争取更高职位和更多机会起到关键作用。随着全球化的发展,跨文化交流成为职场中的一项重要技能。掌握多国语言或者至少掌握基本的跨文化沟通能力,可以为个人在国际化的工作环境中获得更多机会和挑战。语言能力在职业发展中扮演着重要角色。无论是口头交流还是书面沟通,良好的语言技能都有助于建立自信,促进团队合作,提高个人在职场中的竞争力。不仅如此,这也是在全球化背景下获得国际化机会的关键技能之一。

## 二、大学英语的职业发展

### (一)语言技能与职场需求

大学英语涉及语言技能与职场需求。语言技能是人们在职场中必不可少的一项能力。在当今全球化的背景下,英语作为一种通用语言在许多行业中变得至关重要。具备良好的英语技能可以帮助员工更好地与国际合作伙伴进行交流,促进企业的国际化发展。在各种行业中,无论是商务、科技还是文化领域,良好的语言技能都是一种竞争优势。商务领域需要员工具备流利的商务英语能力，以便与客户进行有效的沟通和谈判。科技领域对员工具备专业术语和科技语言的理解和运用能力也提出了要求。文化领域则需要员工具备跨文化交流和理解不同文化的能力。在职场中，员工的语言技能不仅仅是为了提高交流效率，更是为了拓展职业发展的机会。良好的英语技能可以帮助员工获得国际性的工作机会，促进个人的职业成长。跨国公司和国际组织也更倾向于招聘具备优秀英语能力的员工，因为他们可以更好地适应跨国工作环境。除了英语技能，其他语言技能在特定行业中也具备重要价值。在国际贸易和合作中，掌握其他语言如西班牙语、法语或中文等也是一种重要的竞争优势。这种多语言技能能够拓宽人们的职业发展范围，为他们在国际市场中寻求更多机会提供支持。语言技能在职场中是一种重要的竞争优势。无论是英语还是其他语言，良好的语言技能都能够为员工提供更广阔的职业发展空间，促进国际间的交流与合作。大学英语教育致力于培养学生的语言技能，以满足现代职场对于多语言能力的需求，帮助他们在全球化环境中取得成功。

### （二）跨文化沟通与全球视野

跨文化沟通是在不同文化间进行有效交流的能力。全球化的发展使得人们在工作和生活中需要面对不同国家和地区的文化差异。跨文化沟通不仅仅代表着语言能力，更关乎对不同文化价值观、信仰和习俗的理解和尊重。跨文化沟通需要理解不同文化间的差异性和共同点。不同文化之间存在着语言、习俗、传统等方面的差异，了解和尊重这些差异是建立良好沟通的基础。也需要找到文化之间的相似之处，以便建立共鸣，达到有效交流。在全球化时代，跨文化沟通能力变得至关重要。在国际商务、跨国合作和国际交流中，能够有效进行跨文化沟通是一个关键的竞争优势。对不同文化背景的理解和尊重，有助于建立信任和合作，推动合作伙伴之间的共同目标。跨文化沟通也有助于个人发展全球视野。了解不同文化，人们可以拓展自己的思维和视野，增加对世界的了解和认知。这种全球视野有助于个人更好地适应多元化的社会环境，更好地融入全球化背景下的职场和生活。跨文化沟通也面临挑战。语言障碍、文化误解和偏见可能成为有效沟通的障碍。因此，培养跨文化意识和开放心态至关重要。不断学习和尊重不同文化，积极主动地了解和适应不同文化的习俗和价值观是解决这些挑战的关键。跨文化沟通是在全球化背景下不可或缺的能力。它不仅仅是语言能力，更关乎对不同文化的理解、尊重和包容。这种能力不仅有助于推动国际合作和交流，也是个人拓展全球视野和适应多元化社会环境的重要技能。

### （三）批判性思维与问题解决能力

大学英语的重要性在于培养学生的批判性思维。批判性思维是一种能力，能够使人们更深入地分析和评价信息，而不是简单地接受或拒绝。这种能力对于现代社会中的个人和社会发展至关重要。批判性思维不仅仅是简单地接受所听到或阅读到的信息，而是对其进行深入思考和评估。这种思维方式有助于人们对信息进行分析，理解信息背后的逻辑和假设，并提出自己的观点和见解。在大学英语教育中，培养学生的批判性思维意味着不仅仅要教授其语言技能，更要引导学生运用这些技能来分析和理解不同的观点和文本。批判性思维能够帮助学生更好地理解并参与到社会和文化的讨论中。它使人们能够对复杂的问题进行深入思考，从而提出更全面和合理的观点。在大学英语的学习中，批判性思维意味着学生不仅仅要学习语言的表面知识，更要学习如何运用语言来表达自己的观点并分析他人的观点。批判性思维也是解决问题和应对挑战的关键。它能够帮助人们更好地识别和解决问题，从而促进个人和社会的发展。在大学英语教育中，培养学生的批判性思维能力意味着提供更多的实践机会，让学生用讨论、辩论和写作等方式锻炼批判性思维能力。大学英语的教育应该致力于培养学生的批判性思维。这种思维方式不仅仅是语言能力，更是一种综合能力，可以促进学生更全面地理解和评价信息，并应用这些技能来解决问题和参与社会活动。批判性思维是当今社会中所需的重要素质之一，对于个人的发展和社会的进步具有深远的影响。解决问题需要思维的灵活性和逻辑的严谨性。它是在面对挑战或困难时，寻找并实施有效解决方案的过程。问题解决能力不仅仅是应对具体问题，更是一种综合性的能力，包括分析、判断、决策和执行。解决问题需要准确地识别问题的本质和原因。这意味着深入分析和理解问题的各个方面，探索问题的根源和影响因素。只有正确识别问题，才能制定出有效的解决方案，避免使用治标不治本的方法。解决问题需要有创造性思维和创新性的观点。这包括不断寻找新的思路和方法来解决问题，挑战传统的观念和方法。创新性思维有助于突破固有的框架和限制，提供更加有效的解决方案。解决问题需要良好的团队合作和沟通技巧。在团队环境中，解决问题常常需要协作和共同努力。良好的团队合作和有效的沟通有助于收集更多的意见和建议，找到最佳的解决方案。解决问题需要有效的执行和实施能力。即使制定出了最佳方案，如果无法有效执行，问题也难以解决。因此，在解决问题的过程中需要考虑实施方案的可行性和执行步骤，确保方案能够得到落实和执行。解决问题的能力对于个人和组织都至关重要。对于个人而言，这是一种关键的职业能力，有助于在工作和生活中应对各种挑战和困难。对于组织而言，解决问题的能力有助于提高团队的效率和创新力，推动组织的发展和进步。解决问题的能力不仅仅是一种技能，更是一种综合性的能力。它需要灵活的思维、创新的观点、团队合作和执行能力。这种能力有助于个人在职业生涯中取得成功，并对组织的发展产生积极影响。

# 第四节　大学英语课程设计的目标

## 一、语言技能提升

### （一）听力与口语训练

提升听力和口语技能是学习语言的关键部分。听力训练使个体能够更好地理解语言的声音和语调，提高听取信息的能力。而口语训练能够使人更自信地表达自己的思想和观点。听力训练有助于提高人们对语言的感知和理解。不断地听取和理解不同语速和语音语调的语言使个体能够更好地适应各种语音模式和口音。这种训练也有助于个体拓展词汇量，提高理解能力，从而更容易理解他人的意图和表达。口语训练是提高口头表达能力的关键。口语练习使个体能够更流利地表达自己的想法和观点。这种训练不仅需要正确运用语法和词汇，更需要良好的发音和流畅的语音语调。反复练习口语，人们可以提高自己的口头表达能力，更自信地与他人进行交流和沟通。听力和口语训练相辅相成，共同构建了一个完整的语言技能体系。良好的听力能力有助于提高口语表达的准确性和流利度，反之亦然。这种综合的训练能够使人更好地掌握语言，更有效地进行语言交流。在学习语言的过程中，持续的听力和口语训练是至关重要的。这种训练需要不断地练习和反复实践，大量地进行听力训练和口语表达，从而不断提高自己的语言能力。这种坚持不懈的训练有助于个体更好地适应不同的语言环境，提高在语言交流中的自信心和成功率。听力和口语训练是学习语言的重要组成部分。不断地听取和口语练习，人们可以提高自己的语言感知能力和口头表达能力。这种训练有助于更好地理解和运用语言，提高在语言交流中的成功率和效率。

### （二）阅读与写作技能提高

大学英语的重要性在于提升学生的阅读和写作技能。阅读是获取知识和信息的重要途径。阅读使人们可以接触到不同领域的知识和见解，拓展自己的视野。在大学英语学习中，阅读是学习语言、文化和专业知识的重要途径。精通阅读能力不仅意味着理解文字表面的含义，更意味着理解其中的细微和深层含义，以及对信息进行评估和分析的能力。写作技能是语言学习中的重要组成部分。写作使人们能够表达自己的想法、观点和感受。大学英语教育注重培养学生的写作技能，使他们能够清晰、准确地表达自己的观点，并将自己的思想组织成条理清晰的文章。写作不仅仅是语言的运用，更是思维的表达和逻辑推理的展现。提升阅读和写作技能对于学生的学术和职业发展至关重要。良好的阅读技能有助于学生更好地理解课程内容和学术文献，提高学习效率。优秀的写作技能可以帮助学生在学术论文、研究报告或其他专业文档中表达自己的观点，并有效地传达给读者。这种能力是学生未来职业发展中不可或缺的一部分。阅读和写作也是培养批判性思维和创造力的重要途径。阅读不同类型的文本使学生可以学习到不同的思考方式和观点，激发自己的思维。而写作可以使学生锻炼逻辑思维和创造力，从而更好地理解和表达复杂的观点。大学英语的学习旨在提升学生的阅读和写作技能。这不仅仅是学习语言本身，更是学习如何运用语言来表达自己的想法和理解外部信息。阅读和写作技能是学生学术和职业发展的重要基础，同时也是培养批判性思维和创造力的关键途径。

### （三）翻译与语言转换能力

翻译和语言转换能力是在不同语言之间进行有效沟通和理解的重要能力。它涉及将一种语言的意思和信息转化成另一种语言，确保信息的准确传达和理解。翻译是将一种语言的文字或口语表达转换成另一种语言的过程。它需要对语言有深刻的理解和准确的把握，以确保原始信息的意思和语义被精确传达。翻译需要超越语言文字的表面，更需要理解不同语言背后的文化、习惯和语境。

语言转换能力是在不同语言之间进行灵活转换的能力。它涉及在不同语言之间的口头表达、文化传播和思维模式的转变。这种能力需要对语言之间的差异性有深入的了解，以便准确转换语言和信息，保持信息的原汁原味。翻译和语言转换能力对于跨文化交流和全球化合作至关重要。在国际贸易、文化交流和学术合作中，语言障碍常常是阻碍合作的关键因素。因此，具备良好的翻译和语言转换能力可以促进不同文化之间的沟通和交流。翻译和语言转换能力也面临着挑战。不同语言之间的语法、词汇和表达方式的差异可能导致信息传达的困难。因此，翻译和语言转换需要更加精确和灵活，以确保信息的准确性和流畅性。翻译和语言转换能力是在全球化背景下非常重要的技能。它有助于促进不同文化之间的交流和合作，增加个人在国际舞台上的机会以及扩大视野。有效的翻译和语言转换能力是促进文化多样性和全球化发展的重要支持。

## 二、跨文化意识与全球视野

### （一）文化多样性的理解

大学英语教育涉及文化多样性的理解。文化多样性是指不同社会和群体间的文化差异和共同点。这种多样性体现在语言、传统、价值观和行为习惯等方面。在大学英语学习中，理解文化多样性意味着学习的不仅仅是语言，更是对不同文化之间的差异和联系的学习。文化多样性的理解有助于人们更好地融入不同社会和文化环境。学习不同文化的语言和习俗可以增进对其他文化的理解和尊重。这种理解有助于减少文化误解和冲突，促进文化之间的交流与合作。在大学英语学习中，理解文化多样性不仅仅是为了学习语言，更是为了更深入地了解和体验其他文化的生活方式和价值观。文化多样性的理解也有助于拓宽人们的视野和思维方式。学习不同文化，人们可以接触到不同的思考方式和观念。这种体验可以激发人们的创造力和想象力，使他们更好地适应多元化的社会环境。在大学英语的学习中，了解文化多样性不仅仅是为了提高语言能力，更是为了开拓思维和增强文化包容性。文化多样性的理解对于建立和维护良好的跨文化关系至关重要。人们需要学会适应不同文化背景下的社会规范和行为准则，以便更好地与不同文化的人进行交流和合作。在大学英语学习中，理解文化多样性意味着学习的不仅仅是语言表达，更是对在跨文化环境中与他人交流并建立良好的合作关系的学习。大学英语教育旨在培养学生对文化多样性的理解。

这不仅仅是为了学习语言，更是为了提高对不同文化的尊重和理解。文化多样性的理解可以帮助人们更好地融入不同文化环境，拓展视野和思维方式，同时促进跨文化交流与合作。

### （二）跨文化沟通与交流

跨文化沟通与交流是在不同文化背景下进行有效的交流和理解。它涉及在跨越语言、习俗、信仰和价值观等多样化的文化之间进行沟通，以促进良好的互动和理解。这种能力需要对不同文化的了解和尊重。了解不同文化的语言、传统、习俗和价值观有助于建立有效的跨文化沟通。尊重和包容他者的文化是建立互信和友好关系的关键，有助于消除文化间的隔阂和误解。跨文化沟通也需要灵活性和开放心态。面对不同文化的差异，需要更灵活地思考和行动。开放心态有助于接受并理解其他文化的观念和想法，使得沟通更加顺畅和有效。这种沟通能力对于各个领域都至关重要。在国际贸易、商业合作和跨国组织中，跨文化沟通能力是成功合作的重要因素。能够在多元文化环境中自如地交流和合作，有助于建立良好的商业关系和实现共同目标。在教育领域，跨文化沟通能力也是重要的。学生和教育者来自不同的文化背景，跨文化沟通能力有助于促进教育的有效传达和理解。还有助于学生更好地融入学习环境，增进彼此的理解和尊重。跨文化沟通也面临挑战。语言障碍、文化差异和偏见可能成为沟通的障碍。因此，培养跨文化意识和提高沟通技巧是至关重要的，跨文化沟通与交流是在全球化背景下非常重要的能力。它有助于促进不同文化之间的理解和尊重，推动全球合作与发展。有效的跨文化沟通能力是促进文化多样性和全球化进程的重要支持。

### （三）全球视野的拓展

大学英语教育致力于拓展学生的全球视野。全球视野是指对世界各地不同文化、社会和政治系统的理解和认识。学习大学英语不仅仅是学习语言本身，更是为了更深入地了解全球范围内的各种社会现象和文化背景。拓展全球视野有助于增进对世界各地不同文化的尊重和理解。学习不同国家的语言和文化可以帮助人们更好地融入不同社会环境，体验并理解不同文化的习俗和传统。这种经验有助于减少文化误解和冲突，促进国际间的和谐与合作。拓展全球视野也有助于更好地理解全球性问题。学习不同国家和地区的文化、政治和经济发展，人们可以更深入地了解全球范围内的社会和环境问题。这种全球视野有助于促进跨国合作，共同解决全球性挑战。拓展全球视野还有助于拓宽个人的思维和视野。接触和理解不同文化和思维方式可以激发人们的创造力和想象力，促进个人成长和发展。在大学英语学习中，学习的不仅仅是对语言，更是对在全球范围内思考问题，理解不同文化之间的联系和差异的学习。大学英语教育的目标之一是拓展学生的全球视野，也是为了促进跨文化理解和合作。全球视野的拓展有助于增进对世界各地不同文化的尊重和理解，更有助于深入理解全球性问题并促进个人思维的开阔和发展。

# 第二章　大学英语课程设置与结构

## 第一节　大学英语核心课程

### 一、语言基础

#### （一）语法和句法

语法和句法在大学英语学习中扮演着重要的角色。语法是语言的骨架，它规定了句子的结构和构成要素的使用规则。语法不仅仅是一套规则，更是理解语言构成和交流方式的关键。句法是语法的一部分，它研究句子的结构和组织，包括单词如何组合成短语和句子，以及它们之间的关系。语法的掌握对于语言的正确使用至关重要。了解语法规则，人们能够更准确地理解和表达意思，避免误解和歧义。例如，了解动词时态和语态的正确使用可以帮助人们更清楚地表达动作发生的时间和动作的执行者。语法也有助于提高语言的流畅性和准确性，使交流更加有效。句法研究的是句子的结构和成分之间的关系。它涉及句子中各个成分的排列和连接方式。了解句法有助于理解句子的组成结构，从而更好地理解句子的含义和语法结构。例如，了解主语、谓语和宾语之间的关系可以帮助人们分析句子的逻辑结构。在大学英语学习中，语法和句法的掌握对于提高语言能力至关重要。学生学习语法规则和句法结构能够更好地理解和运用英语，使其表达更加准确和清晰。掌握语法和句法也有助于学习其他语言，因为许多语言都遵循类似的语法规则和句法结构。语法和句法在大学英语学习中具有重要意义。它们是理解和运用语言的基础，帮助人们准确表达意思并理解他人的表达。掌握语法和句法规则，学生可以提高语言能力，更好地应对语言交流的挑战。

## （二）词汇和语音

词汇和语音是大学英语学习中至关重要的部分。词汇是语言的基础，它们构成了语言的基本单元，是表达思想和沟通的关键。不断学习和掌握词汇，我们能够更准确地表达自己的想法，并理解他人所表达的内容。词汇的丰富与否直接影响着我们对语言的运用能力，因此，积极扩展词汇量是提高语言能力的重要途径。语音也是大学英语学习中不可或缺的一部分。语音涉及正确的发音和语调，它是保证交流准确性的关键因素。准确的语音表达使我们能够更清晰地传达自己的意思，避免产生歧义。良好的语音训练不仅能够提高口语交流的流利度，还能增强自信心，让我们更愿意和他人进行沟通。在大学英语学习中，词汇和语音相辅相成。丰富的词汇量为正确的语音表达提供了基础，而良好的语音能力也增强了词汇运用的准确性。因此，词汇和语音的学习应该同时进行，相互促进，以达到更高的语言水平。应运用有效的学习方法，如：不断积累词汇、阅读、听力等加深记忆，同时注重语音练习，模仿正确的发音并进行口语训练。词汇和语音在大学英语学习中具有重要意义。它们是构建语言能力的基石，是有效沟通和表达的关键。不断学习和练习，我们能够提升词汇量，提高语音表达能力，从而更自如地运用英语，与他人进行更有效的交流。

## （三）阅读和理解

阅读和理解是大学英语学习中的核心部分。阅读是获取信息和知识的重要途径，需要看的不仅仅是文字表面，更需要理解其中所包含的意义和深层含义。理解则是对所阅读内容的理解和分析能力，它需要学生全面、深入地领会所读内容的内涵和外延。在大学英语学习中，阅读是学生获取语言和文化知识的主要途径之一。阅读不同类型的文本，学生可以接触到不同领域和话题的内容，拓展自己的知识面和视野。良好的阅读能力有助于学生更快速、准确地获取信息，提高学习效率。理解能力是阅读的关键，它包括对文字的理解、推理和评价。学生需要理解所读内容的含义和意图，分析作者的观点和逻辑。理解也包括对文本中隐含信息和隐喻的识别和解读。这种能力有助于学生更深入地理解和评价所读内容，并能够将其运用到学习和实践中。大学英语教育注重培养学生的阅读和理解能力。教学内容涉及各种文体和主题，旨在激发学生的兴趣，提高他们的阅读和理解水平。阅读和理解不同类型的文本，学生不仅学习了语言知识，更是培养了理解和分析能力，提高了综合素质。阅读和理解是大学英语学习中不可或缺的重要部分。它们是学生获取信息和知识、提高语言能力和综合素质的关键途径，培养了学生的阅读和理解能力，大学英语教育旨在提高学生对语言和文化的理解和应用能力，使其能够更好地适应学术和职业发展的需要。

## 二、语言应用

### （一）口语和听力

口语和听力是大学英语学习中不可或缺的重要组成部分。口语是人们运用语言进行交流的方式，它包括语音、发音、流畅度和表达能力。在大学英语学习中，培养学生的口语能力旨在帮助他们有效地交流和表达自己的想法。听力是理解和获取信息的重要手段。听力训练可以使学生提高对英语语音、语调和语速的适应能力，更好地理解口语表达。理解口语表达不仅仅意味着听懂所说的话，更意味着理解其含义和背后的语境。口语和听力相辅相成，在大学英语学习中相互促进。良好的口语能力有助于提高听力水平，因为能够准确、流畅地表达意思意味着能够更好地理解他人的表达。反之亦然，优秀的听力水平也有助于提高口语能力，因为聆听不同口音和语速，能够更好地调整自己的发音和语言表达方式。大学英语教育注重培养学生的口语和听力能力。教学内容包括口语训练、听力练习和交流实践等方面。各种活动和课程设计使学生有机会在真实情境中练习口语和提高听力水平，从而更好地适应实际交流和社会生活需求。口语和听力在大学英语学习中扮演着至关重要的角色，它们是有效交流和理解的基础，是学生掌握英语语言和应用的重要手段。大学英语教育致力于培养学生的口语和听力能力，提高学生的语言交流能力和综合素质，使他们能够更好地适应未来的学术和职业发展。

### （二）写作和阅读

写作和阅读是大学英语学习中至关重要的方面。写作是表达思想和观点的一种方式，能够帮助我们清晰地传达自己的想法。写作使我们能够更深入地思考问题，整理和组织思维，从而更准确地表达自己的观点。写作不仅仅是将思想写出来，更是培养逻辑思维和表达能力的过程。阅读也是提高语言能力和扩展知识面的重要手段。阅读不同类型和难度的文章使我们能够了解各种观点和思想，增加词汇量，提高阅读理解能力。阅读能够拓展我们的视野，让我们接触到不同领域和文化的知识，从而更全面地认识世界。写作和阅读相辅相成，在学习过程中相互促进。阅读优秀的作品使我们能够学习到不同的写作技巧和表达方式，从而提高自己的写作水平。写作能够加深对阅读材料的理解和消化，帮助我们更深入地理解和吸收所读内容。写作和阅读并非孤立存在，而是相互关联、相互促进的过程。它们共同构建了我们的语言能力和思维深度。不断地写作和阅读使我们可以不断提高自己的语言表达能力和思考水平，为自己的学习和成长打下坚实的基础。

## （三）语言应用技能综合

语言应用技能在大学英语学习中扮演着重要角色。这涉及将语言知识应用于实际交流和沟通中。学生不仅仅需要掌握语法、词汇和语音，更需要将这些知识灵活运用于各种不同的语境和情境中。语言应用技能不仅仅是理解语言，更是运用语言进行有效的交流。学生需要根据不同的交流场景选择合适的语言表达方式，适应不同的语言风格和文化背景。这种技能有助于提高交流效率和准确度，促进良好的沟通和理解。语言应用技能也涉及语言的实际运用和表达能力。学生需要具备良好的口头表达和书面表达能力，能够清晰、准确地表达自己的观点和意见。他们还需要具备良好的听力能力，能够理解他人的表达并做出恰当的回应。大学英语教育旨在培养学生的语言应用技能。这包括各种练习和活动，让学生在真实的语言环境中进行交流和表达。教学内容涵盖了各种语言技能的训练，包括口语、听力、阅读和写作。这些训练使学生能够更好地掌握语言，提高交流能力。语言应用技能在大学英语学习中至关重要。它不仅仅是语言知识的应用，更是对语言交流能力的综合考量。大学英语教育致力于培养学生的语言应用技能，提高学生的交流效率和准确度，使他们能够更好地应对不同的语言环境和交流的挑战。

## 第二节 课程模块化设计

### 一、语言技能模块

#### （一）听说技能模块

大学英语学习涉及听说技能模块。这部分内容着重于学生的口语表达和听力理解。口语技能是指学生在交流和表达中使用语言的能力，它不仅包括语法和词汇的正确运用，更强调流利、自然地表达自己的观点和意见。口语技能的训练使学生能够更自信地参加各种交流场合，提高自己的语言表达能力。听力技能是学生理解和接受信息的能力。这包括对语速、语调和语音的适应能力，以便更好地理解说话者所表达的意思。良好的听力技能有助于学生更全面地理解他人的观点，并有效地参与到交流和讨论中去。大学英语教育注重培养学生的听说技能。多种形式的训练和活动使学生有机会练习和提高自己的口语表达能力和听力理解能力。口语训练包括模拟对话、口语演讲和小组讨论等活动，这有助于提高学生在各种场合下的表达能力。听力训练包括听取不同类型的录音材料、讲座和演讲，帮助学生更好地理解不同场景下的语言表达。听说技能模块在大学英语学习中扮演着重要角色。它们不仅仅是语言能力的体现，更是学生交流能力的重要组成部分。大学英语教育旨在培养学生的听说技能，提高学生的语言应用能力，使他们能够更自如地运用英语参与到各种交流和沟通中去。

#### （二）阅读技能模块

阅读技能模块是大学英语学习中一个重要的组成部分。它不仅是获取信息的途径，也是扩展视野、增加知识储备的重要方式。阅读使学生可以接触到各种类型的文字，包括文章、小说、报纸、杂志等。阅读能够帮助学生更深入地理解文本内容，领会作者的观点和意图。阅读不仅仅是对文字的理解，更是对知识的获取和消化过程。在阅读的过程中，学生需要不断积累词汇，理解句子结构，分析文章脉络。这种积累和分析能力可以帮助学生更快地理解文章内容，并且更好地掌握文章的主旨。阅读技能模块也涉及了批判性思维的培养。对不同文本的阅读，要学会分析和评价作者的观点，并从中获得不同的观点和看法。这种批判性思维有助于学习者更深入地思考问题，提出自己的见解，并进行有效的辩证思考。在大学英语学习中，阅读技能模块是一种全面提高语言水平和认知能力的方式。它不仅仅是获取知识的途径，更是培养学生的思维能力和分析能力的重要方法。不断地阅读使学生能够提高语言理解能力、丰富词汇量，并且培养出更深层次的思考和理解能力。因此，阅读技能模块对于大学英语学习的重要性不言而喻，它是提高语言能力和认知水平的重要途径，对于学生的综合素质提升有着积极而深远的影响。

### （三）写作技能模块

大学英语学习中的写作技能模块旨在培养学生的书面表达能力。写作是一种表达思想、观点和信息的重要方式，它不仅仅是语言知识的应用，更是思维整理和逻辑推理的展现。写作使学生能够清晰、准确地表达自己的想法，并将其组织成连贯、有条理的文章。写作技能涵盖了各种文体和类型，包括议论文、文章、报告和研究论文等。学生需要根据不同的写作任务选择合适的写作风格和结构。良好的写作技能不仅需要学生具备语法和词汇的准确运用，更需要有逻辑清晰、思维严谨的能力。大学英语教育注重培养学生的写作技能。教学内容涵盖了写作方法、结构和组织，以及表达观点和论证的技巧。写作练习和作业使学生有机会锻炼自己的写作能力，提高自己的表达水平。写作技能的提升对于学生的学术和职业发展至关重要。良好的写作能力有助于学生更好地完成学术论文、报告和研究项目。它也是在职场中有效沟通和表达观点的关键技能。大学英语教育致力于培养学生的写作技能，提高学生的语言应用能力，使他们能够更自如地运用英语书面表达，应对学术和职业挑战。

## 二、主题式模块

### （一）主题介绍和背景

大学英语课程涉及多种主题和背景，旨在帮助学生掌握英语语言和文化知识。这些主题涵盖广泛的范围，包括但不限于文学、历史、科技、社会和文化等方面。这些主题的学习使学生能够了解不同领域的知识和见解，扩展自己的学术视野和语言能力。文学是大学英语课程的重要主题之一。文学作品的阅读和分析使学生能够深入了解不同作家的风格、文学时代的特点和作品所反映的社会文化背景。历史主题也是课程中的关键内容。学生学习历史事件和人物，能够理解历史对当前社会的影响和启示。科技领域也是大学英语的重要主题之一。学生探讨科技发展、创新和现代社会的科技问题，能够了解科技对当今世界的重要性和影响。社会和文化主题涵盖了社会现象、文化差异和社会问题等多个方面，帮助学生理解多元文化社会的复杂性和多样性。大学英语课程中的这些主题背景不仅仅是为了让学生学习语言，更是为了让他们能更全面地了解世界、扩展视野和思维方式。这些主题和背景为学生提供了广阔的学习空间，使他们能够在语言学习的过程中获得更多的知识和见解。大学英语课程的主题和背景是多元化和丰富的。这些主题的学习使学生能够探索不同领域的知识，了解不同文化和社会的特点，提高自己的语言能力和综合素质。这些主题和背景的学习旨在为学生打开更广阔的学术和职业发展之门。

### （二）主题实践与沟通

在大学英语学习中，主题实践和沟通是关键的方面。主题实践让学生能够更深入地了解特定话题，探索和学习相关知识。实践让学生可以将理论知识应用于实际情境，并加深对知识的理解。这种实践是一个积极的学习方式，让学生从课堂上抽象的概念中走出来，亲身体验和应用所学知识。实践让学生能够更全面地掌握知识，提高动手能力和解决问题的能力。沟通在学习中扮演着至关重要的角色。沟通使学生能够与他人分享想法、交流观点，并从他人的经验和见解中获得启发。沟通不仅仅是语言表达，更是一种思想交流和信息传递的方式。沟通使学生能够更深入地理解他人的观点，拓宽思维视野，增进与他人的理解和合作。这种交流促进了学生的学习，帮助他们更好地理解和应用所学的知识。主题实践和沟通是学习中不可或缺的环节。它们相辅相成，相互促进。主题实践使学生能够将所学知识应用于实践中，加深理解；而沟通使学生能够与他人分享经验，互相学习，进一步丰富和完善他们的知识体系。这种交流与实践相结合的学习方式，能够更好地培养学生的实际能力和思维素养，为未来的学习和职业发展打下坚实的基础。

### （三）语言技能与主题相关的应用

大学英语学习着重于语言技能与各种主题的应用。语言技能是学生运用英语进行有效沟通的基础。这包括听、说、读、写等技能，能够让学生在不同的语言环境中更自如地表达自己的观点和理解他人的意思。这些语言技能在各种主题下的应用是至关重要的。比如，在文学主题下，学生阅读文学作品，不仅能提高阅读理解能力，还能够深入了解文学作品背后的文化和社会背景。在科技主题方面，学生需要运用科技相关的词汇和表达方式，以便更好地理解和参与科技话题的讨论和交流。社会和文化主题也需要学生在语言技能方面有所运用。学习社会和文化类的主题，学生能够学会运用不同的语言技能，比如倾听他人的观点、清晰地表达自己的看法以及阅读和理解相关的文本材料。语言技能与主题相关的应用有助于学生更好地理解和应对各种情境下的语言要求。这种能力不仅有助于他们更好地掌握英语语言，还能够促进他们对不同主题进行更深入的理解和探索。这种综合应用能力也为学生未来的学术和职业发展提供了重要的基础。语言技能在不同主题下的应用是大学英语学习的重要组成部分。学生需要不断地练习和应用语言技能，将其运用到不同的主题和语境中，以提高自己的语言水平和应用能力。这种能力对于学生的学习、交流和发展都具有重要的意义。

## 第三节 大学英语教材选择

### 一、教材内容与课程目标匹配

#### （一）需求分析和课程目标设定

大学英语课程的需求分析和课程目标设定是教育体系中的重要一环，其目的在于满足学生的学习需求，培养他们在语言运用和文化理解方面的综合能力。在当前全球化的背景下，英语已经成为一种全球性的交流工具，对于学生而言，具备良好的英语能力不仅是提升综合素质的必备条件，更是适应未来社会发展的关键。需求分析是课程设计的基础，它要求对学生的学科背景、语言水平和学习兴趣进行深入剖析。在大学英语课程中，学生的需求体现在对语言基础知识的巩固、实际运用能力的培养以及对英语文化的深刻理解上。从语言基础知识的角度看，学生需要系统学习语法、词汇和语音等方面的知识，以确保他们在实际运用中能够正确、流利地表达自己。考虑到学生的职业发展和综合素质的提升，培养他们的听说读写能力同样至关重要。因此，大学英语课程需要以学生的实际需求为导向，科学合理地安排课程内容和学习目标。在设定课程目标时，需要综合考虑学科特点和学生的需求。课程目标应旨在培养学生的英语思维能力，使他们能够用英语进行独立思考、表达观点。课程目标还应包括提高学生的跨文化交际能力，使他们能够更好地理解和融入不同文化环境。培养学生的团队合作能力和解决问题的能力同样不可忽视。课程目标应当以全面发展学生个体潜能为出发点，深化对英语语言和文化的理解，为学生未来的职业发展提供更为广阔的空间。大学英语课程的需求分析和课程目标设定是一个系统而复杂的过程，需要全面深入地了解学生的需求和背景，结合英语语言和文化的特点，科学合理地设计课程内容和目标，以确保学生能够在学习过程中获得全面而深刻的提升。

### （二）教材选择和内容设计

大学英语教材的选择和内容设计是一项重要而繁复的任务，它直接关系到学生在语言学习过程中的深度和广度。对于教材的选择而言，应当考虑到学科发展的前沿以及学生的实际需求，以确保教育资源的高效利用。教材内容的设计不仅需要关注语法和词汇的传授，更应该注重培养学生的语感和跨文化交际能力，以适应多元化的社会环境。在教材选择方面，应当注重融合文学、历史和社会等多领域的内容，以激发学生的学科兴趣。教材的选用应当注重全球化视野，引入国际化的语言资源，使学生能够更好地理解和应对全球性挑战。教材应该以学生的学科特长和发展方向为依据，以个性化的方式进行选择，以满足学生在专业领域的语言需求。教材内容设计方面，应当突破传统的语法和单一语言要素的框架，注重语言的实际运用。内容的设计应当更强调实际生活和职场中的语言应用场景，使学生能够更好地运用所学知识。教材应该引入现代科技手段，以提升学生对语言学习的兴趣和积极性。教材设计应该充分考虑学生所处的学科认知发展阶段，根据学生的认知水平设置不同难度的任务，以促使学生所处逐步深化对语言的理解。教材内容还应该贯穿文化元素，培养学生对多元文化的尊重和理解，使其具备更好的跨文化交际能力。教材的选择和内容设计需要更多地注重学科的前瞻性和实际运用，以满足学生在不同层次和领域的语言学习需求。创新性的设计使教材更符合学科发展的趋势，更符合学生的学科特点，从而更好地促进学生的语言学习过程。

### （三）教学方法和评估策略

在大学英语教学中，教学方法的选择至关重要。多元化的教学方法可以激发学生学习的兴趣，提高他们的学习效果。因此，教师在授课过程中应该灵活运用多种教学方法，包括但不限于小组讨论、案例分析、角色扮演等。这种多样性的教学方法可以促使学生从不同角度理解英语知识，提高他们的语言运用能力。在教学过程中，引入现代科技手段也是一种有效的教学方法。利用多媒体技术、互联网资源等，可以使课堂更加生动有趣。观看视频、听取录音，学生可以更直观地感受到地道的英语表达，提高他们的听说能力。网络平台也为学生提供了更广阔的学习空间，可以随时随地获取英语学习资料，拓展他们的学习渠道。在评估策略方面，多元化的评估方法有助于全面了解学生的学习情况。传统的笔试形式仍然是一种重要的评估方式，但更为注重实际运用的评估方法也应当得到重视。口语表达、写作能力的评估可以更真实地反映学生的语言水平。引入项目评估、课堂表现评估等方法，可以更全面地了解学生的学科能力和综合素质。为了更好地激发学生学习的积极性，形成自主学习的氛围，教师还可以采用反馈机制。及时反馈有助于学生发现并纠正错误，进一步提高他们的学习效果。鼓励学生参与自我评价和同学互评，可以培养他们的学科自觉性，促进学科共同进步。大学英语教学方法和评估策略的选择需要考虑到学生的个体差异，以及社会需求的多样性。灵活运用多种教学方法，采用多元化的评估策略，有助于激发学生学习的兴趣，提高他们的学科素养。不断调整和改进教学方法和评估策略可以更好地满足学生的学习需求，促使他们在大学英语学科中取得更好的成绩。

## 二、教材质量和多样性

### （一）内容的质量

大学英语教材内容的质量是确保学生全面提升语言能力的核心关键。好的教材应该注重融合实际生活和职场场景，培养学生的实际语言运用能力。在设计教材内容时，应该注重知识的系统性和层次性，以帮助学生建立扎实的语言基础。教材内容还应该贯穿文化元素，培养学生对多元文化的尊重和理解，使其具备更好的跨文化交际能力。好的教材应该突破传统的语法和单一语言要素的框架，注重语言的实际运用。引入丰富的语言实例和实际案例，帮助学生更好地理解语言的灵活运用。教材的设计应该紧密结合学科发展的前沿，引入新颖的语言表达方式，以满足学生在不同领域的实际应用需求。教材内容的质量还需要注重挖掘学科内涵，使学生能够更深刻地理解相关专业知识。引入学科相关的实例和案例，使学生能够更好地将语言知识与专业知识相结合，形成更为丰富和深刻的学科认知。好的教材内容应该强调语言与文化的紧密关系，引导学生深入思考语言背后的文化内涵。涉及多元文化的内容，培养学生对不同文化的敏感性和包容性，使其具备更好的跨文化交际能力。教材内容的质量关系到学生是否能够真正掌握语言，具备实际应用能力。只有在教材内容的设计上注重实际生活和职场需求，融入多元文化元素，以及关注学科发展的前沿，才能够更好地满足学生在语言学习过程中的多方面需求，使其更好地适应未来的社会发展。

### （二）学科覆盖的多样性

大学英语这门学科的独特之处在于其广泛的学科覆盖面。从语言学的角度来看，英语作为一门语言学科，涵盖了语法、词汇、语音等方面的知识，使学生能够全面掌握语言的基本结构和规则。这不仅对提高学生的语言表达能力具有重要作用，同时也有助于他们更深入地理解语言的演变和变异。在文学方面，大学英语课程涉及丰富的英语文学作品，包括小说、诗歌、戏剧等。学习文学作品使学生不仅可以欣赏英语文学的卓越之处，更能够理解文学作品背后的历史、文化和社会背景。这种文学的学科覆盖不仅有助于学生提高文学鉴赏水平，还能够培养他们对文学作品深刻的理解能力。除了语言学和文学，大学英语还覆盖了广泛的文化内容。这包括英语国家的历史、传统、价值观念等方面的内容。学习这些文化知识，学生能够更好地理解英语语境中的言语和行为，提高他们的跨文化交际能力。这也有助于拓展学生的国际视野，使他们能够更好地适应全球化时代的社会要求。大学英语还涵盖了实用性较强的专业英语。这方面的学科内容包括商务英语、科技英语、法律英语等，旨在满足学生在特定领域中的语言需求。学习专业英语使学生能够更好地适应未来职业发展的需要，提高他们在特定领域的专业素养。大学英语作为一门学科，其多样性的学科覆盖使其具有广阔的知识领域。深入研究语言学、文学、文化和专业英语等方面的知识，学生能够全面提升自己的综合素质，为未来的发展奠定坚实基础。这种多样性的学科内容不仅有助于学生形成全面的知识结构，也能够培养他们具有更深层次的思维和分析能力。

### （三）教学方法和资源的多样性

在大学英语教学的过程中，采用多样化的教学方法和资源对于提高学生的语言学习效果至关重要。多元化的教学方法不仅能够激发学生的学习兴趣，也能够满足不同学生的学科特点和学习风格。在资源的选择上，应该注重引入丰富的学科内容和实际生活案例，以丰富学生的语言知识和提高其实际应用能力。在教学方法方面，多元化体现在采用不同形式的互动和合作方式上。小组讨论、角色扮演等方式，激发学生的思维和表达能力，使其在语言学习中能够更好地理解和运用。采用问题导向的教学方法来引导学生独立思考和解决问题以来提高他们的语言表达能力。多样化的教学方法还包括引入现代科技手段，例如多媒体教学、在线资源等。运用电子白板、语音识别软件等工具可以更好地呈现语言的多样性，提高学生对语言形式和用法的敏感度。网络资源的利用能够拓展学生的语言学习空间，让他们更好地了解全球性的语境，培养跨文化交际的能力。多元化的资源选择是提高大学英语教学效果的另一关键因素。除了传统的教材外，引入丰富的学科内容，例如相关领域的论文、案例分析等，可以让学生更好地将语言知识与专业知识相结合，提高语言的实际应用能力。注重引入真实语境下的语言资源，例如视频、音频等，可以使学生更好地感知语言的真实用法，提高他们的听说能力。在资源的选择上，还应该注重培养学生的自主学习能力。引导学生利用图书馆、在线数据库等资源，独立查找和分析相关文献，提高其解决问题的能力。这种自主学习的方式不仅有助于学生更全面地了解语言知识，也培养了他们独立思考和自主学习的能力。多元化的教学方法和资源的选择对于提高大学英语教学效果至关重要。采用不同形式的互动和合作方式，引入现代科技手段，丰富学科内容和实际生活案例，以及注重培养学生的自主学习能力，可以更好地满足学生的多样化学科需求，提高其语言学习的深度和广度。

## 第四节　课程评估与反馈

### 一、课程评估

#### （一）学习目标和成果评估

大学英语学习的目标是培养学生在语言领域的全面能力，这一目标的实现需要有效的成果评估来进行量化和验证。学习目标的设定应当既考虑到语言基础的打牢，也要关注到实际应用能力的培养。成果评估需要综合运用多种手段，以全面、客观地评价学生在语言学习中的表现。学习目标的设定应当立足于学科的发展趋势和学生的实际需求。在语言基础方面，目标可以包括词汇量的扩充、语法知识的掌握，以及基本的听说读写能力的提升。这为学生进一步学习和掌握高级语言知识奠定了坚实基础。学习目标还应当注重实际应用能力的培养，例如跨文化交际、专业领域语言运用等，使学生在实际生活和职场中能够更好地运用所学语言。成果评估的多样性是确保评价的全面性的重要保障。评估手段应当包括但不限于考试、作业、口头表达、项目报告等多种形式，以便全面了解学生在不同方面的表现。考试可以评价学生对语言知识的熟练程度；作业可以了解学生在实际应用中的能力；口头表达和项目报告可以考查学生的沟通和表达能力。在评估过程中，应当注重形成性评价和终结性评价的结合。形成性评价关注学习过程中的每一个环节，及时反馈帮助学生不断纠正错误、提高水平。终结性评价则主要关注学习的最终结果，以便全面了解学生在整个学期或学年内的语言学习成果。评估的客观性也是保障其有效性的一个重要方面。评估标准应当清晰、明确，使得学生和教师都能够理解并接受。评估过程应当公正、公平，避免主观因素对评价结果产生不良影响。这有助于确保评估的结果准确反映学生在语言学习中的真实水平。学习目标的设定和成果评估是大学英语教学中的两个相辅相成的环节。明确的学习目标能够更好地指导教学过程，使学生在语言学习中更有针对性和方向感。而多样化和全面的成果评估，能够全面了解学生的学习情况，为其提供更加有力的反馈，推动其在语言学习中不断进步。

## （二）多样化的评估方法

在大学英语课程中，评估方法的多样性是提高学生学科素养和学习效果的关键之一。传统的笔试依然起到一定作用，但为了更全面地了解学生的语言水平和综合能力，引入多元化的评估方法显得尤为重要。口语表达是一种直观反映学生语言运用能力的评估方式。进行口头演讲、小组讨论等活动，不仅能够检验学生的发音和语法运用情况，还能够评估他们的思维逻辑和表达能力。这种评估方法能够更真实地反映学生在实际交流中的语言水平，提高他们的口头表达能力。写作能力的评估同样不可忽视。要求学生完成论文、作文或其他写作任务，可以深入了解他们对语法结构、词汇运用以及逻辑思维的掌握情况。这种评估方法不仅有助于提高学生的写作技能，更能够培养他们的独立思考和解决问题的能力。引入项目评估是一种注重实际运用的评估方法。要求学生参与项目设计和实施，评估他们在实际情境中运用英语的能力。这种评估方法有助于培养学生的实际操作能力，使他们能够更好地适应未来工作和社会生活的需求。课堂表现评估是一种全方位考查学生学科能力和综合素质的评估方法。观察学生在课堂上的参与度、讨论质量、问题解决能力等方面的表现，评估他们的学科水平和综合素养。这种评估方法有助于发现学生在学习中的不足之处，为有针对性地提供帮助奠定基础。同学互评和自我评价是一种培养学生自主学习和团队合作精神的评估方法。让学生相互评价或对自己的学习过程进行反思，能够促使他们更主动地参与学科学习，提高他们的学科自觉性。大学英语课程中多样化的评估方法有助于全面了解学生的学科能力和综合素质。口语表达、写作能力的评估使学生能够在实际运用中不断提升语言技能，项目评估和课堂表现评估则促使学生在实际情境中运用英语，同学互评和自我评价培养学生的自主学习和团队协作能力。这些多元化的评估方法可以更好地激发学生的学习兴趣，提高他们在大学英语学科中的综合素养。

## （三）课程反思和调整

每门大学英语课程的设计和实施都应当经过深入反思和灵活调整。反思是促使课程不断进步的关键，反思可以更好地了解学生的学习状况和需求，为进一步的教学调整提供有力支持。调整是不断适应学科发展和学生差异的必然要求，只有不断调整，才能确保课程的灵活性和实用性。在进行课程反思时，首要考虑的是学生的反馈和表现。观察学生的学习过程，听取他们的建议和意见可以更全面地了解课程的实际效果。对学生在课堂上的表现进行定期的评估，帮助教师更准确地判断教学过程中存在的问题，为调整提供数据支持。课程反思还需要关注教材的选择和使用。教材应该贴近学科发展的前沿，反映出语言的实际应用场景。分析学生对教材的反馈可以判断教材的合理性和有效性，从而为后续教学的优化提供依据。调整教材的难易度和深度，以适应学生在不同阶段的学科认知水平。在反思中，还需要重点审视教学方法和手段。教学方法应该贴合学科的特点，多样化的方式激发学生的学习兴趣。观察学生对不同教学方法的反应，了解他们的学习风格，可以为调整教学方法提供重要线索。灵活运用问题导向、小组合作等教学方式，以提高学生的学科参与度和学科认知深度。在进行调整时，要充分考虑学科的发展趋势。学科的发展是不断更新的，因此，课程应该及时调整内容，引入新颖的语言知识和实际案例，以适应语言学习的新需求。跟踪学科研究和行业动态，及时更新教学内容，使学生始终处于学科前沿。调整还需要关注教学资源的丰富性。丰富的教学资源能够更好地满足学生的学科需求。引入多媒体教学、在线资源等现代科技手段，扩大学生的语言学习空间，提高他们对语言学习的兴趣和积极性。课程反思和调整是大学英语教学不可或缺的两个环节。深入反思可以更好地了解学生的学习情况和需求，为调整提供有力支持。调整是对反思的应对行动，对教学内容、方法和资源的灵活调整，确保课程始终保持活力和实用性。只有不断地反思和调整，才能更好地适应学科发展和学生差异，使大学英语教学在不断进步中发挥出更大的效益。

## 二、学生反馈

### （一）形式化的反馈机制

在大学英语教学中，建立一套有效的形式化反馈机制是至关重要的。形式化反馈不仅有助于教师更准确地了解学生的学习状况，还能够提供有针对性的指导，帮助学生不断提升语言能力。这种机制的建立和运行是为了促进学生的积极参与，营造一个有利于学习和成长的学习环境。形式化反馈的一个关键组成部分是定期的测验和考试。这些定期的评估活动使教师能够对学生的语法、词汇、听说读写等多方面进行系统性的检测。这种定期的形式化评估既能够激发学生对学科的重视，又能够帮助教师及时了解学生的学习情况，为后续教学提供指导。作业是形式化反馈机制的另一个重要组成部分。布置不同类型的作业使教师可以评估学生对课堂知识的掌握情况，同时也能够了解他们在实际运用中的问题和困惑。作业的批改和评价是形式化反馈的一环，明确的反馈使学生可以更好地理解自己的优势和不足，为下一阶段的学习做好准备。课堂参与和讨论也是形式化反馈机制的一个重要环节。观察学生在课堂上的表现使教师可以了解到他们的思考方式、沟通能力和团队协作精神。这种实时的反馈不仅有助于教师调整教学策略，更能够激发学生的积极性，提高他们的学科自觉性。个别辅导和反馈也是形式化反馈机制的一部分。教师可以根据学生的实际需求，提供个别指导和反馈，帮助他们更有针对性地解决问题。这种个别化的反馈不仅能够提高学生的学科水平，还能够培养他们的独立思考和解决问题的能力。形式化反馈机制的建立涉及教师和学生之间的良好沟通。教师需要倾听学生的声音，了解他们的需求和困惑，为他们提供有针对性的指导。学生则需要积极参与反馈过程，接受并理解教师的建议，不断改进自己的学习方法。形式化反馈机制的不断完善，可以建立一个互动、积极的学习氛围，使大学英语教学更富有成效。

## （二）个性化反馈

在大学英语教学中，个性化反馈是一种重要的教学策略，能够更好地满足学生个体差异，促进其个性化学习。个性化反馈强调对学生个体学习特点的深入理解，具体而个别的反馈方式可以更有针对性地指导学生的学习方向和提高语言能力。个性化反馈的核心是深入了解学生的学习需求和水平。观察学生的学习过程、分析其学习表现，可以更全面地了解每个学生在语言学习中的特点。这样的了解不仅包括学科水平的评估，还涉及学习风格、动机因素等方面，从而为个性化反馈提供更为全面的依据。个性化反馈需要关注学生在语言学习中的具体问题，而非泛泛地进行评价。对学生作业、口头表达、小组合作等方面的详细观察使教师能够更具体地指出学生在语法、词汇、发音等方面存在的问题。这种具体性的反馈不仅能够让学生更好地理解自己的不足之处，还能为他们提供有针对性的改进方向。个性化反馈的形式多样，可以以书面反馈、口头反馈、个别辅导等多种方式进行。书面反馈能够为学生提供详尽的评价和建议，帮助其更全面地理解教学内容。口头反馈则更具互动性，教师能够在实时交流中解答学生疑问，弥补理解上的缺陷。个别辅导则强调个体差异，一对一的方式更精准地指导学生的学习。个性化反馈的目的是引导学生自主学习，激发其学习动力。详实的反馈使学生能够更好地了解自己的学科水平，形成自我学习的意识。教师对学生的个性化需求进行关照，帮助他们发现学科的乐趣和意义，从而更积极主动地参与到语言学习中。个性化反馈的周期性是其实现效果的关键。定期对学生的学习过程进行跟踪和评估，不仅能够更好地了解学生在语言学习中的变化和进步，也为教师及时调整教学策略提供了依据。这种循环的个性化反馈机制有助于学生不断优化学习策略，更好地适应语言学习的需求。个性化反馈是大学英语教学中的一项重要策略，深入了解学生的学习需求和水平，提供具体而个别的反馈，能够更好地引导学生的学习，促使其在语言学习中实现个性化、深层次的提升。这种以学生为中心的反馈方式有助于激发学生的学习动力，推动他们在大学英语学习中取得更为显著的进步。

### （三）及时反馈

在大学英语教学中，及时反馈扮演着至关重要的角色。及时反馈不仅能够帮助学生更快速地理解和纠正错误，也有助于教师更好地调整教学策略，促进学科的全面提升。在这个互动性强、信息传递迅速的时代，及时反馈不仅是教育教学的需要，更是培养学生自主学习能力的有效途径。及时反馈的一个重要方面是课堂上的实时反馈。观察学生的课堂表现，教师可以及时发现学生的困惑和问题，从而能够立即进行解答和引导。这种实时的反馈不仅能够帮助学生更好地理解课程内容，也能够激发他们的学习兴趣，提高他们的学科自觉性。作业的及时批改和反馈也是及时反馈机制的重要组成部分。一旦学生完成作业，教师应当尽早进行批改，并提供具体而明确的反馈意见。这种及时的作业反馈不仅有助于学生及时了解自己的学科水平，还能够引导他们在后续学习中有针对性地提高。在线平台和电子邮件等现代技术手段也为及时反馈提供了更多可能。在线平台使学生可以随时查看教师的评价和建议，及时了解自己的学科表现。教师也可以以电子邮件等途径向学生提供及时的反馈，解答他们在学习中遇到的问题，促使他们更快地消化和吸收知识。个别辅导和反馈也是及时反馈机制的一部分。在课后，教师可以与学生进行一对一的交流，详细了解他们的学科状况，提供个别化的指导和建议。这种个别辅导有助于更准确地把握学生的学科需求，为他们提供更为精细的指导。及时反馈是大学英语教学中的一项重要实践。实时反馈、作业批改、在线平台和个别辅导等方式使教师和学生之间建立了更为紧密的联系。及时反馈不仅促进了学生对学科知识的深入理解，也为他们提供了更多的学习机会和发展空间。在这个不断发展和变化的时代，及时反馈将成为大学英语教学的重要支撑，为学生的全面发展提供有力的支持。

# 第三章　大学英语教学方法与策略

## 第一节　交际法在大学英语教学中的应用

### 一、教学方法与活动设计

#### （一）沉浸式语境

在大学英语教学中，沉浸式语境被认为是一种极为有效的教学方法。这种教学方法注重将学生置身于真实的语言环境中，以实际的语境体验来提升他们的语言技能。沉浸式语境的设计不仅要考虑到语法和词汇的传授，更要关注语言在实际应用中的流畅性和灵活性。这样的教学方式可以更好地培养学生的语感，使他们能够更自然地理解和运用英语。沉浸式语境的关键在于创造真实而丰富的学习环境。模拟实际生活和职场场景，学生可以更好地感受到语言在不同情境下的应用方式。这种环境的设计旨在让学生融入语境中，使他们能够更自然地使用英语进行沟通。这不仅包括日常生活中的对话，还包括专业领域的实际应用，使学生能够更好地适应未来的职业需求。沉浸式语境注重语言技能的综合提升。除了注重听说读写的全面培养外，还着力培养学生的交际能力和跨文化沟通技能。参与实际情境中的对话和合作，学生可以更好地理解语言在交际中的作用，提高他们的表达能力和听力理解能力。这种全面的语言技能培养有助于学生更好地适应多样化的社会环境。沉浸式语境的教学方法强调学生的主动参与。学生不仅是语言的接受者，更是创造者和运用者。参与实际项目、展示和表演使学生可以更好地将所学语言知识应用到实际中，培养他们的创造性思维和解决问题的能力。这种参与式的教学方式有助于激发学生的学习兴趣和动力。沉浸式语境要求教师具备灵活的教学策略。教师需要根据学生的实际水平和需求进行差异化的指导,鼓励学生在语境中尝试、实践,并及时给予反馈。与学生互动使教师可以更好地了解学生的学习状况,指导他们更有针对性地提高语言技能。沉浸式语境是一种高效而实用的大学英语教学方法。将学生置身于真实的语言环境中,提供丰富的学习体验,可以更好地激发学生学习英语的兴趣和积极性。这种方法注重语言技能的全面提升,培养学生在实际应用中的语感和应变能力,使他们更好地适应未来。

### (二)小组合作学习

在大学英语教学中,小组合作学习是一种备受重视的教学方法。这种方法不仅能够促进学生之间的相互合作,也有助于培养他们的团队协作精神和社交能力。小组合作学习在英语教学中发挥着重要的作用,旨在加强学生之间的互动合作,提高他们的语言表达能力和综合素质。小组合作学习能够创造一个积极互动的学习环境。在小组中,学生们可以共同讨论、分享观点、互相启发,从而更好地理解和掌握英语知识。这种互动的学习方式激发了他们对学科的浓厚兴趣。小组合作学习有助于提高学生的语言运用能力。与小组成员的交流使学生不仅能够加深对语法和词汇的理解,还能够提高听说读写的综合能力。在小组中,学生需要相互交流思想,进行有效沟通,从而锻炼他们的语言表达和沟通能力。小组合作学习还能够促进学生的批判性思维。在小组中,学生需要独立思考问题、分析信息,并提出自己的观点。与小组成员的辩论和讨论使他们能够培养批判性思维和解决问题的能力。这种思维方式有助于学生更深层次地理解学科知识,提升他们的学科素养。小组合作学习还能够促使学生形成积极的学习态度。在小组中,学生们能够共同面对学科难题,共同解决问题。这种协作的学习氛围能够激发学生对学科的兴趣,培养他们对学科的积极态度。相互合作使学生们能够感受到学科学习的乐趣,提高学科学习的主动性。小组合作学习是一种在大学英语教学中非常有效的教学方法。学生之间的合作互动不仅提高了他们的语言运用能力,也培养了他们的团队协作精神和批判性思维。这种学习方式有助于创造积极互动的学习氛围,激发学生对学科的兴趣,促进他们的全面发展。在这个互联互通的时代,小组合作学习为学生提供了更多的交流机会和学习资源,为他们未来的职业发展打下了坚实的基础。

### （三）情景教学

在大学英语教学中，情景教学被广泛认为是一种富有活力和实用性的教学方法。该教学方法的核心理念在于将学习置于真实的语境中，模拟实际生活和职场场景，使学生能够更深刻地理解和运用英语。情景教学的设计关注于创造多样化、贴近实际的学习环境。这种学习环境力图将学生置身于日常生活和工作场景中，使他们在真实的语境中学习和运用英语。这样的情景设定不仅能够提高学生的学习兴趣，也有助于更好地培养他们在实际生活和工作中使用英语的能力。情景教学重视语言技能的整体提升。不仅注重听说读写的全面培养，还更强调语言的实际运用能力。参与模拟实际情境的对话和合作使学生可以更好地理解语言在实际交流中的应用方式，提高他们的交际能力和实际运用能力。这种全面的语言技能培养有助于学生更好地适应不同领域的语言需求。情景教学的核心理念之一是学生的主动参与。学生不仅是语言的接受者，更是创造者和运用者。参与模拟情境的对话、角色扮演等活动，学生可以更好地将所学语言知识运用到实际中，从而培养他们的实际运用和解决问题的能力。这种参与式的教学方式有助于激发学生学习的主动性和积极性。情景教学要求教师具备灵活的教学策略。教师需要根据学生的实际水平和需求进行个性化的指导，激发学生在实际情境中尝试、实践，并及时给予反馈。与学生互动使教师可以更好地了解学生的学习状况，指导他们更有针对性地提高语言技能。在实践中，情景教学是一种富有活力和实用性的大学英语教学方法。将学生置身于真实的语境中，提供贴近实际的学习体验，可以更好地激发学生对英语学习的兴趣和积极性。这种方法注重语言技能的实际应用，能够培养学生在实际生活和工作中使用英语的能力，使他们更好地适应未来的社会发展。

## 二、评估与反馈

### （一）任务型评估

任务型评估是大学英语教学中一种重要的评估方式。这种评估方法着眼于学生的实际运用能力，设置任务来考查学生在特定情境下运用英语的能力。任务型评估不仅可以检验学生的语言知识，更能够培养他们的综合运用能力和解决问题的能力。任务型评估突破了传统评估方法的局限，注重考查学生在实际情境中的语言运用能力。设定各种任务，如小组讨论、角色扮演、实际情境模拟等，学生能够更好地运用所学的语言知识，更真实地展示他们的语言能力。这种任务型的评估方式有助于培养学生在实际生活中运用英语的信心和熟练度。任务型评估注重学生的综合素质培养。在任务的完成过程中，学生需要展现的不仅仅是语法、词汇知识，还包括听说读写等多个方面的综合运用能力。这有助于培养学生全面发展的意识，使他们在学科学习中不仅关注语言表达，还注重综合素质的提升。任务型评估能够促使学生主动参与学科学习。在完成任务的过程中，学生需要思考问题、合作解决，这培养了他们的主动学习和团队协作精神。学生任务的完成不仅提高了学科水平，还培养了解决问题和创新思维的能力。任务型评估还有助于更全面地了解学生的学科状况。观察学生在任务中的表现，教师可以更深入地了解学生在语言技能、跨文化交际、批判性思维等方面的表现情况。这有助于更准确地评估学生的整体水平，为后续的教学提供有针对性的指导。任务型评估作为一种注重实际运用和综合素质培养的评估方式，具有广泛的应用前景。任务型评估不仅考查学生在实际情境中的语言运用能力，培养他们的团队协作和解决问题的能力，而且有助于学生更全面地发展，也为教学提供了更灵活、更有深度的评估方式。在大学英语教学中，任务型评估将持续发挥重要作用，为学生的综合素质提升提供更有效的保障。

### （二）学生自评与互评

学生自评与互评是大学英语教学中一种重要而有效的评价方式。这种评价方式不仅仅是对学生学习的一种反思，更是促进学生自主学习和合作学习的有力工具。学生自评使学生能够更全面地认知自己的语言水平和学科需求，而学生互评则为学生提供了在交流和合作中相互促进、相互学习的平台。学生自评的核心在于让学生主动参与到自己学习过程的反思中。自己对自己学业的评价使学生能够更深入地了解自己的学科水平、学科认知以及语言技能的优势和不足。自评不仅仅是对自身学习状态的总结，更是对学科理解的一次深刻体验，有助于学生形成自主学习的习惯和动机。自评的过程还有助于激发学生的学习兴趣和自信心。深入思考自己的学科表现，学生能够更清晰地认识到自己的优点和不足。这种自我认知不仅有助于制定更明确的学习目标，还能够激发学生更积极地面对学科挑战，提高他们对英语学习的信心。互评是学生之间相互提供反馈的一种重要方式。在学习小组或伙伴关系中进行互评，学生能够从不同角度和层次了解同伴的学科水平和学科认知。这种相互学习的过程不仅有助于填补个体差异，还可以促进学科交流和协作，提高整体学科水平。互评的过程强调学生间的相互学习和协作。与同伴进行学科交流使学生能够更好地理解不同观点和见解。互评不仅仅是对他人学科水平的观察和评价，更是一次相互启发和促进的过程。在互评中，学生能够发现自己的盲点，从而更全面地提高自己的学科水平。学生自评与互评不仅能够帮助学生提高学科水平，更能够培养学生的批判性思维和表达能力。深入思考和总结使学生能够更清晰地表达自己的观点和看法。在与同伴的交流和互评中，学生需要更具体、更准确地表达自己的观点，这有助于提高他们的表达和论证能力。学生自评与互评是一种促使学生主动参与学习过程、提高自我认知和促进合作学习的重要手段。深入思考和互相学习使学生能够更全面地提高语言水平和学科认知。这种评价方式不仅有助于学生形成自主学习的意识，更能够培养他们的批判性思维和团队协作精神，为未来的学科和职业发展奠定坚实基础。

## 第二节　任务型教学设计

### 一、任务型教学设计原则

#### （一）明确学习目标

在大学英语教学中，明确学习目标是确保学生有效学习的基石。学习目标是指学生应该在学习过程中实现的具体目标和期望成果。这些目标既包括英语语言水平的提高，也包括相关领域的知识和技能的培养。明确学习目标有助于激发学生学习的兴趣和动力，同时也为教学过程提供了明确的方向。学习目标的设定应当基于对学科发展趋势和学生需求的深入理解。学科的发展是动态变化的，因此，学习目标应当不断调整以适应时代变化。学习目标还应当关注学生在未来职业和社会生活中的实际需求，使其所学知识和技能更具实际应用性。明确学习目标需要注重全面性。除了关注英语语言水平的提高，还要考虑到相关领域的知识和技能的培养。学习目标的全面性能够更好地满足学生的学科需求，培养他们具备综合素养和实际应用能力。这种全面性的学习目标有助于学生更好地适应多样化的社会环境。学习目标的具体性是其有效性的保障。学习目标应当具体明确，能够清晰地指导学生的学习方向。明确目标使学生可以更清晰地了解自己学习的方向和重点。这有助于学生更有针对性地制订学习计划，提高学习效果。明确学习目标的过程需要充分考虑学生的个体差异。学生在学科水平、学科兴趣和学科认知等方面存在差异，因此学习目标应当具有一定的灵活性。关注学生的个体差异可以使教师更好地调整学生的学习目标，确保其对每个学生都具有挑战性和可操作性。学习目标的评估是保证其有效性的一个重要环节。定期的学科评估可以使教师了解学生在实现学习目标过程中的表现，及时发现问题和不足之处。评估结果有助于及时调整学习目标，提高学生的学科水平和实际应用能力。明确学习目标是大学英语教学中的一项重要工作。对学科和学生需求的深入理解，确保学习目标的全面性和具体性，同时关注学生的个体差异，以及有效的评估机制，可以使教师更好地引导学生的学习，激发学生的学习兴趣和动力，为其未来的发展奠定坚实基础。

### （二）真实语境

在大学英语教学中，真实语境的引入具有深远的教育意义。将学习置于真实的语境中，学生更容易理解和应用所学的英语知识。这种教学方法不仅有助于提高学生的语言运用能力，更能够培养他们的实际交际能力和文化适应力。在真实语境中，学生能够更好地理解语言的实际应用。传统的教学方法通常以孤立的语法规则和单词为主，而真实语境则将学习置于更贴近实际生活的情境中。模拟真实生活中的对话、场景，学生更容易理解语言的实际运用，提高他们的语言感知能力。真实语境的教学方法有助于提高学生的实际交际能力。在真实语境中，学生需要运用所学的语言知识进行实际交流。这不仅包括口头表达，还包括书面交流。真实场景的模拟使学生能够更好地适应不同的交际环境，提高他们的沟通能力。真实语境也能够促进学生的文化适应力。英语是一门涉及广泛的语言，其背后承载着丰富的文化内涵。在真实语境中，学生不仅能学习语法和单词，更能够了解英语国家的文化差异，培养他们的跨文化交际能力。这有助于打破语言壁垒，使学生更好地融入国际社会。真实语境的教学方法还能够提高学生的学科兴趣。在传统教学中，学生可能因为单调的语法练习而感到枯燥乏味。而真实语境使学生能够在实际生活中体验到语言的美妙和实用性。这能够激发学生对英语学科的浓厚兴趣，使其更加主动地参与学科学习。真实语境的引入对于大学英语教学具有积极的影响。将学习置于真实的语境中，学生更容易理解和应用所学的英语知识，提高他们的语言运用能力。这种教学方法不仅培养了学生的实际交际能力和文化适应力，也激发了他们对英语学科的浓厚兴趣。在大学英语教学中，真实语境的应用将继续推动学生在语言学科中的全面发展。

### （三）学科整合

在大学英语教学中，学科整合被认为是一种有力的教学策略。这一方法强调将英语教学与其他学科有机结合，以实现更深层次、更全面的学科发展。学科整合突破了传统学科划分的界限，使学生能够更全面地理解和运用英语，同时拓展了他们的学科视野，培养了跨学科思维的能力。学科整合的关键在于将英语教学与其他学科内容相融合。这样的整合不仅仅是简单地将英语语法和词汇嵌入到其他学科中，更是将英语融入到实际学科问题和场景中，使学生能够在实际问题中更深刻地理解和运用英语。学科整合的目的是促进学生对学科知识和英语的深层次理解，培养他们的学科运用能力。学科整合不仅关注学科内容的融合，也注重学科思维和方法的整合。引导学生运用英语语言技能解决具体学科问题，培养他们的批判性思维和分析问题的能力。这种整合不仅有助于提高学生的学科认知水平，更有助于培养他们的创新和解决问题的能力。学科整合的教学方式强调实际应用。将英语教学与实际问题和场景相结合，学生能够更好地理解和应用英语。这种实际应用的教学方式有助于激发学生学习的兴趣和动力，使他们在学科整合中更加积极主动。学科整合的过程需要教师具备跨学科教学的能力。教师不仅需要了解英语教学，还要熟悉其他学科的知识和教学方法。跨学科的教学使教师能够更好地指导学生整合不同学科的知识和技能，促使他们形成更全面的学科认知。在学科整合中，学生能够更全面地理解和运用英语，同时提升其他学科的知识水平。这种整合不仅有助于提高学生的语言运用能力，更有助于培养他们的学科思维和实际应用能力。将学科整合作为一种教学策略，学生不仅能够更全面地理解学科知识，而且能够更自然地运用英语，为其未来的学科发展和职业发展奠定坚实基础。

## 二、任务型教学实施策略

### （一）任务的选择与设计

在大学英语教学中，任务的选择与设计是至关重要的环节。任务既是一种教学手段，又是一种学习活动，直接关系到学生的语言学习效果和能力的提升。任务的选择与设计需要结合学科特点、学生需求以及实际应用，以达到更好的教学效果。任务的选择应当紧密贴合学科特点。不同学科有不同的语言需求，因此任务的选择应该基于学科的具体特点。例如，在商务英语中，可以设计以商务会话和邮件撰写为主的任务；而在科技英语领域，任务可以侧重于科技报告和论文的撰写。紧密结合任务与学科的特点，使学生能够更好地理解和应用所学的英语知识。任务的设计需要考虑学生的实际需求。学生的语言需求是多元的，因此任务的设计应当贴近学生的实际情境和需求。例如，对于商科专业的学生，可以设置一些模拟商业会谈的任务，帮助他们提升商务交际能力；对于文科专业的学生，可以设计一些文学作品的分析任务，以培养他们的文学鉴赏能力。了解学生的实际需求，能够更有针对性地设计任务，提高学生的学科素养。任务的选择与设计应当强调实际应用。真实语境中的任务能够更好地激发学生的学习兴趣和积极性。例如，可以设计一些真实生活场景中的角色扮演任务，让学生在模拟情境中运用所学的语言知识。这样的任务不仅能够提高学生的语言实际运用能力，也培养了他们的实际交际和解决问题的能力。在任务的选择与设计中，需要注重任务的多样性。不同类型的任务能够满足不同学生的学科需求，也能够提高学生的学科多元素的运用能力。例如，可以设计一些口语表达的任务，如小组讨论或演讲；也可以设计一些书面表达的任务，如写作文或论文。任务的多样性能够更全面地提高学生的语言运用能力和综合素质。任务的选择与设计是大学英语教学中不可忽视的重要环节。紧密结合学科特点、学生需求以及实际应用，设计多样性的任务，有助于提高学生的语言运用能力、实际交际能力以及解决问题的能力。这种任务导向的教学方法有助于更好地满足学生的学科需求，促使他们在英语学科中实现全面发展。

### （二）任务执行过程管理

在大学英语教学中，任务执行过程管理被认为是一项关键的教学策略。该方法侧重于任务导向的教学方式,激发学生的学习兴趣和动力。任务执行过程管理突破了传统教学的束缚,注重学生在实际任务中的参与和合作,以促使更深层次、更全面的语言发展。任务执行过程管理的核心在于明确教学目标。明确任务的学科目标和实际应用场景使学生能够更清晰地了解学科的应用背景和目的。这种明确的教学目标有助于激发学生对任务的兴趣,使他们能够更有动力地参与到任务执行的过程中。任务执行过程管理强调学生的主动参与。任务驱动的教学方式使学生不再是被动接收信息的对象,而是任务的执行者。任务的设计需要激发学生思考和解决问题的能力,使他们在实际任务中更加主动地运用英语语言技能。任务执行过程管理注重学生间的合作。分组或团队任务使学生能够在合作中相互交流,分享知识,协同完成任务。这种合作过程不仅有助于学生在实际情境中更好地运用英语,还培养了团队协作和沟通技能。任务执行过程管理要求教师具备灵活的教学策略。教师在任务执行的过程中需要不断观察学生的表现,及时调整教学策略,以适应学生的学科水平和需求。关注学生的个体差异使教师能够更好地引导学生完成任务,促使其实现更深层次的语言发展。在任务执行过程中,学生不仅学习了语言知识,更培养了实际运用语言的能力。任务执行过程管理有助于学生更全面地理解和运用英语,同时提高他们的实际应用能力。这种任务导向的教学策略为学生提供了一个更为实际和有趣的学习环境,使学生更容易投入到学习任务中,提高学习的效果。任务执行过程管理是一种注重任务导向、学生主动参与和合作的教学策略。明确教学目标、促使学生主动参与和合作,以及灵活调整教学策略,任务执行过程管理有助于学生更全面地理解和运用英语,提高他们的实际应用能力,为未来的学科和职业发展奠定坚实基础。

## 第三节 合作学习与小组活动

### 一、合作学习原理与设计

#### (一)协作与沟通

在大学英语教学中,协作与沟通被视为至关重要的教学策略。这种方法注重学生之间的合作和信息交流，旨在培养他们在实际应用中更有效地使用英语的能力。协作与沟通的目标不仅仅是提高学生的语言水平，更是培养他们在团队合作和跨文化交流中的实际应用能力。协作是一种强调团队合作的教学方式。在团队中协同工作，学生能够分享知识、集思广益，共同解决问题。这种协作的方式不仅有助于学生更全面地理解和运用英语，还培养了他们的团队合作和协调能力。团队协作是一种相互促进、相互学习的过程，有助于学生在实际团队工作中更好地使用英语。沟通是协作的重要组成部分。清晰的沟通使团队成员能够更好地理解彼此的观点和想法。沟通不仅仅是简单的语言交流，更是一种相互理解和协商的过程。有效的沟通使学生能够更好地协调团队工作，提高实际问题解决的效率。协作与沟通强调实际问题的解决。参与团队合作，学生不仅能够运用英语语言技能，还能够解决实际问题。这种实际问题解决的过程有助于学生更全面地理解和应用英语，培养他们在实际应用中更高效地使用语言的能力。协作与沟通也注重跨文化交流。在团队中，学生可能来自不同的文化背景，这就要求他们能够更好地进行跨文化交流。合作使学生能够更好地理解和尊重不同文化的差异，提高他们的跨文化沟通能力。协作与沟通的过程需要教师在合作中充当引导者的角色。教师不仅仅是知识的传递者，更是团队协作的引导者。团队合作使学生能够更好地应用英语，培养他们在实际应用中的团队合作和沟通能力。这种教学方法有助于学生更全面地理解和运用英语，提高他们的实际应用水平，为未来的学科和职业发展奠定坚实基础。

### （二）任务设计

在大学英语教学中，任务设计是一个至关重要的方面，直接影响到学生的学习效果和语言能力的提高。任务设计的目的在于在特定的学习活动中，学生能更好地掌握和运用英语知识，提高他们的语言运用能力。良好的任务设计应该紧密结合学科特点、学生需求以及实际应用，以实现更有效的教学效果。任务设计需要注重与学科特点的融合。不同学科领域有不同的语言要求，因此，任务设计应该根据具体学科的特点制定。在医学英语中，可以设计一些模拟医患对话的任务，以帮助学生提高在医疗场景中的语言表达能力；而在工程英语领域，任务设计可以偏向于解决实际工程问题的模拟，以培养学生在专业领域中的实际应用能力。任务设计需要贴近学生的实际需求。学生的语言需求是多元的，任务设计应当更注重学生的实际情况和需求。例如，商科专业的学生可能更需要商务会谈和邮件沟通的任务,以提高他们的商务交际能力;而文科专业的学生可能更需要文学作品分析和批评的任务,以培养他们的文学鉴赏和写作能力。任务设计能够理解学生的实际需求,更有针对性地促使学生提高语言能力。在任务设计中,实际应用是一个至关重要的方面。真实语境中的任务更能够激发学生的兴趣和动力。设计一些模拟真实生活场景的任务,例如角色扮演或实际问题解决,学生能够在实际应用中更好地运用所学的英语知识。这种任务设计方式不仅能够提高学生的语言实际运用能力,也培养了他们的实际交际和解决问题的能力。任务设计需要强调多样性,不同类型的任务能够满足不同学生的学科需求,也能够提高学生的学科多元素的运用能力。例如,除了口语表达的任务,还可以设计一些书面表达的任务,如写作文或撰写学术论文。任务的多样性能够更全面地提高学生的语言运用能力和综合素质。任务设计是大学英语教学中不可或缺的一环。合理设计任务使学生在实践中更好地掌握和运用英语知识,提高他们的语言能力。良好的任务设计不仅要紧密结合学科特点和学生需求,还要强调实际应用和多样性。这种以任务为导向的教学方法能够更好地促使学生在英语学科中实现全面发展。

### (三)角色分工

在大学英语教学中,角色分工是一种被广泛采用的教学策略。这一方法的核心理念在于在学习团队中明确每个成员的任务和职责,以促进更有效的学习过程。角色分工强调学生在学习中的主动参与和合作,使其能够更有针对性地运用英语,提高解决实际问题的能力。角色分工的基础是明确每个学生在学习团队中的具体职责。为每个学生分配不同的角色和任务,教师能够激发学生的学习兴趣,促进他们更深入地参与到学习过程中。这种个体差异化的角色分工有助于调动学生的积极性,提高学习效果。角色分工注重学生在团队中的协作。每个学生的角色和任务都是团队成功的一部分,需要有效的协作来完成。这种协作不仅仅是简单的分工合作,更是一种相互依赖、相互学习的过程。团队协作使学生能够更好地理解和运用英语,培养他们在团队中的协作和沟通能力。角色分工强调实际问题的解决。每个学生在团队中的角色和任务都与实际问题解决紧密相关。这种实际问题解决的过程有助于学生更全面地理解和应用英语,提高他们的实际运用能力。解决实际问题使学生能够更好地运用英语语言技能,培养他们的实际问题解决能力。角色分工的过程需要教师在团队中充当指导者的角色。教师不仅仅是任务分配者，更是团队协作的引导者。激发学生的学习兴趣、引导学生有效地协作和提供必要的支持，教师能够更好地促进学生在角色分工中的有效学习。在角色分工的过程中，学生能够更全面地理解和运用英语。每个学生的角色和任务都需要语言交流和合作来完成，这有助于提高学生的语言运用能力。角色分工还能够培养学生团队合作和沟通技能，提高他们在实际应用中的协作效率。角色分工是一种强调学生在学习中的主动参与和合作的大学英语教学策略。明确每个学生在团队中的角色和任务，促使他们更深入地参与学习过程，培养实际问题解决能力。这种教学方法不仅有助于提高学生的语言运用能力，更能够培养他们在团队中的团队协作和沟通技能，为未来的学科和职业发展打下坚实基础。

## 二、小组活动设计与实施

### （一）小组构建

在大学英语教学中，小组构建是一种至关重要的教学手段。小组构建能够促进学生之间的相互合作和信息共享，有助于创造积极的学习氛围。小组构建使学生能够更好地运用英语进行交流、合作，提高他们的语言表达和沟通能力。小组构建不仅有助于学生之间的相互学习，还能够促进团队协作精神的培养。在小组中，学生需要协同合作，共同完成学科任务。这种团队合作的学习方式不仅能够提高学科水平，还培养了学生的团队协作和沟通能力。小组构建使学生能够更好地理解团队协作的重要性，形成积极的学习态度。小组构建也有助于促进学生的自主学习。在小组中，学生需要独立思考问题，与小组成员进行讨论和交流。这种自主学习的过程培养了学生独立思考和解决问题的能力。学生在小组构建中逐渐形成对学科的主动探究和学习兴趣，提高了他们的学科自觉性。在小组构建中，学生能够充分利用集体智慧，从而更全面地了解和掌握学科知识。在小组讨论和合作中，每个学生都能够为小组的成果做出贡献，分享自己的见解和经验。这有助于学科知识的广泛传播和共享，使每个小组成员都能够得到充分的学科启示。小组构建还有助于拓展学生的视野。在小组中，学生可以与来自不同地区、不同背景的同学进行交流和合作。这种跨文化的学习环境有助于拓展学生的国际视野，培养他们更广泛的思维和跨文化交际的能力。与不同文化背景的同学共同学习，学生更容易接触和理解多元文化，提高他们的综合素质。小组构建是大学英语教学中一种有效的教学手段。小组构建使学生能够在合作中提高语言表达和沟通能力，培养团队协作精神和自主学习能力。这种教学方式有助于学生更全面地了解和掌握学科知识，拓展国际视野，提高综合素质。在大学英语教学中，小组构建将继续发挥重要作用，为学生的全面发展提供更有效的支持。

## （二）教师角色

在大学英语教学中，教师的角色是至关重要的。教师不仅仅是知识的传授者，更是学生学习过程中的引导者和激励者。教师的角色既包括教学，也包括对学生的激励、指导和关怀。在课堂中，教师需要灵活应对不同学生的需求，促使他们更好地理解和运用英语。教师在课堂中不仅传授知识，而且引导学生思考和解决问题。提问和引导能够激发学生对知识的兴趣，培养他们主动学习的意识。教师的引导有助于学生更深入地理解和运用英语，提高他们的语言水平。灵活的教学方式和生动的教学内容能够激发学生对学科的浓厚兴趣。激发学生学习兴趣是提高他们学科水平的关键，教师需要运用个性化的教学方式，关注学生的兴趣点，提高他们的学习动力。在课堂中，教师的角色也涉及关怀和支持。学生在学习过程中可能面临各种困难和挑战，而教师需要在学科学习之外，关心学生的心理和情感状态。建立良好的师生关系使教师能够更好地理解学生的需求，提供给学生必要的支持和鼓励，使学生更好地适应学科学习。教师不仅仅是知识的传授者，更是学生学习的榜样。对学科的深入理解和运用使教师能够向学生展示正确的学科态度和学科方法。这种示范作用有助于学生更好地理解和运用英语，提高他们的学科水平。在大学英语教学中，教师的作用不仅仅局限于传授知识，更需要具备引导、激发、关心和示范的综合能力。教师的教学方式应当灵活多变，关注学生的个体差异，以更好地满足他们的学科需求。明确而丰富的教学方法使教师能够更好地引导学生全面地理解和运用英语，为他们的未来学科发展和职业发展奠定坚实基础。

# 第四节　多媒体与技术辅助教学

## 一、多媒体在英语教学中的应用

### （一）多媒体资源的种类

在大学英语教学中，多媒体资源的种类繁多，丰富多样。这些资源不仅为教师提供了更多的教学工具，也丰富了学生的学习体验。多媒体资源主要包括文字、图片、音频和视频等，它们各自具有独特的教学优势。文字作为一种基础的多媒体资源，具有明确、具体的表达方式。文字资源可以为学生提供详细的英语知识，包括语法规则、词汇解释等。书写、阅读文字等方式使学生能够更深入地理解和掌握英语知识。文字资源还包括书籍、文章和文本，为学生提供了更多的阅读材料，培养了他们的阅读理解能力。图片资源是一种直观、生动的多媒体形式，图像可以更好地展示事物的外观和结构。图片资源在大学英语教学中广泛应用于词汇学习、场景描述等方面。观察图片使学生能够更好地理解和记忆英语词汇，提高他们的语言表达能力。图片资源还可以用于文化展示，帮助学生更好地理解英语国家的文化和风俗。音频资源是一种以声音传达信息的多媒体形式。在大学英语教学中，音频资源通常用于听力训练。听取英语材料使学生能够提高自己的听力理解能力，逐渐适应不同的语速和口音。音频资源还可以包括语音教学，模仿和跟读，帮助学生更好地掌握英语发音和语调。视频资源是一种集合了图像、声音和文字等元素的多媒体形式。在大学英语教学中，视频资源被广泛用于教学展示、语境呈现和实地体验。观看视频使学生能够更好地了解语境和背景信息，提高他们的综合语言运用能力。视频资源还可以包括英语电影、纪录片等，为学生提供更多的语言实践机会，培养他们在不同语境中运用英语的能力。除了上述主要的多媒体资源种类，还有其他形式的资源，如交互式软件、在线平台等，为大学英语教学提供了更多的可能性。这些资源的种类不断丰富，为教师提供了更多的选择，也使学生能够更灵活地学习英语。多媒体资源的使用不仅能够提高教学效果，还能够激发学生的学习兴趣，为他们创造更富有创造力和体验感的学习环境。

## （二）课堂演示和互动

在大学英语教学中，课堂演示和互动是一种有效的教学方法。在课堂上进行实际演示和鼓励学生参与互动能够更好地促进学生的学习，提高他们的语言表达和理解能力。在课堂演示方面，教师可以采用各种形式的实际示范，例如模拟对话、角色扮演等，使学生在真实情境中接触和运用英语。这种实际演示能够直观地展示语言的运用方式，帮助学生更好地理解和掌握英语知识。观看演示使学生能够获得更深层次的学科认识，增强对语言实际运用的信心。演示与互动在课堂教学中扮演着至关重要的角色。鼓励学生积极参与讨论、提问和回答问题，能够激发他们的学科兴趣和思考能力。互动不仅能够提高学生的语言表达能力，还有助于培养他们的批判性思维和解决问题的能力。互动使学生能够更全面地了解和吸收知识，提高学科素养。教师在课堂互动中的角色也至关重要。教师应该成为引导者和激励者，鼓励学生敢于表达自己的观点，提出问题，并进行深入的讨论。与学生之间的互动使教师能够更好地了解学生的学科水平和需求，提供个性化的指导和帮助。这种互动式的教学方式有助于建立起更紧密的师生关系，促进学科的深入学习。课堂互动也可以以小组合作的方式实现。学生在小组中进行讨论、分享观点和解决问题，能够促进他们之间的合作精神和学科交流。小组合作不仅有助于学生更好地理解和应用英语知识，还培养了他们的团队协作和社交能力。小组合作使学生能够在互动中更好地运用和巩固所学的知识。课堂演示和互动是大学英语教学中不可或缺的重要元素。实际演示使学生能够直观地感受语言的运用，增强学科实际应用能力。而互动使学生能够积极参与学科讨论，提高语言表达和理解能力。教师在这个过程中的引导和激励也至关重要。在大学英语教学中，课堂演示和互动将为学生提供更为丰富和深入的学科体验，促使他们在语言学科中实现更好的发展。

## （三）多媒体教材的开发

大学英语的多媒体教材开发是一项复杂而富有挑战性的工作。这一过程涉及对多媒体资源的深入研究，以及对教学目标和学生需求的精准把握。多媒体教材的开发需要教师具备跨学科的知识背景，以便更好地整合各种形式的多媒体资源。在多媒体教材的开发中，首先需要明确教学目标。教材的开发应当紧密围绕学生的学科需求和实际应用能力，确保教学目标的明确和具体。深入了解学生的学科水平和需求，教师能够更好地选择和整合多媒体资源，提高教学的针对性和实用性。多媒体教材的开发还需要充分考虑学生的学科背景和兴趣。不同的学生可能具有不同的学科背景和兴趣点，因此，教材的开发应当灵活多变。关注学生的个体差异使教师能够更好地调整教材内容，使其更具吸引力和实用性，激发学生的学习兴趣。在多媒体教材的开发中，教师需要深入研究各种多媒体资源的特点和应用方法。文字、图片、音频和视频等不同形式的多媒体资源各具优势，但也存在局限性。教师需要理解这些资源的特点，善于组合运用，以便更好地满足不同教学场景的需求。多媒体资源的开发应当注重创新和实际应用，使其更好地与教学目标相契合。多媒体教材的开发也需要注重教学内容的设计。教材的设计应当紧密结合课程大纲和教学要求，确保内容的连贯性和完整性。教材内容的设计要有深度，注重学科知识的深入传递和学生能力的全面培养。科学合理的内容设计使教师能够更好地引导学生对英语知识的深入理解和应用。教师在多媒体教材的开发中还需要具备一定的技术能力。随着科技的不断发展，教学平台和工具不断更新，因此，教师需要不断学习和适应新的教学技术，熟练运用各种教学工具和平台，更好地开发和具利用多媒体资源，提高教学的效果和吸引力。多媒体教材的开发是一项复杂而具有挑战性的工作。教师只有深入研究学生需求、灵活运用各种多媒体资源、设计有深度的教学内容以及不断提升技术能力，才能更好地开发出适应时代发展和满足学科需求的多媒体教材。这样的教材不仅有助于提高学生的学科水平，更能够激发他们对英语学习的兴趣，为未来的学科和职业发展奠定坚实基础。

## 二、技术辅助教学策略

### （一）语言学习应用程序

在大学英语学习中，语言学习应用程序扮演着越来越重要的角色。这类应用程序结合技术和语言学习，为学生提供了更灵活、更便捷的学习方式。语言学习应用程序的普及和发展在一定程度上改变了传统的教学模式，为学生提供了更加个性化和多样化的学习体验。语言学习应用程序各种交互性工具和游戏性学习模式激发了学生的学科兴趣。这些应用程序图文、音频、视频等多媒体元素为学生创造了生动的学科场景，使学习变得更加有趣。互动性的设计使学生能够在轻松的环境中学习英语，更容易沉浸在语言学习的过程中。语言学习应用程序提供了更加个性化和自主的学习路径。学生可以根据自己的学科水平、学习节奏和兴趣特点，选择合适的学习内容和模式。这种个性化的学习路径有助于满足不同学生的学科需求，提高学习的针对性和效果。学生在使用这些应用程序时，能够更自主地安排学科学习计划，提高学科学习的灵活性。语言学习应用程序强调了学生在真实语境中运用所学知识的能力。这些应用程序通常设计有实际情境模拟和日常生活应用的场景，使学生能够更好地运用所学的英语知识。这样的设计使学生在学科学习中不仅能关注语法和单词，而且更注重语言在实际生活中的应用，提高了他们的语言表达和交际能力。语言学习应用程序的社交功能也为学生提供了更多的学科交流机会。学生可以应用程序与其他学生互动、分享学科心得，形成学科社群。这种交流方式能够激发学生的学科兴趣，提高他们的学科动力。与他人的交流使学生能够获取更多的学科信息和学科资源，促进学科的全面发展。语言学习应用程序在大学英语学习中，为学生提供了更为灵活、个性化的学习体验。这类应用程序的创新性的设计、互动性的元素以及强调实际应用的特点，推动了学生在语言学习中的全面发展。随着科技的不断进步，这些应用程序将继续在大学英语学习中发挥更为积极的作用，为学生提供更丰富的学科资源和更好的学科支持。

### （二）虚拟实境（VR）和增强实境（AR）

虚拟实境（VR）和增强实境（AR）作为现代科技的前沿应用，已经在各个领域崭露头角，也在大学英语教学中展现了巨大的潜力。虚拟实境是一种模拟数字环境，使用户感觉置身于其中的技术。与之不同的是，增强实境则是在现实环境中叠加数字信息，提供更加丰富的交互体验。这两种技术为大学英语教学带来了新的可能性和挑战。在大学英语教学中，虚拟实境为学生提供了更加沉浸式的语言学习体验。虚拟实境技术使学生可以仿佛置身于英语国家的日常场景中，感受真实的语境和文化氛围。这种体验有助于提高学生的语感和语境理解能力，使他们更自然地运用英语，促进语言技能的全面发展。增强实境为大学英语教学注入了更多的互动性和创造性。在现实环境中叠加数字信息，学生可以与虚拟元素进行互动，使语言学习更具趣味性。例如，学生可以在现实场景中使用AR应用，获取关于周围事物的英语解释，促使他们在实际应用中更好地理解和使用英语。虚拟实境和增强实境还可以为大学英语教学提供更加个性化和灵活的学习方式。定制化的虚拟场景或个性化的AR体验能够更好地满足不同学生的学科需求。这种个性化的学习方式有助于激发学生的学习兴趣，提高他们的学科积极性，推动学生更深入地参与到语言学习中。虚拟实境和增强实境在英语听力和口语训练方面也有着巨大的潜力。模拟真实场景使学生可以更好地锻炼听力理解能力，适应不同语速和口音。在沉浸式的虚拟场景中进行口语训练，有助于提高学生的口头表达能力，使他们更流利地运用英语进行交流。虚拟实境和增强实境在大学英语教学中也面临一些挑战。技术的成本和复杂性可能限制了这些应用的广泛使用。虚拟实境和增强实境的有效性需要更多的研究和实践验证，以确保其在英语教学中的实际效果。虚拟实境和增强实境为大学英语教学提供了全新的学习体验和教学手段。沉浸式体验、互动性设计和个性化应用等技术为学生提供了更为灵活和综合的语言学习环境。虽然还存在一些挑战，但随着技术的不断发展和教学模式的创新，虚拟实境和增强实境有望在大学英语教学中发挥越来越重要的作用。

# 第四章　大学英语教学评估与反馈

## 第一节　大学英语课堂评估方法

### 一、形式性评估方法

#### （一）小测与随堂测试

在大学英语教学中，小测和随堂测试是常见的评估手段，旨在检测学生对课程内容的理解和掌握程度。这两种形式的测试在教学过程中发挥着不可忽视的作用，有助于促进学生的学习动力，提高教学效果。小测是一种较为正式的定期测试，通常涵盖一个较大的知识范围。小测的目的是检验学生对学科知识的整体把握情况，以及他们在学期内的学习进展。小测使教师能够及时了解学生的学科水平，有针对性地进行教学调整，帮助学生更好地理解和应用英语知识。随堂测试则是一种更为灵活、针对性强的测试形式。通常在课堂上进行，覆盖的知识范围相对较小。随堂测试的主要目的在于检测学生对当天教学内容的掌握情况，促使他们在学习过程中保持高度的注意力。这种及时的反馈形式有助于教师更好地了解学生对新知识的理解情况，及时进行补充和答疑解惑，提高学生的学习效果。小测和随堂测试在教学中有着各自的优势。小测通常涉及较大的知识面，能够全面检测学生的学科水平，为教师提供更为全面的信息。而随堂测试更侧重于当堂教学的效果，及时的反馈帮助学生更好地理解和掌握教学内容，使学习更为渐进式和有针对性。这两种测试形式均能激发学生的学习动力。学生知晓有小测和随堂测试的存在，会更加认真地对待课堂学习，主动参与课堂互动。他们会更有意识地复习和准备，以确保在测试中能够取得好的成绩。这种积极性有助于培养学生的自主学习能力和对英语学科的浓厚兴趣。小测和随堂测试也存在一些潜在的问题。学生可能会将这些测试看作应付考试而非真正理解知识的手段，陷入死记硬背的状态。因此，教师需要注重在测试中注入思维能力的考查，促使学生真正理解和应用知识，而非仅仅记忆表面内容。小测和随堂测试是大学英语教学中不可或缺的组成部分。它们不仅为教师提供了有效的评估手段，也激发了学生对学科的学习兴趣。巧妙设计测试内容，注重测试的思维能力考查，可以更好地发挥这两种测试形式在英语教学中的作用，促使学生更全面地理解和应用英语知识。

## （二）参与度评估

在大学英语教学中，参与度评估是一种重要的教学手段。它不仅能够帮助教师了解学生在课堂中的学科表现，更能够激发学生的学科兴趣和主动学习的积极性。参与度评估观察学生在课堂上的积极性和互动，为教师提供了重要的参考信息。教师可以以学生的提问、回答问题、讨论等方式来评估他们在课堂中的参与度。这种直观的评估方式有助于教师更全面地了解学生的学科水平和学科需求，为个性化的教学提供更准确的依据。参与度评估有助于培养学生的学科兴趣。鼓励学生在课堂上积极参与，教师能够创造出更具吸引力和互动性的学科氛围。学生在积极参与的过程中，更容易对学科产生浓厚的兴趣，从而提高学科学习的积极性。这种激发学科兴趣的机制有助于打破学科学习的枯燥感，促使学生更主动地投入到学科学习中。参与度评估还有助于提高学生的学科表达能力。在课堂上积极参与的学生通常具有更强的表达能力和沟通技巧。他们能够更自信地表达自己的观点，参与到学科讨论和交流中。这有助于培养学生的语言表达能力，提高他们的口头和书面表达水平。参与度评估能够促进学生的团队协作能力。在课堂上进行小组讨论和合作，学生需要与他人互动，共同解决问题。这种方式能够培养学生的团队协作和合作精神，提高他们在团队中的交际和领导能力。这对于学生未来在职场中的团队合作和协调能力具有积极的影响。参与度评估在大学英语教学中具有不可忽视的重要性。观察学生在课堂中的互动和积极性，教师能够更全面地了解学生的学科状况，为个性化的教学提供有力的支持。参与度评估也有助于激发学生的学科兴趣，提高他们的学科表达和团队协作能力。在大学英语教学中，注重参与度评估将为学生的全面发展提供更为积极的学科环境。

## （三）作业与项目评估

在大学英语教学中，作业和项目评估是常见的学业评价手段，它们既是对学生学科水平的考查，也是促进学生综合能力发展的重要途径。作业和项目评估各自具有独特的特点和优势，巧妙的设计和实施能够有效提高学生的学科素养。作业作为一种日常性的评估方式，主要体现在其灵活性和全面性上。布置作业使教师可以及时检测学生对所学知识的理解程度，促使他们对学科内容进行反复的思考和巩固。作业设计的灵活性使得教师可以侧重于不同的语言技能，如听说读写，或注重知识的应用和拓展。这有助于学生在多个层面上全面提升自己的英语水平。与此项目评估则更加强调学生在具体任务中的综合能力。项目评估需要学生运用英语知识解决实际问题，这促使他们在语境中更全面地运用所学的语言技能。与传统的考试形式相比，项目评估更能考查学生的创造力、团队协作能力以及解决问题的能力，从而更全面地展示他们的学科素养。作业和项目评估可以提高学生学科水平，也有助于培养其学科意识和学科方法。完成作业评估需要学生自主学习，积极主动地思考问题并寻找解决方案。这有助于培养学生独立思考和解决问题的能力，为他们未来的学科和职业发展打下坚实基础。在项目评估中，学生常常需要进行深入的研究和调查，这有助于拓宽他们的学科视野。参与项目使学生能够深入了解英语在实际生活中的应用场景，从而更好地理解和掌握语言的实际运用。这种实践性的学习有助于提高学生对英语学科的兴趣，使他们更积极主动地参与学科学习。作业和项目评估也面临一些挑战。在作业方面，教师需要确保作业的设计既有足够难度，又符合学生的实际水平，以达到促进学生进步的目的。在项目评估方面，需要注意确保项目的设计合理，能够在一定时间内完成，避免给学生带来过大的压力。作业和项目评估是大学英语教学中重要的评估手段，各自有其独特的价值。这两种评估方式使学生能够更全面地展示他们的英语水平和综合能力，为他们的学科发展和职业发展提供更为充实的经验和能力。设计和实施巧妙的作业和项目评估将在大学英语教学中发挥着越来越重要的作用。

## 二、总结性评估方法

### （一）期中与期末考试

在大学英语教学中，期中和期末考试是两个重要的评估环节，它们在检验学生学科掌握程度、评估学科表现上扮演着关键的角色。期中考试通常在学期中进行，旨在评估学生对前半学期所学内容的掌握情况。而期末考试则是整个学期结束时进行，对学生对整个学科知识的掌握程度进行全面而深入的评估。期中考试作为学期内的一次重要测试，其目的在于检验学生对前半学期所学内容的理解和应用能力。这种考试通常覆盖了学期内的基础知识和基本技能，起到了检验学生学科基础的作用。期中考试使教师能够及时了解学生的学科掌握情况，有助于调整后半学期的教学计划，以更好地满足学生的学科需求。而期末考试则是对整个学期学科知识的全面考查。这种考试通常涵盖了整个学期的内容，要求学生综合运用所学知识解决问题。期末考试旨在评估学生对学科知识的整体理解和掌握程度，是对学生学科能力的一次全面检验。期末考试的结果使学生能够更全面地了解自己在学科上的优势和不足之处，有助于对未来学科学习的规划和提高。两者相较而言，期中考试更偏向于学科知识的基础部分，注重对学生对基本概念和技能的理解和应用。而期末考试更侧重于学科知识的整体掌握，要求学生能够将学期内的知识进行全面的整合和运用。两者共同构成了学生在学期内学科水平的评估体系，起到了互补和综合的作用。在教学中，期中和期末考试的设置既是对学生学科能力的客观检测，也是对教学质量的一种检验。学生这两个阶段的考试能够更全面地了解自己在学科上的发展情况，有助于他们更加有针对性地进行学科学习。教师则可以以考试结果来调整教学策略，进一步提高教学效果。期中和期末考试在学科教学中扮演着不可替代的角色，是学科学习过程中的重要环节。

### （二）综合项目评估

大学英语教学中的综合项目评估是一种全面而有深度的手段。这种评估形式旨在以综合性的项目设计，全面考查学生在语言技能、学科知识和实际运用等方面的综合素养。综合项目评估不仅考查学生对英语语法和词汇的理解，更注重他们在实际应用场景中运用英语的能力。综合项目评估的核心特点是其全面性和贴近实际。在项目中，学生通常需要面对真实世界中的问题，运用所学的英语知识进行解决。这要求学生具备跨学科的能力，能够将英语语言技能与实际问题相结合，形成全面的综合素养。这种贴近实际的设计有助于学生更好地理解和应用英语，使他们能够在未来的职业和生活中更为得心应手。综合项目评估强调学生的独立思考和团队协作能力。在项目中，学生通常需要独立或合作完成一项任务，这有助于培养他们解决问题的能力。与同学共同合作，学生能够分享思考，学习他人的优点，形成团队合作的意识。这种团队协作能力的培养对学生未来职业中的团队合作至关重要。与传统的考试形式相比，综合项目评估更加注重学生在项目中的过程，而非仅仅关注结果。在整个项目过程中，学生需要不断思考、调整和完善，这有助于培养他们的自我反思和自我管理能力。学生能够在项目的每个阶段，逐渐提高自己的学科素养，形成更全面的能力。综合项目评估也存在一些挑战。对于教师而言，项目设计需要更为细致入微，确保任务既有足够的挑战性，又符合学生的实际水平。项目评估可能需要更多的时间和精力，既要考查学生的语言技能，又要注重他们的综合素养，这对教师的评估能力提出了更高的要求。综合项目评估作为一种创新的评估方式，有助于打破传统评估的束缚，使学生能够在更为真实的情境中展现和提高自己的英语能力。教师可以克服一些挑战，更好地设计和实施综合项目评估，促进学生在英语学科中的全面发展。这种综合评估形式不仅能够检验学生的学科水平，更能够培养他们的综合素养，为未来的学科发展和职业生涯打下坚实的基础。

### （三）学科综合性考查

在大学英语教学中，学科综合性考查是一种全面评估学生英语水平的重要手段。这种考查不仅要求学生具备扎实的基础知识和技能，还要求他们能够在实际应用中综合运用所学，展示出更高层次的语言能力。学科综合性考查具有多样性的特点，涵盖了英语听、说、读、写各个方面。在听力方面，学生需要理解并回答听力材料中的问题，展示出对英语语音、语调的准确把握以及对内容的理解。口语部分要求学生能够自如地表达自己的观点，参与到对话和讨论中，展现出流利的口语表达能力。阅读方面要求学生能够独立阅读并理解较为复杂的英语文本，把握文章主旨和细节信息。写作方面要求学生能够完成一定篇幅的英语作文，展示出扎实的语法知识、丰富的词汇积累和良好的逻辑表达能力。这种综合性考查的设计旨在培养学生的全面英语能力。考查不同方面的语言技能，能够更全面地了解学生在语言学科中的综合素质。学科综合性考查强调实际应用能力，要求学生能够在复杂、真实的语境中独立运用所学知识，这对于学生的实际语言运用能力的提高具有重要作用。学科综合性考查也注重跨学科的融合。在考查中，学生可能需要运用其他学科的相关知识，例如在听力材料中涉及其他学科的专业背景，要求学生能够跨学科理解和运用。这种综合性的跨学科考查不仅丰富了学科内容，也培养了学生在不同学科领域中的学科综合应用能力。对于教师而言，学科综合性考查是对教学效果的全面检验。学科综合性考查使教师能够了解学生在不同方面的学科表现，发现学生的优势和不足，为后续的教学提供有力的依据。学科综合性考查也是对教学内容和方式的反思，帮助教师调整和改进教学策略，提高教学的实效性。学科综合性考查是一种全面、综合、实际的评估手段。它涵盖了英语听说读写各个方面，要求学生在复杂的语境中综合运用所学知识，旨在培养学生的全面语言能力。对于学生而言，这种考查既是对个人学科水平的全面检验，也是对实际应用能力的挑战。学科综合性考查将继续在大学英语教学中发挥重要作用，为学生的全面发展提供更为全面和深入的评价。

## 第二节 大作业设计与管理

### 一、大作业设计原则

#### （一）明确学习目标

在大学英语教学中，大作业设计的明确学习目标是确保学生在完成任务时能够全面掌握和应用所学的语言知识和技能。大作业是一项综合性的任务，通常要求学生深入思考、独立完成，并展示他们在语言运用、分析解决问题以及跨学科知识整合等方面的综合素养。大作业的设计要确保学生能够深刻理解学科知识。明确的学习目标可以引导学生深入研究和分析相关主题，使他们对所学知识有更全面的理解。学习目标的明确性有助于学生明确任务要求，指导他们有针对性地开展研究，以实现对学科知识的深度挖掘。大作业的设计要注重培养学生的创造性思维和解决问题的能力。设定具有挑战性的学习目标，可以激发学生的思考和创造力，引导他们在解决问题的过程中不断探索、创新。明确的学习目标有助于学生建立问题意识，引导他们在独立思考的基础上提出新的见解和解决方案。学习目标的明确性有助于培养学生的团队协作能力。在大作业中，教师可以设定学习目标，要求学生进行合作，共同完成任务。合作使学生能够互相学习、分享经验，培养团队协作的技能，使他们在实际工作中更具竞争力。大作业设计的学习目标应该鼓励学生在任务中运用英语进行有效沟通。明确的学习目标有助于引导学生在大作业中准确表达自己的观点，有效传达信息。任务的完成，学生将不仅仅在书面上掌握英语表达能力，同时在口头表达和团队协作中得到实际锻炼。在学习目标的设计中，也应注重培养学生的批判性思维。大作业不仅仅是对知识的简单呈现，更应该引导学生思考问题的多层次和多角度。学习目标的设定可以引导学生对信息进行深入分析，形成独立的判断，提高他们在解决实际问题时的批判性思维水平。大作业设计的明确学习目标是确保学生在任务完成中能够达到预期的学科水平和综合素养。明确的学习目标有助于指导学生有目的地进行学科知识和技能的学习，同时培养其创造性思维、解决问题的能力以及团队协作等综合素养。合理的学习目标设计，使大作业成为促使学生全面发展的有力工具，为他们未来的学科和职业发展奠定坚实基础。

### （二）与实际问题相关

大学英语教学中，与实际问题相关的大作业设计是一种有效的教学策略。这种设计旨在以实际问题的解决，促使学生将所学知识应用于实践，提高他们的综合能力和问题解决能力。大作业设计注重培养学生的实际应用能力。教师选择与实际问题相关的任务，能够激发学生对学科知识的实际运用兴趣。学生在解决实际问题的过程中，不仅能够巩固已学知识，还能够掌握新的应用技能，提高学科综合素养。与实际问题相关的大作业设计强调学生的独立思考和团队协作能力。在解决实际问题的过程中，学生需要分析问题、制定解决方案，并与同学进行充分讨论和合作。这种任务设计促使学生形成独立思考和合作协调的能力，培养他们在团队中发挥主动作用的意识。大作业设计的实际问题通常反映了社会的实际需求。学生在解决这些问题的过程中，能够更好地理解学科知识与社会实际的联系。这种实际问题导向的设计不仅帮助学生建立学科知识的实用性认识，也激发了他们对社会问题的关注和思考。这种任务设计还有助于培养学生的创新精神。在解决实际问题时，学生需要面对复杂多变的情境，提出创新性的解决方案。这种创新的思维方式培养了学生对问题的深层次理解和创造性解决问题的能力，为他们未来的职业发展奠定了基础。与实际问题相关的大作业设计在评估方面更具客观性。学生的表现直接反映在解决实际问题的成果上，能够真实地反映他们的学科水平和综合能力。这种客观评估方式帮助教师更准确地了解学生在实践中的表现，为后续教学提供有效的反馈和指导。与实际问题相关的大作业设计是大学英语教学中一种有效的教学手段。这种设计不仅能够促使学生将所学知识应用于实际问题的解决中，提高他们的综合素质，还能够培养学生的独立思考、团队协作和创新能力。这样的任务设计有助于建立学科知识与实际问题的联系，使学生更好地理解学科知识的实用性，为他们未来的职业发展奠定坚实的基础。

## （三）鼓励创意和独立思考

在大学英语教学中，大作业设计应当注重鼓励学生的创意和独立思考，以促使他们更深入地理解和应用所学的语言知识。创意和独立思考是学生在面对实际问题时展现出的重要素养，大作业的设计可以有效培养学生在语言运用中的创造性和独立性。大作业的设计应激发学生的创造性思维。设定具有一定开放性的任务，鼓励学生在解决问题时提出新颖的观点和独特的见解。这有助于拓宽学生的思维空间，培养他们在英语学科中独立思考的意识和能力。创造性思维的培养不仅在于对问题的解决，更在于对问题的重新思考和深层次的思考过程。大作业设计应提供足够的空间让学生体现个性化的创意。每个学生都有自己独特的思考方式和表达方式，大作业的设计应当允许学生在任务完成中展现个性化的创意。这有助于激发学生对英语学科的浓厚兴趣，使他们在学习中更具参与性和投入感。个性化的创意表达也为学生在实际运用中培养独特的语言风格和表达能力提供了机会。大作业的设计可以提供多样性的任务和素材来激发学生的创造性。多样性的素材和任务有助于引导学生从不同角度思考问题，激发他们对英语学科的多元理解。从多个维度思考问题，学生可以更全面地理解语言知识的运用，并更灵活地运用这些知识来解决实际问题。这种多样性有助于培养学生跨学科的思维和对多元文化的理解。大作业设计应该注重引导学生在任务中充分发挥创意，保持对问题的深刻分析和思考。创意性思维不应仅仅停留在表面，更需要学生在深入思考的基础上进行合理而有力的表达。大作业设计的任务要求可以合理设置，引导学生在保持独立思考的同时确保其在表达时具有逻辑性和说服力。大作业设计的鼓励创意和独立思考是培养学生全面素养的有效途径。给予学生足够的空间和灵感，激发他们的创造性思维，大作业可以成为一个促进学生在英语学科中深入学习、独立思考的有益工具。创意和独立思考的培养有助于学生在未来的学科发展和职业生涯中更好地应对复杂的问题和挑战。

## 二、大作业管理和评估

### （一）明确时间框架

在大学英语教学中，明确时间框架的大作业管理是一种有效的组织和指导学生学科学习的方式。合理规划和安排作业完成时间能够促使学生充分利用时间，提高学科学习的效率，培养他们的时间管理能力。大作业管理中的时间框架明确了学生完成作业的时间期限，通常以学期为单位。这种明确的时间要求强调了学生对任务的紧迫感和计划性，使得学生不得不在规定的时间内完成作业。这对于培养学生的时间管理能力具有积极作用，使他们学会更好地分配和利用时间。在大作业管理中，明确时间框架还有助于提高学生的学科学习积极性。学生在规定时间内完成作业，能够更好地集中精力，克服拖延的倾向，提高学科学习的主动性。这种时间压力促使学生更专注于任务，更高效地完成作业，从而提升学科学习的质量。明确时间框架的大作业管理有助于提高学生的责任心和自律能力。学生在规定时间内完成作业，需要对自己的学科学习进行有效的组织和安排。这种自律的学习过程培养了学生的责任心，使他们能够更好地管理自己的学业，增强学科学习的自主性。大作业管理中的时间框架还能够促进学生的团队协作和交流。由于大作业通常需要学生在规定时间内协作完成，所以要求学生之间要保持良好的沟通和协调。明确的时间框架强调了团队合作的时间要求，促进了学生之间的有效沟通和团队协作，提高了整体学科学习的效果。明确时间框架的大作业管理是一种有力的教学策略。它规定学生完成作业的时间期限，培养学生的时间管理能力，提高学科学习的效率。这种管理方式能够提高学生的学科学习积极性，培养他们的责任心和自律能力。大作业管理中的时间框架使学生能够更好地适应大学学科学习的要求，为他们未来的学业发展打下坚实的基础。

## （二）提供资源支持

在大学英语教学中，为大作业提供资源支持是确保学生成功完成任务的关键环节。资源的充分准备和合理使用有助于激发学生的学习兴趣，提高他们对英语学科的理解和应用水平。大作业管理中的资源支持应当注重多元性、实用性和灵活性。资源支持要保持多元性。这意味着教师需要为大作业提供多样化的资源，包括但不限于图书、网络资料、音视频资料等。多元性的资源有助于引导学生从不同的角度了解问题，激发他们的多元思考。提供来自不同领域和不同文化背景的资源，学生能够更全面地理解英语在不同语境下的应用，培养他们的跨文化意识和全球视野。资源支持要具备实用性。提供的资源应当与大作业的主题和学科知识密切相关，能够帮助学生解决实际问题。实用性的资源有助于学生将所学知识应用到实际生活中，培养他们在英语语境中解决问题的实际能力。资源的实用性还能够提高学生对英语学科的兴趣，激发他们主动参与学科学习的积极性。资源支持要具备灵活性。大作业的设计通常具有一定的灵活性，因此所提供的资源也应具有相应的灵活性。这意味着教师要根据学生的实际需求和兴趣及时调整和更新提供的资源，确保它们与学生的学科水平和实际情况相匹配。灵活性的资源支持能够更好地满足学生个性化的学习需求，引导他们更有效地完成大作业任务。资源支持还可以包括提供学习工具和技能培训。例如，提供使用图书馆、在线数据库的指导，教授学生如何有效地搜索和整理信息，培养他们获取知识的能力。这种学习工具和技能的培训有助于学生在大作业中更独立地获取和利用资源，提高他们的信息素养和学科素养。大作业管理中的资源支持应当全面而贴近实际。多元性、实用性和灵活性是资源支持的重要特点，能够有效激发学生的学习兴趣，提高他们对英语学科的理解和应用水平。科学合理的资源支持使大作业成为学生全面发展的有益工具，为他们在英语学科和未来职业生涯中奠定坚实基础。

## （三）定期进度检查

在大学英语教学中，定期进度检查是一种重要的大作业管理方式。这种管理方式规定在特定时间进行学生作业进度的检查，有助于监督和指导学生的学科学习，提高学科学习效果。定期进度检查的核心在于持续关注学生在大作业中的完成情况。周期性的检查使教师能够及时了解学生的学科进展，发现学生在学科学习中可能存在的问题。这种关注学生学科进度的方式有助于教师更有针对性地给学生提供支持和指导，促使学生在学科学习中取得更好的效果。定期进度检查也对学生的学科自觉性产生积极影响。由于定期检查的存在，学生在完成大作业的过程中不得不定期回顾自己的学科进展，形成自觉检查的习惯。这种学科自觉性的培养有助于学生更好地掌握学科学习进度，提高学科学习的主动性。定期进度检查也为学生提供了更多的学科学习机会。在检查中，教师能够对学生的学科问题进行深入的了解，并及时提出建议和反馈。这为学生提供了更多的学科支持，帮助他们更好地理解学科知识，提高学科学习的质量。定期进度检查还能够促进学生之间的学科交流与合作。定期检查，学生需要与教师和同学进行学科讨论和交流，分享彼此的学科心得和经验。这种学科交流不仅促进了学科学习氛围的建立，也有助于学生在学科学习中形成合作学习的意识。定期进度检查是一种有效的大作业管理方式。它持续关注学生学科进展，提供定期反馈和指导，有助于促进学生的学科学习效果。定期进度检查培养了学生的学科自觉性，提供了更多的学科学习机会，并促进了学科交流与合作。在大学英语教学中，采用定期进度检查的管理方式将有助于学生更好地适应学科学习，提高学科学习的效果。

## （四）评估和反馈

在大学英语教学的大作业管理中，评估和反馈是促使学生进步和提高学科素养的重要环节。有效的评估和及时的反馈使教师能够更好地了解学生的学习状况，引导他们更深入地理解和应用英语知识，推动其在学科中实现全面发展。评估是对学生学科水平和综合素养的全面考查。在大作业的评估中，教师应注重综合性和客观性。综合性的评估要求教师对学生在语言运用、问题解决、创造性思维等多个方面进行全面考查，确保评价体系不仅仅局限于传统的语法和词汇层面。客观性的评估意味着评价标准应当具有客观性和可量化性，确保评估结果具有客观性和公正性，使学生在评估中能够清晰地了解自己的学科水平。评估的目的不仅在于总结学生的优点，更在于揭示他们在学科中的不足和提出改进建议。明确的评估标准使教师能够帮助学生更好地认识自己的学科水平，明确自己在语言运用、问题分析和解决等方面的不足之处。评估结果的透明性有助于激发学生的自我反思和自我管理意识，使他们更主动地迎接学科挑战。评估的过程应注重学生参与，强调合作与互动。与学生建立良好的沟通渠道，教师可以更深入地了解学生在大作业中的学科表现和思考过程。学生的主观体验和反馈也为评估提供了宝贵的信息，有助于教师更全面地把握学生的学科发展动态。在评估之后，及时的反馈是确保学生在大作业管理中得到有效指导和提高的重要环节。反馈应当具有及时性和具体性。及时的反馈有助于学生迅速了解自己的学科水平，及时调整学习策略。具体的反馈要求教师针对学生的表现提出具体的建议和改进方向，而非简单的表扬或批评，使学生能够更明确地了解自己在语言表达、问题分析和解决方案提出等方面的不足之处。反馈也应当注重正向激励和目标导向。积极的、鼓励性的反馈可以激发学生对学科的热情，鼓励他们持续努力。目标导向的反馈有助于引导学生明确下一步的学科目标和提高方向，使其在学科发展中更具有方向感和动力。评估和反馈是大作业管理中不可或缺的环节。科学合理的评估和及时有效的反馈使学生能够更好地了解自己在英语学科中的优势和不足，有助于引导他们更深入地学习和应用英语知识，推动其在学科中实现全面发展。

## 第三节　个性化学习与反馈机制

### 一、个性化学习设计

#### （一）学生需求分析

在大学英语教学中，学生需求分析是设计有效教学方案的重要基础。了解学生的需求能够帮助教师更好地满足他们的学习需求，促使学生更积极主动地参与学科学习。学生需求分析不仅仅涉及对语言水平的了解，更包括对他们学科认知、兴趣爱好、学科目标等方面的深入洞察。学生的语言水平是需求分析的一个重要方面。了解学生的语言水平有助于教师调整教学内容和难度，确保教学任务既能够挑战学生，又不至于过于困难。对于英语水平较高的学生，可以提供更深入的语法和词汇训练，拓展学科知识；而对于水平较低的学生，则应重点强化基础知识，帮助他们逐步提高英语水平。学生的学科目标是需求分析的重要考虑因素。不同学科的学生对英语的学科目标可能各有侧重。例如，商科专业的学生可能更关注商务英语和跨文化沟通技能；科学技术专业的学生可能更注重英语在科研和学术领域的应用。因此，了解学生的专业和未来职业方向有助于调整教学内容，使之更贴近学生的学科需求。学生的兴趣爱好也是需求分析的一项重要内容。教师可以了解学生的兴趣，设计更富有吸引力的教学内容，激发学生学习的兴趣。例如，引入与学生兴趣相关的话题、文学作品或实践活动，可以使学生更加投入学科学习，增强学习动力。学生的学科认知也是需求分析的一个方面。了解学生对英语学科的认知有助于教师更好地设计教学任务和活动。有些学生可能更倾向于实际应用英语，而有些学生可能更喜欢抽象理论性的学科知识。因此，教师可以根据学生的学科认知特点，设计更符合他们学科需求的教学内容。学生学习习惯和风格也是需求分析的一部分。不同的学生有不同的学习风格，有的喜欢合作学习，有的更喜欢独立思考。了解学生的学习习惯和风格，可以帮助教师设计更符合他们学科需求和学习风格的教学模式，提高学习效果。学生需求分析是一项复杂而深入的工作，它要求教师充分了解学生的语言水平、学科目标、兴趣爱好、学科认知以及学习习惯和风格等多个方面。深入的需求分析使教师可以更好地调整教学策略，提高教学效果，满足学生的学科需求，促进其在英语学科中的全面发展。

### （二）差异化教学

在大学英语教学中，差异化教学是一种关键的教学策略。这种教学方法注重充分考虑学生的个体差异，以满足不同学生的学科需求和发展水平。差异化教学旨在创造一个更加包容和灵活的学科学习环境，以提高学生的学科学习效果。这一教学策略的核心在于个性化。差异化教学认识到学生在学科学习方面存在差异，包括学科兴趣、学科能力、学科背景等。因此，教师在教学中不同程度地为学生提供个性化的学科内容和学科任务，以满足他们的个体差异。这种差异化的教学方式能够更好地激发学生的学科兴趣，提高他们对学科学习的积极性。差异化教学强调学生的主动参与。教师创设不同的学科任务和学科活动，激发学生的学科好奇心和主动学习的欲望。这种学生主导的学科学习过程使得学生能够自主探索和建构知识，培养了他们在学科学习中的主动性和独立性。差异化教学关注学生的学科发展阶段。不同学生在学科发展上存在差异，有的学生可能需要更多的基础知识训练，而有的学生可能已经具备较高的学科水平。差异化教学对学生的学科水平进行合理评估，为他们提供适宜难度的学科任务和学科材料，使得学生在学科学习中更好地适应自己的发展阶段。差异化教学还注重学生的学科表达方式。学生在学科表达方面存在个体差异,有的学生可能更善于口头表达,而有的学生可能更擅长书面表达。因此,差异化教学多样化的学科评价方式,充分考虑学生的学科表达差异,为他们提供更为个性化的学科反馈和指导。差异化教学是一种有益的教学策略。它个性化的学科内容、学科任务和学科评价,充分考虑学生的个体差异,创造出更加灵活和包容的学科学习环境。这种教学方式激发学生的学科兴趣,培养他们的主动学习意识,有助于提高学科学习的效果。在大学英语教学中,差异化教学的实施将更好地满足学生的学科需求,推动他们在学科学习中取得更为全面和持久的进步。

### (三)学习计划

在大学英语学习中,学习计划是确保学生有效学习的关键。合理设计学习计划使学生能够更有条理地组织学习时间,提高学习效率,同时培养自主学习的能力。学习计划的设计应当考虑学生的个体差异、学科需求和学科目标等多个方面。学习计划的设计应基于学生的个体差异。每个学生在语言水平、学科认知、学习风格等方面都存在差异。因此,学习计划的设计应当根据学生的个体差异进行个性化调整。对于英语水平较高的学生,可以设置更高难度的任务,提供更深层次的学科知识;对于水平较低的学生,则可以重点强化基础知识,分阶段地完成任务逐步提高水平。学习计划应当考虑学科需求。不同专业的学生对英语学科的需求不同,他们可能更关注特定领域的语言应用和专业术语。因此,学习计划的制定需要根据学科需求,合理设置任务和活动,使之更符合学生未来职业发展和专业要求。学习计划应当与学科目标紧密结合。学生在学习大学英语时,通常有明确的学科目标,比如英语四六级考试,提高专业英语水平等。学习计划的设计应当有助于学生达到这些目标,设置阶段性的学科目标,激发学生的学习动力,使之更有目标地进行英语学科的学习。学习计划的设计还应当注重培养学生的自主学习能力。合理设置任务和活动,鼓励学生独立思考,主动探索,培养其解决问题和学科应用的能力。学习计划中可以引入一些开放性问题和实践活动,使学生在实际运用中更好地理解和应用英语知识。学习计划的执行需要注重监测和调整。学习计划的执行并非一成不变,需要根据实际情况进行监测和调整。定期进行学科测试和反馈,了解学生的学科表现和问题,及时调整学习计划,确保其符合学生的学科水平和学科需求。学习计划的设计是大学英语学习中的重要一环。它需要基于学生的个体差异、学科需求和学科目标，合理设置任务和活动，培养学生的自主学习能力。科学合理的学习计划使学生能够更有条理地进行英语学科的学习，提高学科水平，为未来的学科和职业发展奠定坚实基础。

### （四）技术支持工具

在大学英语教学中，技术支持工具的使用已经成为一种不可或缺的教学手段。这些工具的引入在很大程度上丰富了学科学习的形式和内容。技术支持工具包括但不限于在线学习平台、多媒体教材、语言学习应用程序等，它们为学生提供了更广泛、更灵活的学科学习渠道。技术支持工具能够打破时空限制，为学生提供更为灵活的学科学习机会。在线学习平台使学生可以在任何时间、任何地点进行学科学习，充分利用碎片化时间，提高学科学习的效率。这种学科学习的灵活性有助于满足学生个体差异，使得学生更自主地掌握学科知识。技术支持工具为学生提供了更为丰富多样的学科资源。多媒体教材使学生能够接触到更生动、更直观的学科内容，增强对学科知识的理解和记忆。语言学习应用程序能够利用图像、声音等多元素，使学生更全面地体验英语学科学习，激发学科兴趣。技术支持工具还能够促进学生的互动和合作。在线学习平台提供了学科讨论、团队项目等形式，使得学生能够在虚拟环境中进行学科交流和合作。这种互动和合作的方式有助于拓展学生的学科视野，培养他们的团队协作精神。技术支持工具在学科评估方面也发挥了重要作用。在线测验和作业使教师能够及时获取学生的学科表现数据，更全面地了解学生在学科学习中的状况。这种实时反馈有助于教师更准确地调整教学策略，提高学科学习的实效性。技术支持工具已经成为大学英语教学中不可或缺的一部分。这些工具为学生提供了灵活、多样、互动的学科学习机会，有助于满足学生的个体差异，提高学科学习的效果。在未来，技术支持工具的不断创新和应用将进一步丰富大学英语教学的形式和内容，为学生提供更为优质的学科学习体验。

## 二、反馈机制与学生评估

### （一）形式化与非形式化反馈

在学术领域中，反馈是一种至关重要的沟通形式，其作用不仅在于传达信息，更在于激发学生的思考和提高他们的学科水平。反馈可以分为形式化和非形式化两类，这两种类型的反馈在大学英语学科中都有其独特的作用和特点。形式化反馈通常是以书面形式呈现的，例如标准化测试、作业评分等。这种反馈具有明确的标准和评分体系，能够提供具体的学科成绩和建议。形式化反馈的优势在于其客观性和量化性，有助于学生清晰地了解自己的学科水平和问题所在。形式化反馈还可以为教师提供信息，帮助他们更好地调整教学内容和方法。形式化反馈也存在一些限制。它可能无法全面反映学生在语言运用、创造性思维等方面的实际能力。因为标准化测试和作业评分往往局限于固定的题型和要求，难以覆盖学生在不同语境下的全面表现。形式化反馈可能缺乏个性化，不能满足不同学生的学科需求。相对而言，非形式化反馈强调更加灵活和个性化的交流方式，例如口头反馈、讨论和小组互动使非形式化反馈的特点在于其灵活性，有助于促进学生之间的互动和思想交流。讨论和互动使学生可以更深入地理解英语知识，培养创造性思维和语言运用能力。非形式化反馈还能够更直接地满足学生个性化的学科需求，因为教师可以更具体地了解每个学生的学科水平和学科兴趣，提供有针对性的指导和建议。非形式化反馈也有一些挑战。口头反馈可能受到语言和沟通能力的限制，不同学生对于口头表达的理解和接受程度有所差异。非形式化反馈通常是即时性的，可能缺乏详细和深入的思考。因此，在非形式化反馈中，教师需要平衡即时性和详尽性，确保反馈内容既具体有针对性，又能够激发学生的思考和学科兴趣。形式化和非形式化反馈在大学英语学科中各具优势。形式化反馈提供了客观和量化的评价体系，有助于学生更清晰地了解自己的学科水平；非形式化反馈灵活的交流方式可以促进学生之间的互动和思想交流，更能够满足学生个性化的学科需求。因此，综合采用形式化和非形式化反馈，有助于更全面地促进学生在大学英语学科中的全面发展。

### （二）反馈工具的选择

在大学英语教学中，反馈工具的选择是一个关键的决策，直接影响到学生的学科发展和教师的教学效果。合适的反馈工具能够更好地促进学生的学科进步，提高教学的效果。因此，在选择反馈工具时需要考虑多方面的因素。反馈工具的选择应该符合学科目标和学生特点。不同的学科目标和学生群体对于反馈的需求和形式都有所不同。例如，对于口语表达能力的培养，可以选择录音和口语评价工具；而对于写作能力的提升，可以采用书面评语或批改工具。因此，在选择反馈工具时，需要根据具体的学科目标和学生需求进行综合考虑。反馈工具的选择应该考虑到实际操作的便捷性和效率。一些高效且易于操作的工具能够为教师提供更便捷的反馈方式，节省时间和精力。例如，使用在线批改工具可以方便教师迅速标注学生的写作错误，提供及时的反馈。在大班教学中，选择适当的技术支持工具，如在线测验平台，也有助于提高反馈的效率。反馈工具的选择还应该注重多样性。不同的学生在接受反馈时有不同的偏好和接受程度。有的学生更喜欢口头反馈，有的学生更倾向于书面反馈。因此，选择多样性的反馈工具，满足不同学生的需求，能够更好地激发学生的学科兴趣，提高他们对学科学习的投入感。在考虑反馈工具时，还需要关注其对学生动机的影响。一些反馈工具能够及时、明确地传达学生的学科表现，激发他们的学科进步动力。正面的反馈工具，如奖励系统，可以更好地激发学生的学科兴趣和学习动力。反馈工具的选择应该是个综合性的决策过程。需要考虑学科目标、学生需求、操作便捷性、反馈效率、多样性和对学生动机的影响等多个方面的因素。合理选择反馈工具，可以更好地促进学生的学科进步，提高教学效果。在不断变化的教学环境中，不断优化和更新反馈工具的选择，将有助于学生更好地适应学科教学的需求，提升学科学习体验。

## 第四节　学生参与与自我评估

### 一、学生参与

#### （一）课堂参与

在大学英语课堂上的积极参与对于学生的语言学习和沟通能力的培养具有至关重要的意义。课堂参与不仅仅是被动接收知识的一种形式，更是学生主动参与、思考和表达的过程。积极参与使学生能够更好地理解和应用英语知识，提高语言运用的能力，同时培养批判性思维和团队协作的能力。课堂参与有助于加深学生对英语知识的理解。主动提问、回答问题以及参与讨论使学生能够更深入地理解课程内容。与传统的听讲方式相比，积极参与使学生更加主动地思考和应用英语知识，帮助他们建立更为牢固的语言基础。课堂参与有助于提高学生的语言运用能力。在课堂上，学生不仅仅是听众，更是语言的使用者。积极参与讨论、发表意见和与同学进行交流，学生能够更自然、更流利地使用英语进行表达。这种实际的语言运用对于提高口头表达和听说能力非常关键。课堂参与也培养了学生的批判性思维能力。在讨论和辩论中，学生需要理性分析问题，提出自己的观点，并能够对他人的观点进行评估。这种批判性思维的培养有助于学生更深刻地理解英语知识，同时提高了他们在解决问题和应对挑战时的能力。课堂参与有助于培养学生的团队协作能力。在小组讨论、合作项目等环节，学生需要与同学密切合作，共同解决问题。这不仅促进了语言学习的交流与合作，也培养了学生在团队中相互协作、共同努力的能力。课堂参与还能够提高学生对文化的认知。与教师和同学的互动使学生能够更全面地了解英语国家的文化、习惯和社会背景。这种文化的认知有助于学生更好地理解和运用英语，同时也促进了跨文化交流和理解的能力。课堂参与是大学英语学习中不可或缺的一环。主动参与、思考和表达使学生能够更深刻地理解英语知识，提高语言运用的能力，培养批判性思维和团队协作的能力。积极参与不仅是课堂教学的有效方式，更是学生全面发展的重要组成部分。

## （二）学科参与

大学英语教学中的学科参与是培养学生全面发展的关键环节。这一概念突破了传统教学的束缚，提倡学生积极参与学科学习过程，实现知识的全面传递和学科能力的全方位培养。学科参与不仅仅是对课程内容的被动接受，更是学生主动参与学科讨论、学科活动的过程。在这种教学模式下，学生能够更加积极地投入学科学习，培养学科领域的主动学习态度。学科参与不仅仅关注课堂内的学科互动，也包括学生主动利用学科资源、参与学科社群的过程，使学科学习贯穿于整个学生生活。在学科参与的过程中，学生不仅仅是学科的接受者，更是学科知识的创造者。学科参与使学生有机会提出问题、发表见解、参与实践性学科项目，从而更好地理解学科知识，培养创新思维和解决问题的能力。学科参与的过程不仅仅注重学科知识的传递，更重要的是培养学生独立思考和创造性思维的能力。学科参与还强调实践性学科学习。学生通过参与实际学科项目、实地考查等方式，将学科知识应用于实际情境中，增强对学科知识的理解和记忆。实践性学科学习培养了学生解决实际问题的能力，使他们能够更好地适应未来的职业发展。学科参与还有助于形成学科社群。通过参与学科讨论、合作学科项目等方式，学生能够建立起互帮互助、共同发展的学科社群。这种社群的形成既促进了学科知识的传递，也增强了学生对学科学习的认同感和归属感。学科社群不仅仅在课堂内形成，更是延伸到了学生的社交生活和学科实践中。学科参与是大学英语教学的一种创新模式，注重学生的主动学习、实践性学科学习和学科社群的形成。这种教学理念的实施不仅使学生更好地理解和掌握学科知识，也培养了学生独立思考、解决问题、创新能力等多方面的综合素质。学科参与使学生不仅能够在学科领域取得更好的发展，也能够更好地适应未来社会的挑战。

## （三）虚拟参与

在大学英语学习中，虚拟参与是一种特殊的学习方式，网络平台、在线资源和虚拟社交媒体等工具使学生能够在虚拟空间中进行英语学习和交流。虚拟参与为学生提供了更广泛、更灵活的学习机会，同时也带来了一系列挑战和机遇。虚拟参与拓展了学生的学习资源。互联网和虚拟平台使学生可以轻松获取各种在线课程、学术论文、英语电影等学习资源。这种便捷的学习途径为学生提供了更多的选择，使他们能够根据个体需求自由学习，更好地满足学科学习的多样性。虚拟参与促进了学生的全球化视野。在虚拟空间中，学生可以与全球各地的英语学习者进行交流，分享观点、交流思想。这种国际性的虚拟互动不仅拓宽了学生的文化视野，也提高了他们的跨文化沟通能力，使学习不再受限于地域和时空。虚拟参与强调了学生的自主学习。在线学习平台、虚拟社交媒体等工具使学生可以自主选择学习内容、安排学习进度，发表个人见解和收集他人意见。这种自主学习的方式培养了学生独立思考和自主管理的能力，使其在虚拟参与中更具学科主动性。虚拟参与也存在一些挑战。虚拟学习可能缺乏即时性和面对面的交流。学生在虚拟空间中容易受到外界干扰，无法像在传统教室中那样直接获得教师的及时指导和反馈。虚拟参与可能增加了学科知识的碎片化。在大量信息的涌入下，学生可能难以系统化地理解和应用英语知识，需要更多的自主筛选和整合。虚拟参与是大学英语学习中不可忽视的一部分。它为学生提供了更广泛、更灵活的学科学习机会，拓展了学习资源，促进了国际交流和全球化视野。学生在虚拟参与中也需要保持一定的学科主动性，克服信息碎片化的困扰，积极应对虚拟学习的挑战，以更好地实现在英语学科中的全面发展。

## 二、自我评估

### （一）学习目标设定

学习目标设定在大学英语教学中占有重要地位。它不仅是学科教学的基石，也直接关系到学生的学科发展。学习目标设定不仅仅是简单地规定学科知识的获取，更是一个全面而系统的学科能力培养过程。在学习目标设定中，首先需要明确学科内容。这包括确定教学的学科范围、内容和深度。明确学科内容能够更好地指导学生的学科学习方向，使得学科知识体系更加清晰和有序。也有助于教师更科学地组织学科教学，提高教学的针对性和有效性。学习目标设定需要注重学生的学科能力培养。除了纯粹的学科知识外，学科能力的培养也是学习目标的重要组成部分。这包括语言表达能力、批判性思维、解决问题的能力等多个方面。明确学科能力培养目标能够更好地引导学生在学科学习中培养自己的核心竞争力。学习目标设定还应该考虑学生的个体差异。不同学生在学科学习上具有差异性的需求和水平。因此，学习目标的设定需要更灵活，能够充分考虑到学生的个体差异，以便更好地满足不同学生的学科发展需求。学习目标设定还需贯穿于整个学科学习过程。目标的设定不仅仅是一个开始，更是一个动态的过程。在学科教学的过程中，学习目标需要随着学科知识的深入和学生能力的提升而逐步调整和完善。这样的动态设定有助于保持学科教学的前瞻性和针对性。学习目标设定是大学英语教学中不可或缺的一环。它明确了学科内容、注重学科能力培养、考虑学生个体差异，贯穿整个学科学习过程，为学科教学提供了清晰的指导和有力的支持。学习目标的明确与实现直接关系到学科教学的质量和学生的学科发展。合理的学习目标设定可以更好地推动学生的学科学习，培养他们的学科能力，为未来的学科发展奠定坚实的基础。

### （二）反思日志

在大学英语学习中，反思日志作为一种学习工具和实践手段，扮演着重要的角色。反思日志使学生有机会审视自己的学科学习过程，深化对英语知识的理解，发现学科中存在的问题并探讨解决途径。这种自我反思的过程有助于提高学生的学科认知水平、培养批判性思维，并推动学生在英语学科中更全面地发展。反思日志有助于加深对英语知识的理解。在书写反思日志的过程中，学生可以回顾自己在学科学习中所掌握的知识，进一步思考和消化。将学科知识进行总结和归纳，学生不仅能够加深对具体知识点的理解，还能够形成更为系统和完整的学科认知结构。反思日志有助于发现和解决学科学习中的问题。在书写反思日志时，学生有机会反思学科学习中所遇到的困难、挑战和疑惑。明确问题的来源和性质，学生可以更有针对性地采取措施，积极解决问题。这种问题解决的过程有助于培养学生的自主学习能力，使其更好地应对学科学习的复杂性。反思日志有助于培养学生的批判性思维。在反思中，学生需要对学科知识进行评估、分析和批判，提出自己的观点和看法。这种批判性思维的培养有助于学生更深入地理解学科知识，形成独立见解，并能够更好地应对学科中的复杂问题和挑战。反思日志也是一个记录学科学习过程的工具。反思日志使学生可以追溯自己的学科学习历程，了解学科认知的发展轨迹。这种学科学习历程的记录对于学生的个体发展和学科发展有着积极的作用，为未来学科学习提供有力的支持。反思日志是一种高效的学习手段。书写反思日志，学生能够加深对英语知识的理解，发现和解决学科学习中的问题，培养批判性思维，并记录学科学习的过程。这种自我反思的过程有助于提高学生在英语学科中的学科认知水平，推动其更全面地发展。

### （三）口头自我评估

自我评估在大学英语学习中具有重要的意义。它是一种学生自主反思的过程，对自身学科表现的分析和总结，以期更好地了解自己在学科学习中的优势和不足。自我评估不仅是一个评价学生学科水平的工具，更是激发学生主动学习和提高学科能力的途径。口头自我评估能够促使学生深入思考学科学习的过程。口头表达需要学生将自己的学科思考和体验具体化，从而更全面地审视自己在学科学习中的种种经历。这种深入思考有助于学生更好地理解学科知识，挖掘学科学习的潜在问题，为进一步提高学科能力奠定基础。口头自我评估是一个促使学生自我认知的过程。口头表达需要学生清晰地陈述自己在学科学习中的强项和薄弱点，形成对自身学科水平的明确认知。这种自我认知不仅仅局限于对学科知识的理解，更包括对学科态度、学科方法的认知。自我认知有助于学生更好地调整学科学习策略，提升学科能力。口头自我评估还能够培养学生的自我表达能力。在口头自我评估中陈述自己的学科收获和问题，学生能够逐渐提高自己的表达能力。这种能力的提升不仅有益于学生在学科学习中更好地表达自己的观点和思考，也为将来社会交往和职业发展提供了有力支持。口头自我评估也是学生与教师之间沟通的桥梁。口头表达使学生有机会向教师反馈自己在学科学习中的感受和困惑，而教师也能够更全面地了解学生的学科需求和问题。这种有效的沟通机制有助于教师更有针对性地为学生提供支持和指导，促使学生更好地适应学科学习。口头自我评估是大学英语学习中一种有效的自主反思方式。它促使学生深入思考、自我认知和提高表达能力，不仅有助于学生更好地理解学科知识，也为学生的学科能力提升提供了有效途径。口头自我评估还在学生与教师之间建立了有效的沟通机制，为学科学习的优化提供了坚实基础。不断实践口头自我评估，学生将能够更好地适应学科学习，培养自主学习的能力，为未来的学科发展打下坚实的基础。

# 第五章 跨文化英语教学与国际化视角

## 第一节 文化意识与大学英语教育

### 一、文化意识在大学英语教育中的角色

#### （一）文化定义与范围

文化作为一个多层次、多维度的概念，在大学英语教育中涵盖了广泛而复杂的范围。它不仅仅是一种传统的、历史沉淀的表面现象，更是一个人群在社会环境中形成的共同的认知、价值观念、行为规范的集合体。因此，理解文化的定义和范围对于大学英语教育至关重要。文化可以被理解为一种共同的认知体系，是一个群体共享的知识、信仰、价值观念等的集合。它不仅包括了语言、宗教、艺术等方面的元素，还涉及人们对于生活方式、社会结构以及人际关系的共同理解。因此，文化是人类共同体的精神支柱，是一种被传承、演变、发展的复杂系统。文化的范围非常广泛，既包括了国家级的文化，也包括了地域性、社群性的文化。国家文化是一个国家作为整体所共享的文化元素，它涵盖了国家的历史、传统、制度、法律等方方面面。而地域性文化则是在特定地理范围内形成的文化体系，反映了当地人们在特定历史、地理条件下的生活方式、价值观念等。社群性文化则是在小范围社群内形成的文化，比如家庭、公司、学校等。这些文化在不同层面上相互交织，构成了多元而独特的文化面貌。文化的范围还包括了时代性的变迁。随着社会的不断发展，文化也在不断演变和更新。新的科技、思想观念、社会制度等因素都会对文化产生深远的影响。因此，理解文化的范围不仅仅是对传统文化的认识，更需要关注当代文化的动态变化，

以适应社会的发展和变革。大学英语教育在理解文化的定义和范围上扮演着关键的角色。英语作为一种全球性的语言，其学习不仅仅是语法、词汇的学习，更是对英语国家文化、社会习惯、价值观念的理解。在大学英语课堂中，学生不仅仅是学习语言形式，更是学习跨文化交际的能力，这需要对文化的广泛认知和深刻理解。在大学英语教育中，理解文化的定义和范围也涉及了多元文化的尊重和融合。在全球化的今天，大学英语课程不再局限于特定国家或地区的文化，而是需要关注和尊重多元文化。学生应当具备跨文化沟通的能力，理解并接受不同文化的存在，借此提升自己的综合素养。文化是一个复杂而多维的概念，其定义和范围涵盖了国家、地域、社群等多个层面。在大学英语教育中，理解文化的定义和范围是培养学生全面发展的重要一环，有助于拓展学生的视野，培养跨文化交际的能力，提升综合素养。

### （二）文化与语言交融

在大学英语教育中，文化与语言交融是一个至关重要的方面。语言与文化相辅相成，它们的融合不仅丰富了学科学习内容，也深刻地影响着学生的思维方式和跨文化交际能力。文化与语言的交融在英语学科学习中具有多重层面的意义。语言是文化的一部分，学习英语，学生也在接触和理解英语国家的文化。这种文化融入语言学习的方式有助于学生更全面地理解和掌握英语，使得学科知识更具深度和广度。文化与语言的交融有助于培养学生的跨文化沟通能力。学习英语文化，学生能够更好地理解英语国家的社会习惯、价值观念、历史传统等，从而提高在跨文化交际中的适应性和理解力。这种能力的培养对于学生未来的国际交往和职业发展具有积极的推动作用。文化与语言的交融能够拓展学生的思维视野。语言是思维的工具，学习英语文化，学生接触到了不同的思维方式和文化背景，有助于他们形成更为开阔和包容的思维方式。这对于培养学生创新性思维和解决问题的能力至关重要。文化与语言的交融也反映在教学方法上。在大学英语教育中，采用融合文化元素的教学方法，例如文学作品、电影、音乐等进行教学，能够更好地激发学生的学科兴趣，使得学科学习不再枯燥乏味，而是充满生动和吸引力。文化与语言的交融对于形成学生的国际化视野和全球意识有着深远的影响。深入了解英语国家的文化，学生不仅仅是学习一门语言，更是在感知、理解和尊重不同文化的基础上培养国际化的胸怀和全球意识。文化与语言在大学英语教育中的交融是一种深刻而有益的教学模式。

它不仅仅拓展了学科学习的内涵，更培养了学生的跨文化交际能力、思维视野和全球意识。这种深度融合的教育理念有助于学生更全面地发展，为他们未来的职业发展和国际交往奠定了坚实的基础。

### （三）跨文化沟通

跨文化沟通在大学英语教育中扮演着至关重要的角色。在当今全球化的背景下，学生不仅需要精通英语，还需要理解和尊重不同文化之间的差异。在大学英语教育中，跨文化沟通应当被视为一种核心能力，因为它不仅仅是对语言技能的学习，更是跨越文化边界进行有效交流的能力。在教学中，应该促进学生对不同文化背景的尊重和理解。这并不仅限于学习不同国家的习俗和传统，而是需要从更深层次去探索文化之间的认知差异。引导学生去理解不同文化的沟通方式、价值观和信仰，增进他们的文化敏感性，让他们能够更好地适应跨文化交流的挑战。大学英语课程也应该注重培养学生的跨文化沟通技能。除了语法和词汇的学习，教师应该设计一些活动和任务，让学生在跨文化环境中进行互动和交流。例如，可以组织学生进行跨文化讨论或演讲，让他们分享自己文化的特点，并倾听他人的观点和见解。这样的活动有助于学生培养尊重、包容和开放的态度，提高他们解决跨文化冲突的能力。除了课堂教学，实践也是培养跨文化沟通能力的关键。学校可以鼓励学生参与国际交流项目、志愿者活动或文化交流活动，让他们亲身体验不同文化背景下的生活和交流方式。实际的经历使学生能够更深入地了解跨文化交流的挑战和机遇，从而更好地适应和应对不同文化背景下的沟通需求。大学英语教育应该更加重视跨文化沟通的培养。这不仅有助于学生提高英语水平，更能够培养他们在跨文化环境下进行有效交流的能力，使他们成为具有全球视野和跨文化素养的人才。尊重、理解和实践使学生可以更好地应对来自不同文化背景的挑战，并在跨文化交流中取得更大的成功。

## 二、文化意识的教学方法和实践

### （一）文化课程设置

在文化全球化的背景下，大学英语教育的文化课程设置显得至关重要。文化课程的融入不仅仅是为了传授知识，更是为了培养学生跨文化意识和交流技能。文化课程的设置使学生能够深入了解不同文化的核心价值观、传统习俗和思维方式。这有助于拓展学生的视野，增进他们对世界多样性的理解和尊重。文化课程设置的核心在于促进学生的文化敏感性和跨文化沟通能力。文化教育使学生可以认识到不同文化之间的共通之处和独特之处。这不仅仅是为了传递知识，更重要的是为了培养学生的批判性思维，使他们能够以开放、包容和尊重的态度看待多元文化。在大学英语课程中融入文化内容可以激发学生学习英语的兴趣和动力。文学作品、影视作品、历史故事等载体使学生可以感受到语言与文化之间的紧密联系。这种融合能够使学生更深入地理解英语的使用背后所蕴含的文化内涵，从而更有效地运用语言进行交流和表达。文化课程的设置也有助于打破语言学习的障碍。学习者常常会因文化差异而产生困惑或误解，文化课程的设置可以帮助学生解决这些问题，使他们更加流利自如地运用英语进行交流。大学英语教育中的文化课程设置是不可或缺的一部分。它不仅仅是为了传授知识，更是为了培养学生的跨文化意识、开放思维和语言交流能力。这种综合性的教育有助于学生更好地适应多元化的社会环境，成为具有全球视野和文化包容性的人才。

### （二）拓展视野和思维方式

大学英语教育的目标之一是拓展学生的视野和思维方式。这一教育形式的核心在于引领学生去超越单一视角，开拓心智，探索更广阔的世界。英语学习使学生得以接触不同文化和思维方式，拥有更为丰富和多元的体验。学习英语不仅仅是学习一门语言，更是一种融入文化的过程。语言学习使学生能够窥探到不同国家和文化的独特特征。英语作为一种全球性语言，为学生打开了通往不同文化的窗户。文学、电影、音乐等载体使学生能够感受到不同文化之美，理解不同文化的情感和观念。除了语言，英语学习也是一种认知拓展的过程。学习新语言能够激发学生的思维活力，训练他们处理信息和解决问题的能力。学习者需要适应不同语言的表达方式和逻辑思维，这种挑战能够促进学生的灵活性和创造性思维。大学英语教育也提倡学生跨越自身文化框架去理解和欣赏其他文化。这种扩展视野的过程并非仅仅是了解外部文化，更是反思自身文化，从而认识到文化差异的相对性。这种对比和对话能够帮助学生更全面地理解世界，并培养出更开放、包容的心态。英语学习还能够使学生接触到各种各样的思想和观点。阅读不同领域的英语文献、观看跨国电影、参与国际性的讨论等活动，都有助于学生形成更广泛的思维方式。这样的经历有助于学生超越局限，站在更宽广的视野中审视问题，做出更具远见的决策。大学英语教育的价值在于它不仅仅是一种语言的学习，更是一种拓展思维和视野的过程。它为学生提供了与世界各地文化接触的机会，培养了他们的多元文化素养和批判性思维。这种教育模式为学生未来的发展打下了坚实的基础。

### （三）增进人文素养

大学英语教育对于培养学生的人文素养具有深远的影响。这种教育模式不仅仅是语言学习，更是一种让学生探索人类文化和价值观的途径。英语学习使学生能够深入了解不同文化的精髓，理解文学、艺术和历史在塑造人类社会中的作用。英语学习是一种跨越国界的文化体验。学生学习英语，可以接触到来自世界各地的文学作品、历史事件和艺术表达。这样的经历能够帮助学生理解不同文化背后的思想和情感，从而更好地欣赏和尊重多元文化。英语学习使学生也能够探索不同文化的文学和艺术作品。文学作品可以帮助学生理解不同时代和文化的人们所面对的挑战和价值观。艺术作品则展示了不同文化的审美观和创造力。这些作品能够激发学生的想象力和同理心，使他们更加敏感于人类的情感和体验。英语学习也为学生提供了了解历史和社会发展的途径。学习不同国家和地区的历史，学生可以深入了解人类社会的演变和文化传承。这种历史意识能够使学生更好地理解现今世界的复杂性和多样性。在大学英语教育中，学生也能够参与到文化交流和讨论中。课堂讨论、文化活动和合作项目使学生有机会分享自己的文化背景，了解他人的观点，促进跨文化理解和友谊。大学英语教育是一种提升人文素养的重要途径。它不仅仅是语言的学习，更是一种对世界文化和人类价值观的探索。这种教育模式培养了学生的文化敏感性和跨文化理解能力，为他们成为具有全球视野和人文情怀的公民打下了坚实的基础。

## 第二节　跨文化沟通技能培养

### 一、意识和理解

#### （一）文化教育的融入

大学英语教育与文化教育的融合是一项至关重要的任务。在今天的教学实践中，将文化教育有机融入英语教学是提高学生综合素养的重要手段。这种融合不仅仅是简单地传授语法和词汇，而是引导学生了解文化差异，培养他们的跨文化认知和交流能力。文学作品、历史事件、艺术和传统习俗等多种方式使学生能够更深入地了解英语国家的文化内涵。这种深度理解不仅拓展了学生的知识面，还能够激发他们对英语的学习兴趣和热情。从而，在语言学习的过程中，学生不仅掌握了语言技能，也能够领略到文化背后的精髓。英语教学中也可以引入跨文化交流的案例和实例。这种实践能够帮助学生更好地了解文化差异带来的交流挑战，并培养他们处理跨文化交流的技能。讨论和分析使学生能够从案例中学到如何避免误解和冲突，促进跨文化沟通的有效进行。技能培养也应该贯穿于文化教育的融入中。学生可以模拟场景、角色扮演等方式进行实践，提高他们在跨文化环境下的应变能力和解决问题的能力。这种实践性的学习有助于巩固知识，让学生在实际交流中更加游刃有余。将文化教育融入大学英语教育是非常有益的。这不仅能够提高学生的语言水平，更能够培养他们的跨文化沟通能力和综合素养。这种融合使学生可以更好地适应多元文化的社会环境，成为具有全球视野和开放心态的人才。

#### （二）语言及非语言交际的学习

大学英语教育是为了培养学生的语言和非语言交际技能。学习英语不仅仅是掌握一门语言，更是学习一种沟通的艺术。语言交际是人类沟通的基础，而非语言交际则扮演着同等重要的角色。语言交际的学习不仅包括词汇和语法的掌握，更涉及语境和语言运用的能力。学生需要不同场景和情境来练习语言的应用，以提高他们的口头表达和书面沟通能力。这种练习有助于学生更准确、流利地表达自己的想法和观点，提高沟通效果。在大学英语教育中，非语言交际技能也同样重要。身体语言、面部表情、眼神交流等都是非语言交际的重要组成部分。这些技能可以帮助学生更好地理解他人的情感和意图，增进沟通的准确性和深度。学生在语言交际方面还需要培养听力和阅读的能力。听力训练有助于他们理解不同口音和语速的表达，提高理解能力。阅读则可以扩展他们的词汇量和语言运用的灵活性，同时加深对不同文化和思想的理解。除了语言技能，大学英语教育也致力于培养学生的非语言交际技能。这包括了解身体语言和面部表情在交流中的重要性。学生需要学会有效地运用肢体语言和表情来传达自己的情感和意图，以增进交流的效果。在团队合作和演讲等活动中，学生也可以提升他们的交际技能。参与小组讨论或项目合作可以锻炼学生与他人合作的能力，提高协作效率。演讲或展示使学生能够提升自己的表达能力和自信心，更好地展示自己的观点和想法。大学英语教育的目标之一是培养学生的语言和非语言交际技能。这种综合性的培养有助于他们更好地理解和运用语言，提高沟通效果，同时也促进了他们在团队合作和个人表达方面的发展。

### （三）意识偏见和误解

大学英语教育的技能培养中，意识偏见和误解是一大挑战。这些偏见可能来源于文化、社会或个人经验，影响着学生对语言和文化的理解。有些学生可能因为先入为主的看法而对某些文化或语言持有偏见，导致对英语教育产生阻碍。这些偏见和误解可能导致学生对其他文化缺乏兴趣，甚至持有负面看法。这种态度阻碍了他们对不同文化的真实理解，限制了他们的跨文化沟通能力。例如，有些学生可能因为传统媒体或个人经验而形成对特定国家或地区的刻板印象，这种偏见会影响他们对这些文化的理解和尊重。有些学生也可能因为语言障碍或学习困难而产生误解。他们可能会因为语言表达能力的限制而产生沟通上的误解，导致信息的错误传递。这种误解会影响他们对文化的理解，也会影响他们在跨文化交流中的表现。解决意识偏见和误解的问题需要教育者采取积极的措施。教师可以引导学生接触更多多元化的资源和信息，打破他们对特定文化的固有印象。促进跨文化交流和互动也是解决这一问题的重要途径。让学生亲身体验不同文化的交流，能够帮助他们更全面地了解其他文化，消除误解和偏见。教师还可以根据教学内容和案例分析，引导学生理性思考和批判性思维。讨论和分析特定文化的案例，让学生从不同角度去理解和解释，有助于打破单一的观念，提高他们的文化敏感性和包容性。意识偏见和误解给大学英语教育的技能培养带来了一定挑战。但教师的引导和学生的自我反思可以逐步解决这些问题。这种努力不仅有助于提高学生的跨文化交流能力，也能够培养他们具有更开放、包容和全球视野的态度。意识偏见教育在塑造学生的思维方式和社会观念方面扮演着至关重要的角色。这一独特的教育理念并非仅仅关注英语语言的学习，更深层次地是要致力于培养学生对于文化、社会和人际关系的深刻理解。在这个教育体系中，学生不仅仅学会了语言的表达，更在不同文学作品、社会议题的讨论中感知到了不同的思维模式和观念。通过接触不同文化和社会现象，学生逐渐意识到人们的思考方式可能受到文化、历史和个体经验等多方面因素的影响。这种开放式的学习方式有助于拓宽学生的思维边界，使他们能够更全面地看待问题，更具包容性和开放性。教学团队在这一体系中起到了关键的作用。由于教育者来自不同背景和领域，他们的教学方式自然而然地带有一定的文化和社会观点。学生在与教育者的互动中，接触到了不同的观念和思考方式，从而在思维上得到了深刻的启发。这种多元文化的教学团队在潜移默化中促使学生审视和反思自己的意识形态，培养了他们超越狭隘观念的能力。在课堂上，学生通过深入的讨论和互动，不仅仅学到了语言表达的技巧，更明白了尊重不同观点、审视自身思维方式的重要性。通过与同学的辩论和交流，学生逐渐认识到意识形态偏见可能影响到个体的判断和社会的发展。这种开放、自由的讨论氛围有助于学生更客观、更理性地对待自己的观点和他人的看法。意识偏见教育还通过文学作品、影视作品的解析培养学生的情感智慧。通过了解不同文化的情感表达方式，学生能够更理解并尊重不同背景下的情感体验。这种文学赏析的方式有助于学生打破情感上的狭隘观念，提高他们在跨文化交往中的沟通能力。实际项目的开展也是意识偏见教育的一大亮点。学生通过参与社会实践、志愿活动等形式，亲身体验到社会的多样性和复杂性。这样的实践活动有助于学生更深刻地认识到社会中存在的不平等、偏见等问题，从而激发他们关心社会公正、推动社会变革的意识。意识偏见教育通过多元文化的教学团队、开放的课堂讨论、文学赏析以及实际项目的开展，培养了学生的宽广思维、包容心态和社会责任感。这种教育理念不仅仅关注语言技能的提升，更注重培养学生在面对多元文化、复杂社会问题时的应对能力，使其更具深度和广度的综合素养。意识偏见教育是一种突破传统教育模式的新型理念，着眼于挑战学生思维方式和拓展他们的认知边界。在这个教育体系中，学生的学习不再仅仅是对于英语语法和单词的死记硬背，而是更加注重对于文本深层次理解和思考的培养。在意识偏见教育中，学生通过文学作品和实际案例的深度解析，挑战了以往对于文字的表面理解。这种深度阅读的方式不仅拓展了学生对于语言和文学的理解，更锻炼了他们对于复杂问题的分析能力。通过对文本的深入挖掘，学生逐渐形成了独立的见解，培养了对于多样性思考的能力。意识偏见教育的教学团队具有跨学科背景，这使得在课堂上涌现出丰富多彩的思想碰撞。教育者们通过引导学生参与深度讨论，激发了他们对于问题多角度思考的潜力。这样的教学模式超越了传统的单一学科框架，培养了学生的跨学科思维和综合分析的能力。意识偏见教育更强调语言的实际运用。在实际项目中，学生需要运用所学的语言知识解决具体问题。这样的实践性学习使学生更深刻地理解语言的实际应用场景，使他们在面对实际挑战时能够更加从容应对。教育者在意识偏见教育中不再是传统的知识灌输者，更是引导者和激发者。他们注重培养学生的创造力和批判性思维，引导学生主动参与到学习过程中。这样的教学方式不仅使学生在语言技能上有所提升，更激发了他们对于学科深度思考的欲望。意识偏见教育还通过国际化的教学方法培养了学生的跨文化交际能力。学生在学习语言的同时，更了解了不同文化的背景和思维方式。这种全球化的视野有助于学生更好地适应国际化的社会环境，提高了他们的综合素养。意识偏见教育通过深度阅读、实际项目、跨学科教学以及国际化的视野，拓展了学生的学习领域，培养了他们的创造力、批判性思维和跨文化交际的能力。这种教育理念注重学生思维方式的变革，使他们能够更自信、更有创造性地应对未来的挑战。

## 二、实践和应用

### （一）模拟场景训练

在大学英语教育中，模拟场景训练是一种重要的技能培养方法。这种训练模拟真实情境，让学生在虚拟环境中练习语言和交际技能。这种方式使学生能够更好地适应实际生活和工作中的各种交际场景。模拟场景训练给学生提供了实践运用英语的机会。模拟对话、角色扮演或模拟会议等活动使学生可以在仿真环境中练习真实生活中可能遇到的情境。这种模拟训练使他们更加自信和熟练，提高了他们在实际交际中的表达能力。这种训练还能够培养学生的沟通技巧。模拟场景训练可以涉及各种场景，例如商务会谈、社交场合或跨文化交流。这些模拟使学生能够学会使用适当的语言和表达方式，更好地理解不同文化之间的交流规范，提高他们的跨文化交际能力。模拟场景训练也有助于培养学生的解决问题和应对挑战的能力。在模拟的虚拟环境中，学生可能面临各种挑战和难题，需要灵活应对。这种练习锻炼了他们的应变能力和解决问题的技能，使他们更具适应不同情境的能力。模拟场景训练还能够激发学生的创造力和想象力。在虚拟情境中，学生有机会发挥自己的想象，塑造不同的角色和情景，从而拓展他们的思维边界，培养创新意识。模拟场景训练在大学英语教育中扮演着重要角色。这种训练提供了一个安全的、实践性的环境，让学生在模拟情境中实践语言和交际技能。这样的练习使学生能够更好地应对真实生活和工作中的各种交际挑战，提高了他们的沟通效果和应对能力。

## （二）案例分析和讨论

大学英语教育的技能培养中，案例分析和讨论是非常重要的一环。案例分析使学生能够从实际情况中学习并应用知识，提高他们的综合素养和解决问题的能力。一个案例可以是关于跨文化交流中的误解。学生可以分析其中的语言障碍、文化差异或非言语沟通等因素，了解导致误解的原因，并提出解决方案。这种案例分析能够帮助学生理解跨文化交流的复杂性，培养他们应对类似情况的能力。案例可以涉及文化影响下的语言使用。学生可以讨论不同文化中的语言习惯和表达方式，了解语言背后的文化含义。这样的案例有助于学生更深入地理解语言和文化之间的紧密联系，提高他们的跨文化沟通能力。通过真实事件的案例进行分析和讨论。比如，国际商务中因文化差异导致的沟通失误，或者是文化冲突引发的问题等。学生可以分析事件中的因果关系，探讨如何避免类似问题的发生。这种案例分析能够帮助学生将理论知识应用到实际情境中，培养他们解决问题的能力。在案例讨论中，学生之间的交流也非常重要。互相分享观点和见解，学生能够从不同角度去思考问题，拓展自己的思维。这种互动性的学习过程能够激发学生的思考和创造力，促进他们学习效果的提升。案例分析和讨论是大学英语教育中的重要一环。这种方式使学生能够从实际情境中学习并运用知识，提高他们的综合素养和解决问题的能力。这种学习方式不仅能够帮助学生更好地理解和应用所学知识，还能够培养他们的批判性思维和跨文化交流能力。

# 第三节　国际化视角的大学英语

## 一、国际化课程设计

### （一）全球化语言需求

在当今世界全球化背景下，语言需求在大学英语教育中显得尤为重要。随着国际交流的日益频繁，学生需要掌握跨文化交流的能力。英语作为一种全球通用语言，在各个领域都扮演着重要的角色，不仅仅是在商业和科技领域，而且在文化、艺术和国际关系等领域也扮演着重要的角色。在商业方面，英语是国际商务交流的主要语言。学生掌握良好的英语能力，能够更好地融入全球商业环境，开展跨国贸易和合作。这种能力不仅可以帮助他们在国际市场中获得竞争优势，还能够促进不同国家和文化之间的经济合作和发展。在科技领域，英语也是科学研究和学术交流的重要语言。许多科学论文和学术著作都是用英语撰写的，掌握英语能力可以让学生更容易获取最新的科研成果和学术进展。这种跨文化的知识获取和分享，有助于促进全球科学领域的发展。除了商业和科技，英语也在文化和艺术领域发挥着重要作用。许多世界知名的文学作品、电影和音乐都是以英语为载体进行传播的。学生能够理解和欣赏这些作品，能够更深入地了解不同文化的内涵和特点。这种文化交流有助于促进不同民族之间的理解和和谐。全球化语言需求在大学英语教育中占据着重要地位。学生掌握良好的英语能力不仅有助于他们在职业发展中取得优势，更能够促进跨文化交流和理解，有利于构建一个更加包容和多元化的全球社会。

### （二）跨文化教育

大学英语的跨文化教育是为了帮助学生更好地理解不同文化间的差异和共同点。这种教育形式是为了培养学生具备面对全球多元化社会的能力。这样的教育使学生能够更深入地了解不同国家和地区的文化特征，拓展了他们的视野。跨文化教育有助于学生更好地理解和尊重他人的文化。它教导学生去超越自身的文化框架，认识到每个文化都有其独特之处。跨文化教育能够更加包容和开放地看待多样性，并且更能够在不同文化之间建立互相尊重和合作的关系。这种教育形式也有助于学生的语言和交际技能。学习不同文化的语言和交际方式可以帮助学生更好地理解不同文化之间的交流方式。这种体验使学生能够更有效地与不同文化的人交流，并且更容易适应多种文化背景下的沟通环境。跨文化教育还能够增进学生的全球意识。它让学生认识到全球化时代背景下的挑战和机遇。学生了解不同文化的历史、价值观和传统，更能够理解全球各地的动态，更有能力参与到全球性议题的讨论和解决方案的探讨中去。跨文化教育也有助于学生个人发展和职业准备。全球化的趋势使得跨文化能力成为职场中不可或缺的技能。跨文化教育的培养使学生能够更好地适应国际化的职场环境，增加了他们的竞争力和适应性。大学英语的跨文化教育是为了培养学生全面理解和应对全球多元文化的能力。这种教育形式不仅有助于提升学生的文化素养和语言交际能力，更培养了他们的全球意识和跨文化适应能力，为他们未来的个人和职业发展奠定了坚实的基础。

## （三）国际时事和问题

在大学英语教育中，了解国际时事和问题是至关重要的。全球范围内发生着各种各样的事件和挑战，这些事件不仅仅影响着当地，也对世界各地产生着深远的影响。对国际时事的了解不仅能够扩展学生的知识视野，更能够增进他们对全球事件的理解和思考。在今天的世界，国际关系问题备受关注。诸如跨国贸易、政治紧张局势、环境问题和全球卫生等议题持续影响着全球。学生了解这些问题，能够帮助他们理解不同国家之间的关系，以及这些问题对全球社会产生的影响。全球经济也是一个重要的关注焦点。各国之间的经济联系日益紧密，国际经济事件的发展会对全球产业链和贸易格局产生深远影响。学生需要了解国际经济形势，以便更好地适应未来的职业发展和就业机会。全球气候变化对地球的影响越来越显著，这不仅是环境问题，也是全球发展和生存面临的严峻挑战。学生了解环境问题的严重性和可能的解决途径，能够培养他们的环保意识和可持续发展观念。国际安全问题也是当今世界关注的焦点。恐怖主义、战争和地缘政治紧张局势对全球和平和安全构成了威胁。学生需要了解国际安全问题，以更好地理解不同国家之间的冲突和合作，促进世界的和平与稳定。国际时事和问题是大学英语教育中不可或缺的一部分。这种了解不仅能够丰富学生的知识，更能够培养他们的综合素养和全球视野，使他们成为具有责任感和参与精神的全球公民。

## 二、国际化教学方法和实践

### （一）多样化教学资源

大学英语教育中的多样化教学资源是为了满足学生的不同学习需求。这些资源包括了各种形式的学习材料和工具，为学生提供了更丰富和多样的学习体验。数字化教学资源是大学英语教育中的重要组成部分。通过电子书籍、在线课程和学习平台，学生可以随时随地获取学习资料，并根据自己的学习节奏进行学习。这种便利性有助于学生更有效地学习英语，提高学习效率。多媒体资源也是丰富大学英语教学的重要方式。音频和视频资料能够帮助学生更直观地理解语言的发音和应用，同时提供真实语境下的学习体验。这样的资源不仅提高了学生的听力和口语能力，还增添了学习的乐趣和动力。教学游戏和互动式学习软件也是丰富大学英语教学的重要资源。这些资源能够激发学生的兴趣，游戏化的方式让学生更愿意参与学习。这种互动性不仅提高了学生的学习积极性，也促进了知识的深入掌握。多样化的教学资源还包括了实践性的学习活动。例如，实地考查、社区服务项目或实践性的任务，为学生提供了更贴近实际生活的学习体验。这样的活动能够加深学生对英语的理解，并培养他们的实际应用能力。个性化学习资源也是大学英语教学的重要组成部分。根据学生的学习风格和水平差异，提供个性化的学习资源和支持。这种个性化的教学方式能够更好地满足学生的学习需求，提高学习效果。多样化的教学资源为大学英语教育带来了丰富性和灵活性。数字化资源、多媒体资源、互动式学习软件、实践性活动和个性化资源等，为学生提供了更广泛、更个性化的学习选择，有助于提高他们的学习动力和成效。

### （二）国际合作项目

在大学英语教育中，国际合作项目具有重要意义。这类项目为学生提供了与来自不同文化和国家的人合作学习的机会。这样的合作不仅有助于学生提高英语水平，更能够促进他们的跨文化交流能力和全球视野的拓展。国际合作项目让学生在一个多元文化的环境中学习。他们与来自不同背景的同学合作，分享知识和经验。这种交流能够帮助学生更好地理解和尊重不同文化之间的差异，培养他们的文化敏感性和包容性。国际合作项目也促进了学生的语言发展。在与国际伙伴合作的过程中，学生需要使用英语进行交流和合作。这种实际应用的环境能够加速学生的语言学习过程，提高他们的听说读写能力。国际合作项目也培养了学生的团队合作和解决问题的能力。学生需要与不同文化背景的人合作完成任务和项目，这种合作需要沟通、协调和灵活应变能力。克服语言和文化差异，学生能够培养解决问题的能力，提高团队合作的效率和成果。国际合作项目扩展了学生的全球视野。与国际伙伴的交流使学生能够更全面地了解全球各地的问题和挑战。这种经历有助于他们从不同角度思考问题，拓展思维边界，成为具有全球眼光和跨文化沟通能力的人才。国际合作项目在大学英语教育中发挥着重要作用。这种项目为学生提供了丰富的学习体验，不仅促进了学生语言能力的提高，更培养了他们跨文化交流能力和全球视野，为他们未来的职业发展和社会参与打下了坚实的基础。

### （三）语言实践和应用

大学英语教育中的语言实践是一种重要的学习方式。这种实践性学习提供了学生与真实语言环境互动的机会，促进了他们的语言应用和交际能力。语言实践是与母语为英语者交流，提供了学生锻炼口语的机会。这种真实环境下的交流能够让学生更加自然地使用英语，提高他们的口语表达能力和流利度。与英语为母语者的交流还能够让学生更好地了解地道的表达方式和习惯用语。与母语为英语者互动也有助于学生的听力训练。倾听以英语为母语者的语速和发音，学生能够更好地适应各种口音和语调，提高了他们的听力理解能力。这种听力实践也帮助学生更好地应对不同语境下的交流挑战。阅读和书写也可以使语言实践得到提升。在与英语为母语者的交流中，学生有机会接触到真实生活中使用的英语表达方式。这有助于学生提高阅读理解能力，同时也能够激发他们运用更丰富、更准确的表达方式。语言实践不仅限于以英语为母语者的交流，还包括参与各种语言活动和社交场合。参加英语角、演讲比赛或其他语言交流活动能够让学生积极参与到语言实践中去，提高他们的口头表达和人际交往能力。语言实践也可以通过实地体验和文化活动来实现。参观英语国家的地区、参与当地文化活动或是实地研究，能够让学生更深入地了解语言与文化之间的紧密联系，从而更好地应用英语。语言实践是大学英语教育中不可或缺的一部分。它提供了学生与真实语言环境互动的机会，促进了他们的口语、听力、阅读和写作能力的全面提升。这种实践性的学习方式使学生更好地应对实际生活和工作中的语言交流挑战，为他们的语言能力发展打下了坚实的基础。大学英语的应用是学生学习过程中的重要组成部分。这种应用不仅仅限于课堂内的学习，更包括将所学知识应用于实际生活和不同领域的实践。学生应用英语能够提高自己的语言技能。在日常生活中，使用英语进行交流和沟通能够帮助学生更加熟练地掌握语法、词汇和表达方式。这种实际应用有助于加深对语言的理解，提高学生的口语表达能力。英语的应用也有助于学生拓展自己的视野。阅读英文材料、观看英文视频或参与英语讨论使学生能够接触到丰富多样的信息和观点，了解不同领域的知识和见解。这种广泛的应用能够丰富学生的知识储备，促进其个人成长和学术发展。在职业发展方面，英语的应用也是至关重要的。随着全球化的发展，许多职业领域都需要具备良好英语能力的人才。将英语应用于专业领域的实践，学生能够为自己的未来职业发展做好准备，增加就业竞争力。在国际交流和合作中，英语的应用更是必不可少的。参与国际项目或与外国同学合作，需要运用英语进行沟通和协作。这种实际应用促进了跨文化交流和理解，帮助学生更好地融入国际化的环境。大学英语的应用对于学生的语言学习、个人发展和职业规划都具有重要意义。将所学的英语知识应用于实际生活和不同领域的实践，学生能够提高语言能力、拓展视野，并为未来的职业发展打下坚实基础。

## 第四节　英语交流与国际合作

### 一、英语交流的重要性

#### （一）全球化背景下的必要性

在全球化背景下，大学英语教育变得至关重要。随着世界各地的联系日益紧密，英语作为一种全球通用语言，对于跨国交流和合作至关重要。它成为沟通不同文化、促进商业合作、科技交流以及文化交流的纽带。英语已成为现代社会的必备技能之一。在全球化的背景下，许多职业都要求员工具备良好的英语能力。不仅仅是国际企业，即使在国内公司，也经常需要与国外合作伙伴或客户进行沟通和交流。因此，具备良好的英语能力对于拓展职业发展空间至关重要。在科技和信息传播方面，英语也扮演着关键角色。许多最新的科学研究成果、技术资讯以及学术论文都是用英语撰写的。因此，掌握英语交流能力能够使学生更容易获取到最新的科技和学术信息，为他们的学术和专业发展提供更广阔的视野。英语也有助于促进文化交流和理解。英语使人们可以更轻松地接触不同国家和文化的艺术、文学、音乐等。这种跨文化交流有助于加深对其他文化的理解和尊重，促进世界不同文化间的融合。大学英语在全球化背景下扮演着重要角色。它不仅仅是一门语言，更是连接不同文化、促进国际合作和交流的重要工具。学生掌握良好的英语交流能力，将有助于他们在职业发展、学术研究和跨文化交流等各个方面取得更好的成就。

### （二）学术和学习的重要性

学术的重要性在于它构建了知识的框架和深度，为我们理解世界提供了有力的工具。学术研究是对问题和现象的系统化探索，用科学的方法和严谨的分析来获取新的见解和知识。这种研究不断推动着人类文明的进步和发展。学术的重要性还在于它推动了科学和技术的创新。学术研究使我们能够发现新的科学原理、技术方法和医学进展。这些创新对社会的发展产生深远的影响，改善了我们的生活质量，推动了经济和社会的发展。学术的重要性也在于它提供了对历史和文化的深入了解。学术研究让我们能够探索过去的文明和人类活动，理解历史事件的发展和影响。这种理解对于我们更好地理解和尊重不同文化、传统和价值观至关重要。学术研究也有助于解决社会和全球性问题。学术研究使我们能够更好地了解环境问题、社会问题和全球挑战，并提出解决方案。这种研究能够为政策制定和社会变革提供重要的依据和建议。学术的重要性还在于它培养了人们的批判性思维和分析能力。学术研究要求我们对信息进行批判性评估、进行逻辑推理和深入分析。这种能力不仅在学术领域有用，而且也是在日常生活中做出明智决策和解决问题所必需的。学术的重要性体现在它构建了知识的基础、推动了科学和技术的进步、提供对历史和文化的理解、解决了社会问题，并培养了人们的思维能力。学术研究对于推动人类文明和社会发展有着不可估量的价值和意义。学习对人的成长和发展至关重要。它是获取知识、技能和经验的途径，有助于个人的全面发展和提高。学习使人们能够不断扩展自己的视野，拓展认知边界，从而更好地适应和应对不断变化的世界。学习使人们具备了解决问题的能力。学习使人们获得了丰富的知识和技能,从而能够更好地分析和解决日常生活中遇到的各种问题。这种能力不仅有助于个人的成长,也对社会和职业发展具有重要意义。学习还能够提高个人的思维能力和创造力。学习使人们锻炼了自己的思维方式和逻辑推理能力,从而更好地理解复杂的问题并提出创新性的解决方案。这种创造性思维能力在各个领域都是非常重要的。学习也有助于个人的社会适应能力。学习使人们不仅仅获取了知识,还培养了自己的社交技能和团队合作能力。这对于人们在不同环境中的融入和交流至关重要。学习是一个不断成长和发展的过程。它不仅仅是获取知识和技能,更是提高个人素质和拓展自我潜能的重要途径。学习使人们能够更好地适应社会变化,增强自己的竞争力,并为个人未来的发展奠定坚实基础。

### (三)社会参与和个人发展的重要性

社会参与与英语交流密不可分。英语交流不仅仅是语言技能的学习,更是参与社会活动、拓展视野和促进文化交流的重要方式。英语交流使个人能够更好地融入社会,拓展人际关系,实现更广泛的社会参与。英语交流有助于促进跨文化交流和理解。掌握英语使人们能够与来自不同文化背景的人进行交流。这种跨文化交流有助于加深对其他文化的了解和尊重,促进社会各个群体之间的融合。英语交流也是参与国际活动和项目的重要途径。在国际合作、学术交流和商业合作中,英语成为沟通的桥梁。具备良好的英语能力能够使个人更好地参与国际事务,拓展自己的国际视野,为参与国际性项目奠定基础。在社交和职业发展方面,英语交流也起到了关键作用。掌握英语使人们能够扩展自己的社交圈子,与更多人进行交流和互动。在职业领域,具备英语能力的人更具竞争力,有更广阔的就业机会,能够更好地融入国际化的工作环境。英语交流对于个人的社会参与具有重要意义。它不仅仅是一种语言能力的学习,更是参与社会、拓展视野和促进文化交流的重要手段。具备英语交流能力的个人能够更好地融入多元化的社会环境,为自己的个人发展和社会贡献做出更大的努力。英语交流在个人发展中扮演着关键角色。英语交流不仅仅是一种技能,更是一扇通往全新世界的大门。它不仅有助于我们扩展人际关系网络,也为个人和职业发展打开了广阔的可能性。英语能力有助于拓展人际关系网络。掌握多种语言意味着我们能够更轻松地与来自不同文化和国家的人交流。这种跨文化交流有助于建立深层次的人际关系,增加了我们对多元文化的理解和尊重。英语交流提供了更多的就业机会。在全球化时代，英语技能成了许多行业所需要的重要素质。能够流利地使用英语，无论是在国际性企业、跨国组织还是国际交流领域，都为个人提供了更广阔的职业发展机会。英语能力也有助于个人的认知和思维发展。学习英语不仅是学习一种语言，更是学习一种文化和思维方式。它能够拓展我们的视野，使我们更具包容性，理解不同文化背后的思想和观念。英语交流也为个人的学术和学习提供了更多的资源和机会。掌握英语，我们能够更轻松地接触到世界各地的学术资料和研究成果。这种资源的获取有助于我们深入学习和研究，拓展了学术视野和研究领域。英语交流对于个人发展至关重要。它不仅仅是一种语言技能，更是一种沟通和连接不同文化的桥梁。拥有英语能力不仅拓展了个人的职业机会，也促进了个人思维和学术发展。

## 二、国际合作的重要性

### （一）全球化视野与知识共享

在当今社会，全球化视野和知识共享相辅相成。全球化视野是对全球事务和多元文化的理解和接纳。这种视野鼓励人们超越国界，理解不同文化和价值观，促进全球范围内的交流与合作。知识共享则是基于相互合作、共同学习和信息传播的原则，互联网和其他平台使知识和信息能够自由流通、共享和交换。全球化视野使人们更加开放和包容。它鼓励人们尊重不同文化、宗教和生活方式。接触不同文化使人们能够更好地理解世界的多样性，接纳和尊重他人的观点和价值。这种视野有助于促进跨文化交流和理解。知识共享推动了知识和信息的自由流通。通过各种渠道，人们能够分享和获取知识，促进创新和发展。在学术领域，知识共享有助于加速科学研究的进展，让全球的学者能够共同探索、讨论和分享最新的研究成果。全球化视野也促进了知识共享。它让人们更加关注全球性问题，例如环境变化、经济发展和社会公正等。这些全球性问题需要全球范围内的合作和知识共享来解决。全球化视野和知识共享是当今社会中重要的概念。这两者相互支持，共同推动着世界的发展和进步。培养全球化视野和促进知识共享，我们可以更好地理解世界、解决全球性问题，并为未来的发展打下坚实基础。

## （二）教育质量与资源整合

大学英语教育的质量与资源整合密不可分。教育质量体现了教学过程中所提供的教育资源的充分利用和合理整合。教育质量的优劣与资源的整合程度息息相关，而资源整合则是确保教育质量提升的重要手段之一。资源整合意味着充分利用各种教学资源，包括师资、教材、技术设备和实践机会等。优质的师资是保证教育质量的重要组成部分，他们的教学水平和专业知识能够直接影响学生的学习效果。丰富多样的教材和资源也是培养学生全面发展的关键因素。技术设备的合理应用和实践机会的提供能够使学生学以致用，加深对知识的理解和应用。资源整合也意味着教学方法和手段的多样化。教学方法的选择和应用对教育质量至关重要。创新的教学方法和手段可以更好地激发学生的学习兴趣和动力。交互式教学、实践性活动和在线学习等方法的合理运用能够使教育更加生动有趣，更贴近学生的学习需求。教育质量还取决于资源的合理配置和管理。资源整合不仅仅是资源的整合和利用，更需要合理的配置和管理。有效的资源管理能够保证资源的充分利用和合理分配，使每个学生都能够获得公平的教育机会和资源支持。资源整合也需要不断地与时俱进。随着科技和社会的发展，教育资源也需要不断更新和优化。及时引入新的教学理念、技术手段和教学资源，保持教育内容的更新和前沿性，对于提高教育质量至关重要。教育质量与资源整合密切相关。资源整合涵盖了师资、教材、技术设备、教学方法和资源管理等多个方面，对于提升教育质量具有重要意义。只有充分整合和合理利用各种教育资源，才能够真正提高大学英语教育的质量，培养出更具综合素质和创新能力的人才。

## （三）全球化就业与人才培养

全球化给就业市场带来了许多变化。随着全球经济的紧密联系，就业市场日益国际化。这种趋势不仅给个人就业带来了挑战，也为职业发展提供了新的机遇。全球化使跨国企业和组织增多。这意味着个人有机会在不同国家的企业工作。这种跨国就业为人们提供了更广阔的就业机会，同时也要求他们具备更强的跨文化沟通和合作能力。技术的发展也改变了就业市场的面貌。全球范围内的数字化和信息化使得远程工作成为可能。这种趋势为人们提供了更加灵活的工作选择，同时也打破了地域限制，使得人们能够在世界各地参与不同国家的工作项目。全球化也带来了不同领域的就业需求变化。一些新兴产业，如人工智能、大数据分析和可持续发展领域正在崛起。这些领域对具备特定技能和知识的人才有着高需求，为个人提供了更多的职业选择。全球化也提高了竞争压力。随着就业市场的国际化，个人需要具备更多样化的技能和经验才能在竞争激烈的市场中脱颖而出。因此，不断学习和提升自身能力是在全球化就业市场中保持竞争力的关键。全球化对就业市场产生了深远影响。它为人们提供了更广阔的就业机会和更多样化的职业选择，同时也带来了新的挑战。适应全球化就业市场需要个人具备跨文化交流能力、灵活性和持续学习的意识，这样才能更好地适应并在这个变化中蓬勃发展。大学英语的核心任务是培养具备综合素质和创新能力的人才。人才培养旨在帮助学生发展多方面的能力，使其成为适应未来社会需求的全面发展型人才。人才培养强调知识与技能的综合发展。学生需要掌握专业知识，同时也需要具备批判性思维、解决问题的能力和团队合作精神。这种综合能力使学生能够更好地适应未来不断变化的职场环境。人才培养强调创新意识和实践能力。创新是推动社会发展的重要引擎，学生需要培养创新思维和实践能力，能够应对未知挑战和问题，提出新颖的解决方案，并勇于尝试实践。人才培养还注重跨文化交流和全球视野的培养。全球化背景下，学生需要具备与不同文化背景人士交流合作的能力，理解多元文化间的差异和共通之处。这种全球视野能够使他们更好地适应国际化的社会和职场。人才培养还强调社会责任和公民意识的培养。学生需要具备良好的道德品质和社会责任感，关心社会问题，积极参与公益活动，为社会发展贡献力量。人才培养强调终身学习和自主发展。在快速变化的社会环境中，学生需要具备自主学习的能力和习惯，持续不断地学习新知识和技能，不断提升自我，适应未来的发展需求。大学英语的人才培养旨在培养具备综合素质和创新能力的全面发展型人才。这种培养不仅仅注重知识和技能的传授，更强调创新、跨文化交流、社会责任感和终身学习的重要性。只有这样的综合培养，才能够培养出适应未来社会需求的人才，为社会发展贡献力量。

# 第六章  大学英语教育技术与在线教学

## 第一节  教育技术在大学英语教育中的应用

### 一、教学工具与资源

#### （一）在线学习平台

网络学习平台在大学英语教育中扮演着重要的角色。这些平台互联网提供了丰富的学习资源和工具，为学生提供了灵活的学习方式。在线学习平台提供了丰富多样的学习资源。学生可以在这些平台获取到各种形式的学习材料，如视频、音频、教科书等。这种多样性的学习资源能够满足不同学生的学习风格和需求，帮助学生更好地理解和掌握知识。在线学习平台为学生提供了自主学习的机会。学生可以根据自己的时间和进度进行学习，自主选择学习内容和学习方式。这种灵活性使得学生能够更好地安排学习时间，提高学习效率。在线学习平台还促进了学生之间的交流与合作。许多平台提供了讨论区、在线论坛和小组讨论等功能，学生可以在这些平台上与同学进行交流、讨论和合作。这种互动和合作有助于学生更深入地理解知识，促进学习效果的提高。在线学习平台也为学生提供了个性化学习机会。许多平台采用智能化技术，根据学生的学习表现和需求提供个性化的学习建议和辅导。这种个性化学习能够更好地满足学生的学习需求，提高学习效果。在线学习平台在大学英语教育中具有重要意义。它们提供了丰富多样的学习资源，支持自主学习和灵活安排学习时间，促进学生之间的交流与合作，同时也为个性化学习提供了可能性。这些优势使得在线学习平台成为了现代大学英语教育中不可或缺的部分。

## （二）多媒体教学

多媒体教学在大学英语教育中具有重要地位。它采用了多种媒体形式，如图像、音频、视频等，结合教学内容，丰富了教学方式和手段。这种教学方式使学生能够更生动地接触和理解英语知识。多媒体教学提供了更直观、更生动的学习体验。图像和视频使学生能够看到实际场景和实物，更好地理解和记忆英语单词、短语和语法规则。音频的运用也使学生更容易领会语音和语调，提高了他们的听力和口语能力。多媒体教学丰富了教学内容和形式。它能够丰富多样的教学资源和技术手段，为学生呈现不同的教学内容，让学习更有趣、更具吸引力。动画、游戏或虚拟实验等形式使学生更好地理解抽象概念和复杂知识。多媒体教学也促进了学生的互动和参与。学生可以使用电子设备进行交互式学习，在自己的节奏下学习，更容易掌握知识和技能。这种互动性的教学方式也能够激发学生的学习兴趣，增加他们的学习积极性。多媒体教学还为教师提供了更丰富的教学工具和资源。教师可以根据教学内容的需要，选择合适的多媒体资源，提高教学效果。他们可以创新教学方法，增加教学亮点，使学生更主动地参与到学习中去。多媒体教学在大学英语教育中扮演着重要角色。它丰富多样的媒体形式，提供了更直观、更生动的学习体验，促进了学生的互动和参与，同时也为教师提供了更多的教学资源和工具。多媒体教学的应用有助于提高教学效果，使学生更好地掌握英语知识和技能，为他们的学习和未来发展奠定了坚实的基础。

## （三）远程教学

远程教学已成为当今大学英语教育中的重要形式。它通过如视频会议、在线课堂等技术手段，为学生提供了灵活的学习方式。这种教学模式改变了传统的面对面教学模式，为学生和教师创造了新的学习和教学机会。远程教学克服了地域限制。学生不再受限于地理位置，可以在互联网上获取知识。这种灵活性使得学习不再受时间和地点的限制，为学生提供更大的自由度和便利性。远程教学也提供了更多样化的学习资源。学生可以通过网络平台获得多种形式的学习材料，如视频课程、电子书籍和在线测试等。这种多样性有助于满足不同学生的学习需求，提供更丰富的学习体验。远程教学也促进了学生之间的交流与合作。在线讨论区、群组和团队项目使学生能够与同学交流讨论、分享观点和合作完成任务。这种互动有助于增进学生之间的理解和协作能力。远程教学也需要学生具备更强的自主学习能力。学生需要更好地管理自己的学习时间，主动掌握课程内容，并根据在线资源和教师的指导提出问题和解决困难。远程教学已经成为现代大学英语教育的重要教学形式。它克服了地域限制，提供了更多样化的学习资源，促进了学生之间的交流与合作，同时也需要学生具备更强的自主学习能力。这种教学模式为学生提供了更灵活、便捷且多样化的学习体验，成为现代教育中不可或缺的重要组成部分。

## 二、个性化学习和评估

### （一）自适应学习系统

自适应学习系统是一种基于个体学习需求和表现的教学模式。这种系统利用技术手段，如人工智能和数据分析，根据学生的学习进度、兴趣和能力自动调整教学内容和方式。这种系统能够提供个性化的学习体验。它分析学生的学习行为和表现，为每个学生量身定制学习计划和教学内容。这种个性化学习有助于满足不同学生的学习需求，提高学习效率。自适应学习系统还能够提供实时的反馈和指导。分析学生的学习进度和答题情况，系统能够及时发现学生的学习困难，并给予相应的建议和辅导。这种及时的反馈有助于学生更好地理解和掌握知识点。自适应学习系统也能够激发学生的学习兴趣。根据学生的兴趣和学习方式调整教学内容，系统能够提供更吸引人和符合学生喜好的学习资源。这种个性化的学习体验能够激发学生的学习热情。自适应学习系统对于提高教学效果和学习成果也具有积极影响。根据学生的学习能力和进度进行个性化教学，系统能够更有效地帮助学生掌握知识点，提高学习成绩。自适应学习系统是一种基于个体学习需求和表现的教学模式。它个性化的学习计划和教学方式为学生提供了更贴近他们需求的学习体验，有助于提高学习效率和学习成果。这种系统对于现代大学英语教育具有重要意义，为学生提供了更加灵活、个性化的学习方式。

### （二）在线评估

大学英语教育中的在线评估是一种重要的教学工具。它采用数字化技术和网络平台，测试、测验和作业等方式对学生的学习成果和理解程度进行评估。在线评估提供了更灵活和便捷的评估方式。学生可以在任何时间、任何地点完成评估任务，根据自己的学习进度进行测试和作业。这种灵活性不仅提高了学生的学习效率，也方便了教师的评估工作。在线评估还能够提供实时反馈和个性化指导。学生完成评估后，系统能够立即生成评估结果和反馈意见，帮助学生了解自己的学习情况和所需改进之处。这种个性化的指导有助于学生更有针对性地调整学习策略和提升学习效果。在线评估也有助于教师更好地监控学生的学习进度和理解情况。教师可以根据在线评估的结果，及时调整教学内容和方法，针对学生的学习情况进行有针对性的指导和辅导，提高了教学效果和学生的学习质量。在线评估还能够为学校和教育机构提供数据支持。收集学生的评估数据，学校可以进行教学质量分析和评估，发现教学问题和改进空间，为教学改革提供数据支持和决策参考。大学英语教育中的在线评估是一种便捷、灵活且有效的评估方式。它为学生提供了灵活的学习机会和个性化的反馈，为教师提供了更有效的教学监控和指导工具，同时为学校和教育机构提供了数据支持，有助于提升教学质量和学生学习效果。

## （三）个性化学习

个性化学习是针对每位学生独特需求和学习方式的教学方法。这种方法强调了学生的个体差异和学习风格，力求根据学生的兴趣、能力和学习节奏来设计和调整教学内容和方法。个性化学习关注于学生的个体发展。它尊重每个学生的独特性，鼓励他们按照自己的学习节奏和风格进行学习。这种教学方式让学生更加自主地探索和学习，从而更容易激发学生的学习兴趣和动力。个性化学习也注重于学习目标的个性化设置。它允许学生根据自己的学术目标和兴趣选择学习内容和方向。这种个性化的学习目标有助于激发学生的学习动力，并增强学生对学习的投入和自觉性。个性化学习还侧重于教学内容的多样化和个性化。教师根据学生的兴趣和能力设计不同形式的教学内容，如视频、音频、图表等，以满足不同学生的学习需求。这种多样化的教学内容有助于提高学生的学习效果。个性化学习也鼓励学生间的合作和互助。小组合作、讨论和互动使学生能够相互学习和促进，从而提高学习效果。这种学生之间的合作有助于拓展学生的视野，促进知识的共享和交流。个性化学习是一种重视学生个体需求和学习方式的教学模式。它强调了学生的自主性和个性发展，在教学内容、方式和学习目标方面提供了更多样化和个性化的选择。这种教学方法有助于激发学生的学习兴趣和动力，提高学习效果和学习成果。

## 第二节　在线学习平台与资源

### 一、在线学习平台的应用

#### （一）课程内容提供

课程内容是大学英语教育的核心。它包括了语法、阅读、写作、口语和听力等多个方面。这些内容结合了基础知识和实践技能，旨在帮助学生全面掌握英语语言。语法是课程内容的重要组成部分。它涉及语言结构、句型和用法，帮助学生理解英语语法规则，并能正确地运用于表达和交流中。语法知识的掌握是建立有效沟通的基础。阅读也是课程内容的重点。阅读文学作品、新闻报道、学术论文等不同类型的文章，学生能够提高阅读理解能力和扩展词汇量。这有助于提高学生的语言表达和理解能力。写作是课程内容的重要组成部分之一。写作练习能够提升学生的写作技能，包括句子结构、段落组织和逻辑思维。写作能力的提高有助于学生更清晰地表达自己的观点和想法。口语和听力也是课程内容中不可或缺的部分。口语练习使学生能够提高自己的口语表达能力和听力理解能力。这种实践有助于学生更自信地进行交流和理解他人的意思。课程内容的设计需要根据学生的学习水平和需求进行调整。它应该既注重基础知识的巩固，又包含一定难度的内容以促进学生的进步。灵活的课程设计有助于激发学生的学习兴趣和提高学习效果。课程内容是大学英语教育中至关重要的部分。它涵盖了语法、阅读、写作、口语和听力等多个方面，旨在帮助学生全面掌握英语语言技能。好的课程内容设计能够促进学生的学习兴趣和提高学习效果，为他们的语言能力提供坚实基础。

#### （二）互动和讨论

大学英语教育中的讨论是一种重要的学习方式。讨论使学生能够更深入地探讨各种议题和话题，充分表达自己的观点和看法，并听取他人的看法和意见。讨论提供了学生之间相互交流的平台。在讨论中，学生可以自由地分享和交流各自的见解和思考，展现自己独特的观点，并从他人的观点中获得新的启发和思考。参与讨论使学生能够培养批判性思维和分析问题的能力。他们需要对所讨论的话题进行思考和分析，提出合理的论证和观点，这种思考能力对于培养学生的学术能力和创新能力至关重要。讨论也有助于激发学生的学习兴趣和参与度。在讨论中，学生可以积极参与到学习过程中，提高了学习的主动性和积极性。与他人的交流和互动使学生更容易保持学习的动力和兴趣。讨论还有助于学生拓展视野和增进跨文化交流。在讨论中，学生能够接触到来自不同背景和文化的观点和看法，了解不同文化间的差异和共通之处，这有助于培养学生的跨文化意识和全球视野。讨论也为教师提供了更好的教学机会和监控方式。观察学生的讨论表现和思维过程，教师能够更准确地评估学生的学习情况和水平，及时进行指导和辅导，提高教学效果。讨论是大学英语教育中不可或缺的学习方式。它为学生提供了交流和表达的平台，培养了学生的批判性思维和分析能力，激发了学生的学习兴趣和参与度，并且有助于拓展学生的视野和增进跨文化交流。对于学生的学习效果和综合素质提升具有重要意义。学习过程中的互动在大学英语教育中扮演着至关重要的角色。这种互动不仅仅是师生之间的交流，还包括学生之间的互动合作。它能够促进知识的共享与交流，同时也有助于培养学生的思维能力和沟通技巧。教师与学生之间的互动是学习过程中不可或缺的一环。教师与学生之间的互动使学生可以更深入地理解知识，提出问题并得到解答。这种互动不仅能够激发学生的学习兴趣，还能够帮助他们更好地理解复杂的概念。学生之间的互动也是教育过程中的重要组成部分。小组讨论、合作项目和同学间的互助使学生能够共同探讨问题、分享见解和解决难题。这种学生间的互动有助于培养团队合作精神，拓展思维，提高解决问题的能力。互动也是促进语言学习的有效途径。在学习英语的过程中，互动能够提供语言实践的机会，让学生更多地运用所学语言进行交流。与教师和同学的互动使学生能够提高自己的听说能力，并更快地适应语言环境。互动也为个性化学习提供了机会。教师与学生的互动能够更好地了解学生的学习需求和能力，从而更好地调整教学内容和方法。学生间的互动也能够提供多样化的学习资源和学习方式，满足不同学生的需求。互动是大学英语教育中至关重要的元素。它促进了知识的交流与共享，提高了学生的学习效果和参与度。互动使学生能够更深入地理解知识、提高语言能力，并培养团队合作精神和解决问题的能力。

### (三)灵活学习时间表

个体化的学习时间表对大学英语教育至关重要。它允许学生根据自身需求和生活安排制订适合自己的学习计划。这种灵活性提供了更多自主管理学习时间的机会，使学生更能有效地掌控自己的学习进度。一个灵活的学习时间表能够充分考虑到学生的个体差异。不同学生有着不同的学习习惯和生活节奏，因此，一个灵活的时间表能够根据个人情况合理安排学习时间，充分考虑学生的生活、工作和其他学业要求。灵活的时间表有助于学生更好地管理时间。它可以帮助学生规划每天的学习任务和活动，合理分配时间并设定目标。这种时间管理能力对于提高学习效率和成果至关重要。灵活的学习时间表也能够促进学习动力。学生有了自主安排时间的权利，更容易找到学习的动力和激情。这种自主性有助于激发学生的学习热情，增强他们对学习的投入和责任感。一个灵活的时间表也有助于缓解学习压力。它可以允许学生根据自己的需求和状态调整学习进度，避免过于紧张的学习安排，从而有助于保持学习状态的稳定和健康。一个个体化和灵活的学习时间表对于大学英语教育至关重要。它能够充分考虑学生的个人差异和需求，帮助他们更好地管理时间，提高学习效率，并缓解学习压力。这种时间表有助于学生更自主地掌握学习进度，促进学习效果的提升。

## 二、在线资源的多样化

### (一)电子图书馆

电子图书馆在大学英语教育中具有重要地位。它们提供了广泛而多样的学习资源，包括电子书籍、期刊、论文和多媒体资料。这种数字化的资源极大地拓展了学生的学习范围和可能性。电子图书馆为学生提供了便捷的学习途径。学生可以随时随地通过互联网访问电子图书馆，获取所需资料，无需受限于传统图书馆的开放时间和地点，大大提高了学生获取知识的效率和便利性。电子图书馆提供了丰富多样的学习资源。学生可以从图书馆中获取到各种学科领域的电子书籍和期刊，涵盖了广泛的主题和内容。这种多样性为学生提供了更广阔的学习领域和更丰富的知识资源。电子图书馆还支持个性化学习。学生可以根据自己的学习需求和兴趣选择所需的资料，自主地制订学习计划和调整学习进度。这种个性化的学习方式有助于提高学生的学习效果和学习动力。电子图书馆也促进了学术交流和研究合作。学生可以通过电子图书馆获取最新的学术论文和研究成果，与其他研究者进行交流和合作。这种交流有助于促进学术发展和知识共享。电子图书馆在大学英语教育中扮演着重要角色。它们提供了便捷、丰富和多样的学习资源，支持个性化学习和学术交流。这种数字化的学习平台极大地丰富了学生的学习体验，为他们提供了更广阔的学习空间和更丰富的知识资源。

### （二）在线数据库

大学英语教育中的在线数据库是一种关键的学习资源。它为学生和教师提供了广泛且便捷的获取信息的途径，促进了教学和学习的效率和质量。在线数据库提供了丰富多样的学术资源。学生和教师可以通过在线数据库获取大量的学术期刊、论文、书籍和其他学术资料，这些资源覆盖了各个学科领域，为他们的学术研究和教学提供了丰富的支持和参考。在线数据库也提供了便捷的获取途径。网络平台使学生和教师可以随时随地访问在线数据库，无需受限于时间和地点，轻松地获取所需的学术资料和信息，提高了获取信息的便捷性和效率。在线数据库也促进了学术交流和合作。学生和教师可以在数据库平台上查阅和分享各自的研究成果和学术观点，与其他研究者进行交流和讨论，促进了学术交流和合作的发展。在线数据库的持续更新和扩展也为学术研究和教学提供了新的资源和支持。随着学术领域的发展，数据库中不断更新的内容和资源能够满足学生和教师对新知识和研究成果的需求，保持了教学内容的前沿性和实用性。大学英语教育中的在线数据库是不可或缺的学习资源。它为学生和教师提供了丰富多样的学术资源和便捷的获取途径，促进了学术交流和合作，同时也为学术研究和教学提供了持续更新和扩展的支持。这种在线数据库对于提高学生的学术素养和教学质量有着重要的意义。

### （三）虚拟实验室和模拟练习

虚拟实验室在大学英语教育中占据重要地位。这些实验室使用数字技术和模拟软件来模拟真实实验环境，为学生提供了探索和实践的机会。虚拟实验室提供了安全和便捷的实验环境。学生可以在虚拟实验室中进行实验操作，而无需担心实验过程中的安全风险。这种安全性为学生提供了更广泛的实验探索和学习机会。虚拟实验室具有强大的可视化效果。模拟软件使学生能够观察和操作模拟实验过程，深入理解实验原理和科学概念。这种直观的视觉效果有助于加深学生对实验知识的理解和记忆。虚拟实验室也促进了学生的实践能力的提高。学生可以在虚拟环境中模拟实验操作，锻炼自己的实验技能和操作能力。这种实践经验有助于提高学生的实验技能，为他们今后的学术研究和职业发展打下坚实基础。虚拟实验室也支持跨学科合作和学术交流。学生可以通过虚拟实验室与其他同学合作开展实验项目，共同探讨和解决问题。这种合作有助于培养学生的团队合作精神和解决问题的能力。虚拟实验室在大学英语教育中扮演着重要角色。它们提供了安全便捷的实验环境，具有强大的可视化效果，促进了学生的实践能力，并支持了学术合作和交流。这种数字化的学习环境为学生提供了更多实验探索和学习机会，有助于提高他们的学术能力和实践技能。

大学英语教育中的模拟练习是一种关键的学习方式。它模仿真实情景，让学生在安全的环境下进行实践和练习，提高了他们的实际应用能力和技能水平。模拟练习提供了学生实践操作的机会。模拟真实场景使学生能够在控制的环境中进行实际操作，比如模拟商务会议、演讲或实验操作，从而更好地掌握和运用英语语言和技能。模拟练习也有助于培养学生解决问题的能力。在模拟情景中，学生需要分析问题并做出适当的决策，这种实践能力培养了学生的解决问题和应对挑战的能力。模拟练习还提供了实时反馈和改进机会。学生在模拟练习中的表现可以得到及时的反馈和评价，了解自己的不足和改进之处，为自身的进步提供了指导和方向。模拟练习还有助于激发学生的学习兴趣和积极性。模拟情景能够营造真实的学习氛围，让学生更容易投入到学习中去，增强了学习的主动性和积极性。模拟练习也有助于学生更好地适应真实情景。反复练习模拟情景，学生能够更好地适应各种真实场景，提高了应对真实情景的自信心和应变能力。大学英语教育中的模拟练习是一种非常重要的学习方式。它模仿真实情景，提供给学生实践操作的机会，培养学生的解决问题能力和应用技能，同时也提供了实时反馈和改进机会，激发了学生的学习兴趣和积极性，使他们更好地适应真实情景，具备更强的应对能力和实践技能。

# 第三节　远程教育的优势与挑战

## 一、优势

### （一）灵活性与便利性

远程教育的灵活性使得学习不再受到时间和地点的限制。学生能够根据个人时间表安排学习，不受课堂授课时间的束缚。这种灵活性意味着学生可以在自己选择的时间内学习，适应自己的生活和工作安排。这种教育模式还提供了多样的学习方式。学生可以根据自己的学习风格和需求选择不同的学习资源，例如视频课程、在线讲座、互动教材等。这种多样性有助于提高学生的学习兴趣和参与度。远程教育也支持个性化学习。学生可以自主选择学习进度和重点，更多地关注自己感兴趣或需要加强的领域。这种个性化的学习方式有助于学生更好地掌握知识，并提高学习效果。远程教育也提供了更广泛的学习机会。学生可以通过网络获取来自世界各地的教育资源，不再受限于地域。这种开放性使得学生可以接触到更多不同文化背景和学术领域的知识。远程教育的灵活性为学生提供了更自主、多样和个性化的学习体验。它打破了时间和空间的束缚，为学生提供了更宽广的学习选择和机会，有助于满足不同学生的学习需求和提高学习效果。远程教育在大学英语教育中扮演着重要角色。它打破了地域限制，使学习更为便利。学生可以通过网络平台获取教育资源，灵活地安排学习时间，无需受制于地点，提高了学习的灵活性和便利性。远程教育让学习变得更加自主和个性化。学生可以根据自己的学习进度和兴趣选择课程，自主安排学习时间，适应自己的学习习惯和生活节奏。这种个性化的学习方式有助于提高学生的学习效率和质量。远程教育还拓展了学生的学习资源和途径。学生可以通过网络平台获取丰富多样的学习资源，如在线课程、学习资料、视频讲座等，丰富学习内容。远程教育也为教师提供了更多教学方式和手段。教师可以借助网络平台进行在线授课、布置作业、考试评估等教学活动，灵活地选择教学方法和形式，提高了教学的多样性和灵活性。远程教育也有助于节约时间和成本，学生无需前往校园，节省了往返时间和交通成本。教育资源的在线提供也节约了教材费用和其他学习成本,为学生和家庭节省了经济支出。远程教育在大学英语教育中具有明显的便利性。它打破了地域限制,提供了灵活自主的学习方式,丰富了学习资源和教学手段,节约了时间和成本。这种便利性为学生提供了更为便捷的学习环境,提高了学习的灵活性和个性化,有助于促进学生的学习效果的提高和自身的全面发展。

### (二)资源共享与多样性

远程教育促进了资源的共享与传播。互联网使学生能够轻松获取来自不同地区和机构的学习资源。这种共享性为学生提供了更广泛、更多样的学习资源,从而拓展了他们的知识视野。教育机构能够将课程、学习资料和教学资源上传至网络平台,供全球范围内的学生使用。这种资源共享不仅让学生接触到更丰富的学术内容,也让教育资源更有效地利用和传播。远程教育也支持教师之间的资源共享和合作。教师可以分享教学经验、教案设计和教学方法,相互学习和交流,从而提高教学质量。这种合作与共享促进了教学方法和资源的不断创新和改进。资源共享也有助于扩大教育的覆盖范围。远程教育能够通过在线课程和学习平台为那些无法到校学习的学生提供教育机会。这种资源共享为更多人提供了接受教育的机会,促进了教育的普及和平等。远程教育的资源共享性为学生和教师提供了更多学习和教学资源,拓展了教育的边界。这种共享促进了知识的传播和交流,提高了教学质量,同时也为更多人提供了接受教育的机会。远程教育在大学英语教育中展现了多样性。这种教育模式提供了多种形式和途径,丰富了学习方式,学生可以根据自己的需求和偏好选择最适合的学习方式。远程教育提供了多种在线课程形式。学生可以选择录制的视频课程、直播授课或互动式在线课堂,根据自己的学习节奏和时间安排进行学习。这种多样化的课程形式满足了不同学生的学习需求和学习风格。远程教育还提供了多种学习资源。学生可以通过网络平台获取各种学习资料,如电子书籍、学术论文、多媒体资料等,丰富了学习内容和途径。这种多样化的学习资源为学生提供了更广泛的学习选择和丰富的学术支持。远程教育还鼓励学生参与各种互动和合作。在线讨论、小组项目和合作任务,学生可以与同学或教师进行互动交流,分享观点和经验,促进了学生之间的合作与交流。远程教育也提供了多样的评估和测评方式。学生可以通过在线测验、作业提交、论文写作等方式进行学业评估,灵活多样的评估方式有助于更全面地了解学生的学习情况和能力水平。远程教育还支持多种学习平台和设备。学生可以选择使用不同的电子设备，如手机、平板或电脑，访问各种在线学习平台，便捷地获取学习资源和参与学习活动。远程教育在大学英语教育中呈现了多样性。它提供了多种课程形式、学习资源、互动方式、评估方式和学习平台，为学生提供了更多选择和灵活性，满足了不同学生的学习需求，促进了学生的全面发展和学术提升。

### （三）个性化学习体验

远程教育为大学英语教育提供了个性化的学习体验。这种教育模式允许学生根据自身需求和兴趣制订学习方式，创造出独特的学习路径，提高了学习的个性化和灵活性。远程教育允许学生根据自身兴趣选择课程。学生可以根据自己的学习目标和兴趣选择课程内容，从而更有动力地参与学习，提高学习效果。远程教育提供了个性化的学习节奏和时间安排。学生可以根据自己的时间安排和学习节奏，自主安排学习时间和任务完成时间，适应自己的学习习惯和生活规律。远程教育还支持个性化的学习方式和资源选择。学生可以根据自己的学习方式和习惯选择合适的学习资源，如视频课程、在线教材、论坛讨论等，更有效地进行学习。远程教育也提供了个性化的学习评估和反馈。学生可以根据个人学习进度和能力水平进行评估，并获得个性化的反馈和指导，有针对性地改进学习策略和提升能力。远程教育还鼓励个性化的学习互动和合作。学生可以根据自己的意愿选择参与讨论、小组项目或合作任务，与同学和教师进行个性化的互动和合作，提高了学习的交流与合作。远程教育在大学英语教育中提供了个性化的学习体验。它允许学生根据兴趣选择课程、安排学习时间、选择学习方式和资源，获得个性化的学习评估和反馈，以及参与个性化的学习互动和合作，从而提高学习效果。

## 二、挑战

### （一）技术和设备限制

远程教育面临着技术限制，这些限制会给学习和教学带来一定程度的挑战。网络连接质量可能是一个关键问题。有些地区可能面临着网络速度缓慢或不稳定的问题，导致视频会议中断或学习资源加载缓慢，从而影响学生的在线学习体验。技术设备的要求也是一个限制因素。学生需要具备一定的电子设备，如电脑、平板或智能手机,并确保这些设备能够支持所需的软件和应用程序。对于一些经济条件有限的学生来说,获取这些设备可能会有一定的困难。技术知识和技能也是一个挑战。一些学生可能缺乏对于远程学习所需技术的了解和熟练掌握,如视频会议软件的使用、文件共享等。这会导致学习过程中的困惑和学习效果的下降。安全性和隐私问题。在远程教育中,学生和教师需要共享一定的个人信息和数据,这可能会引发网络安全和隐私保护的担忧。不完善的网络安全措施会导致出现个人信息泄露或数据被窃取的风险。技术平台的互操作性也是一个问题。不同的教育机构会使用不同的远程教育平台或软件,这可能导致不同平台之间的互操作性问题,造成学生和教师之间的沟通和资源共享上的困难。远程教育面临着一系列技术限制。这些限制可能涉及网络连接质量、设备要求、技术知识、安全性与隐私以及平台互操作性等方面,可能会给学习和教学带来挑战。解决这些技术限制需要教育机构和技术提供商的共同努力,以确保学生能够获得高质量的远程教育。远程教育面临设备限制,这些限制可能对学生的学习体验和教育质量造成一定的影响。学生需要可靠的电子设备来参与远程教育。这些设备包括电脑、平板或智能手机,能够支持在线学习所需的软件和应用程序。一些学生可能无法轻松获取这些设备,尤其是那些经济条件较差的学生,这会影响他们参与远程教育。设备的质量和性能对学习体验也有重要影响。一些学生使用性能较差或老旧的设备,软件运行缓慢或不稳定,就会影响学习过程中的流畅性和效率。有时,这些设备可能无法满足远程教育的技术要求,限制了学生的参与和学习体验。不同地区的学生面临着设备普及程度不同的问题。在一些偏远地区或发展中地区,学生可能面临设备供给不足的问题,缺乏必要的设备条件参与远程教育。维护和更新设备也是一个挑战。即使学生拥有适当的设备,设备的维护和更新也是关键因素。设备需要定期维护以确保其正常运行,软件和应用程序也需要及时更新以保持与远程教育平台的兼容性,这就需要额外的时间和费用。远程教育所面临的设备限制包括设备获取困难、设备性能不足、地区差异和设备维护更新等问题。这些限制也会影响学生的学习体验和教育质量,教育机构需要采取措施以确保所有学生都能平等地获得并参与高质量的远程教育。

## (二)缺乏面对面交流和互动

远程教育在大学英语教育中存在一个显著的问题,即缺乏面对面交流和互动。这种教育模式虽然提供了便利性和灵活性，但却缺乏传统课堂中那种实时互动和面对面交流的体验。远程教育无法提供实时的面对面交流。学生和教师之间的交流主要依赖于网络平台和电子设备，缺乏真实的面对面交流机会。这可能会降低交流的深度和质量，影响了学生与教师之间的亲密联系和相互理解。远程教育可能导致学生之间交流的局限性。学生们无法像传统课堂一样直接面对面交流，这使得学生之间的互动和合作受到限制，影响了学生之间的交流和共同学习的效果。远程教育也降低了学生的社交机会。在传统课堂中，学生可以更容易地建立友谊和人际关系，而远程教育却使学生缺乏了与同学们面对面交流的机会，降低了社交互动的频率和质量。远程教育还影响教师对学生的个性化指导。因为缺乏面对面的交流，教师难以准确了解学生的学习需求和困难，无法及时给予个性化的指导和帮助，影响了教学的质量和效果。远程教育中，教师与学生缺乏面对面的交流和互动。这会导致学生之间交流的限制，影响学生的社交机会，同时也会影响教师对学生的个性化指导。这些问题会对学生的综合发展和学习效果可能产生一定程度的负面影响。

### （三）自律和管理困难

远程教育所面临的管理困难对教育机构来说是一个复杂的挑战。管理远程教育涉及组织和协调多方面的资源。教育机构需要有效地管理教学资源、技术设备、课程内容和教师团队，以确保远程教育的顺利进行。这种资源的管理需要精心规划和协调，以保证教学质量和学生体验。远程教育的管理需要解决技术支持和维护问题。教育机构需要提供稳定的技术支持，确保教师和学生能够顺利使用远程教育平台和软件。故障排除和维护也是必要的，以确保设备和系统的正常运行。教学过程中的监督和评估。在传统教育中，教师能够直接观察学生的学习情况并及时调整教学方法。而在远程教育中，教师可能面临着更难以观察和监督学生学习情况的挑战，评估学生的学习进度和水平也可能更为困难。管理远程教育还需要处理学生和教师之间沟通的问题。有效的沟通对于教学和学习至关重要，但在远程教育中，由于不同地理位置和时间的限制，学生和教师之间的沟通可能会受到影响，需要寻找有效沟通的方式和工具来促进双方之间的交流。远程教育所面临的管理困难包括资源管理、技术支持、监督评估和沟通等方面。有效解决这些困难需要教育机构做好充分的准备和规划，采取相应的管理措施，以确保远程教育的有效开展和学生的良好学习体验。远程教育在大学英语教育中面临的一个挑战是学生的自律困难。这种教育模式虽然提供了灵活的学习时间和地点，但也给学生带来了更多的自主学习责任，出现自律方面的挑战和困难。远程教育缺乏传统课堂的严格时间安排和监督。学生在家或其他环境中学习时，可能难以严格控制学习时间和规划学习进度，容易受到外界干扰和诱惑，导致学习计划的不稳定性。远程教育需要学生具备更强的自我管理能力。学生需要自主安排学习时间、完成作业和准备考试，这要求他们具备较高的自我管理和计划能力，但有些学生可能缺乏这方面的自律性。远程教育会增加对学生的诱惑使其分心。在家中学习，学生面临更多的诱惑，如社交媒体、娱乐等，容易分散注意力，影响学习的专注度和效果。远程教育还会导致学生出现孤立感和缺乏学习动力。缺乏传统课堂中的同学互动和教师面对面指导，学生可能感到孤独和缺乏学习动力，难以保持学习的积极性和兴趣。远程教育在大学英语教育中面临着学生自律困难的挑战。学生需要更强的自我管理和计划能力来应对灵活学习时间和环境，同时也需要克服诱惑和分心，保持学习的专注和动力。对于某些学生来说，这是一项需要克服的困难，以确保他们能够有效地利用远程教育所提供的学习机会。

## 第四节　创新技术对大学英语的影响

### 一、教学方法和资源的革新

#### （一）个性化学习路径

个性化学习路径是一种为学生量身定制的教育模式，强调根据学生的兴趣、能力和学习风格来设计学习计划和课程。这种教学方法致力于满足学生个体化的学习需求，并促进他们更有效地学习和发展。个性化学习路径侧重于了解每个学生的学习特点。教育者通过评估学生的学习风格、能力水平和兴趣爱好来了解他们的个体差异，进而制定订有针对性的学习计划。这种了解有助于教育者更好地适应和满足学生的学习需求。个性化学习路径注重为学生量身定制教育方案。充分了解学生的学习需求和目标，教育者可以为每个学生设计特定的学习计划和教学内容，以满足他们的学习目标和提高学习效果。这种个性化的教学方案能够更好地激发学生的学习兴趣和动力。个性化学习路径也强调学生的自主学习和选择权。学生可以根据自己的学习节奏和兴趣选择学习内容和学习方式，自主决定学习进度和重点。这种自主学习方式有助于提高学生的学习动力和自我管理能力。个性化学习路径也鼓励多样化的评估方法。教育者可以采用多种评估方式，如考试、项目作业、口头展示等，来全面评估学生的学习成果。这种多样化的评估方法能够更全面地了解学生的学习状况和能力发展。个性化学习路径强调了教育个体差异性，重视学生的个性化需求和学习风格。个性化的学习路径可以使教育者更好地满足学生的学习需求，提高教学质量和学生学习效果。

### （二）远程教学

远程教学是一种以电子技术为基础的教育形式，通过网络平台，教师和学生可以进行远距离的学习和教学活动。这种教学模式在大学英语教育中扮演着重要角色，为学生提供了灵活的学习机会和多样的学习资源。远程教学网络技术打破了地理位置的限制，使学习变得更为便利。学生可以随时随地通过电子设备获取教学资源，无需受限于特定的地点和时间，提高了学习的灵活性和便捷性。远程教学为学生提供了多样化的学习资源和方式。学生可以通过在线课程、视频讲座、电子书籍等多种形式获取学习资料，选择适合自己学习风格的方式进行学习。远程教学也为教师提供了更多的教学手段和方式。教师可以通过网络平台进行在线授课、布置作业、进行考试评估等教学活动，提高了教学的多样性和灵活性。远程教学也有助于学生自主学习和个性化学习。学生可以根据自己的学习节奏和兴趣自主安排学习时间和学习内容，提高了学习的个性化和自主性。远程教学在大学英语教育中具有重要意义。它打破了地理限制，给学生提供了便利的学习方式，丰富了学习资源和教学手段，促进了学生的自主学习和个性化发展。这种教学模式为学生和教师创造了更为灵活和便捷的学习环境，推动了大学英语教育的发展和提升。

### （三）在线平台

网络平台已成为教育领域中不可或缺的一部分，为学生和教育者提供了便捷的学习和教学环境。这些平台互联网连接学生和教师，提供了丰富的学习资源和工具。学生可以在平台上获取到各种各样的教学材料，如视频课程、电子书籍、练习题和学习工具。这种多样性为学生提供了更灵活和丰富的学习选择，以满足他们的学习需求和兴趣。网络平台支持了教育的跨地域性和全球化。学生和教师可以跨越地域限制，通过网络平台进行教学和学习。这种全球化的教育使知识和教学资源更广泛地传播和分享，促进了跨文化交流和学术合作。网络平台给学生提供了便捷的学习环境和互动交流的机会。学生可以通过平台与教师和同学进行在线讨论、交流意见，并参与到各种形式的互动学习活动中。这种便捷和互动有助于提高学生的学习参与度和效果。网络平台也为教师提供了丰富的教学工具和资源管理功能。教师可以通过平台发布课程信息、管理学生作业和评估学生表现。这种便捷的管理功能有助于提高教师的教学效率和管理能力。网络平台在教育领域中发挥着重要作用。它们为学生和教师提供了广泛的学习资源和便捷的学习环境，促进了全球化教育和跨地域的学术交流。这种数字化教学平台为教育带来了更多的可能性和机会，推动了教育的发展和进步。

## 二、语言学习体验的改变

### （一）增强交互和沟通

大学英语教育需要加强交互和沟通。在这种教育背景下，学生需要积极参与课堂活动、与教师和同学进行有效交流。有效的交互和沟通不仅仅是信息传递，更是促进学习的重要途径。积极的交互能够激发学生的学习兴趣。学生参与讨论和互动能够激发他们的思维和想象力，促进对学习内容的理解和掌握。这种参与度提高了学生对学习的投入感，增强了学习动力。交互和沟通有助于学生之间的知识分享和互助。同学之间的交流可以促进彼此之间的学习，交流分享不同的见解和思考方式，拓展了学生的视野，促进了对知识的深层次理解。交互和沟通还有助于教师更好地理解学生的需求。教师可以通过与学生的交流和互动了解学生的学习情况和问题，根据学生的反馈和需求调整教学方法和内容，更有针对性地指导学生，提高教学效果。积极的交互和沟通还培养了学生的表达能力和团队合作能力。学生参与讨论和合作项目，提高了自己的沟通技巧和合作能力，这对他们未来的学术研究和职业发展具有重要意义。大学英语教育中的交互和沟通是至关重要的。它不仅促进了学生对学习内容的理解和掌握，还提高了学生的学习动力和合作能力。有效的沟通也使教师更好地了解了学生的需求，提高了教学的针对性和效果。这种积极的交互和沟通有助于学生在学术和个人发展中取得更好的成绩。

## （二）语言技能培养

语言技能的培养是学习语言的关键部分。它涉及听、说、读、写四方面的能力，是掌握一门语言的重要组成部分。不断地练习和实践，语言技能就可以得到有效提高和发展。听力技能在语言学习中至关重要。聆听不同口音和语速的语音材料，学生可以提高听力理解能力。聆听各种语境下的对话和演讲，学生能够逐渐适应不同场景的语言运用，提高对语言的敏感度。口语表达是另一个重要的语言技能。学生需要通过实践和模仿来提高口语能力。参与对话、演讲和讨论等活动，学生可以增强口头表达能力，并逐渐提高语言流畅度和准确性。阅读能力也是语言学习中的关键部分。阅读各种类型的文字材料，学生能够扩展词汇量、理解语法结构，并了解不同文化背景下的表达方式。这有助于提高阅读理解能力和快速阅读的技巧。写作能力在语言学习中也占有重要地位。书面表达使学生能够巩固所学语言知识，提高语法和词汇运用能力。写作使学生可以练习句子结构、语言表达和逻辑思维，从而提高写作水平。语言技能的培养是语言学习不可或缺的一部分。听、说、读、写是语言学习的四大方面，需要通过不断练习和实践来提高。这些技能相辅相成，相互促进，持续地学习和练习，学生可以逐步提高自己的语言水平和应用能力。

## （三）文化理解和全球视野

在大学英语教育中，文化理解至关重要。学习英语不仅仅是掌握语言本身，更是理解其背后的文化内涵。英语作为一门全球性语言，背后蕴含着丰富多样的文化价值观、习俗和传统。理解英语文化意味着深入了解英语国家的历史、传统和价值观。从英国到美国，每个国家都有着独特的文化背景和历史积淀，了解这些方面，我们能更全面地理解和运用英语语言。文化理解也涉及英语在不同文化环境中的运用和表达。语言不仅仅是词汇和语法的组合，更是表达文化、价值观和信念的载体。了解不同文化背景下的表达方式和习惯能够帮助我们更准确地理解和运用英语。文化理解有助于建立跨文化的沟通和尊重。学习和了解不同文化的语言和习惯，我们可以更好地与不同文化背景的人进行交流，增进相互理解和尊重。文化理解也为我们提供了更广阔的视野和思维方式。学习英语文化，我们能够拓展自己的认知边界，接触不同的思维方式和观念，促进个人的成长和发展。文化理解在大学英语教育中扮演着重要角色。它不仅是对语言本身的理解，更是对背后文化的深入探索。文化理解使我们能够更全面地掌握和运用英语语言，促进跨文化的交流与理解，丰富个人的思维方式和视野。

# 第七章　大学英语教育的专业发展

## 第一节　教育技能与教师发展

### 一、教育技能的重要性

#### （一）教学方法的多样性

　　大学英语教育是培养学生语言综合能力的关键阶段，而教学方法的多样性对于实现这一目标至关重要。多元化的教学方法不仅能够满足学生个体差异，提高学习效果，更能够激发学生的学习兴趣，增强他们的自主学习能力。多样性的教学方法能够照顾到不同学习风格的学生。有些学生善于用视觉方式学习，因此采用图表、图像、多媒体等教学手段可以更好地满足他们的需求。而其他学生可能更倾向于听觉学习，听讲座、听录音等方式更容易理解和吸收知识。因此，教师在课堂中灵活运用不同的教学手段，能够让每个学生找到适合自己的学习方式，从而提高学习效果。多样性的教学方法能够激发学生的学习兴趣。传统的课堂讲解往往枯燥乏味，难以引起学生的主动参与。而引入讨论、小组活动、案例分析等多样的教学方法，能够使学生更加投入学习过程，积极参与讨论，从而激发他们对英语学习的兴趣。学生在积极参与的过程中，不仅能够更深刻地理解知识，还能够培养批判性思维和问题解决能力。多样性的教学方法有助于培养学生的自主学习能力。在传统的教学模式中，学生往往是被动接受知识的对象，而多元化的教学方法能够引导学生主动参与学习过程，培养他们自主学习的意识和能力。布置开放性问题、提供自主学习资源、鼓励学生独立思考，可以激发学生对知识的主动探索欲望，使他们成为更有独立思考和学习能力的个体。大学英语教育需要采用多样性的教学方法，满足不同学生的学习需求，激发学生的学习兴趣，培养学生的自主学习能力。这种多元化的教学方法不仅有助于提高教育质量，更能够培养出更具创新力和竞争力的人才。

### （二）创新和技术应用

创新大学英语教育对于培养学生全面发展的个性和创造力至关重要。在这一背景下，学术机构必须采用多元化的教育方法，以激发学生对英语学科的兴趣。这不仅仅包括传统的语法和写作技能，更需关注语境中的实际运用和沟通技能的培养。新颖的英语教育应该关注学生的实际需求和兴趣，以创造一个激发学习动力的环境。引入实际的案例分析和实践活动，学生能更好地理解英语在实际生活中的应用。这种方法不仅帮助学生建立语言技能，还能培养他们解决问题的能力和创新思维。教育者应该摒弃僵化的教学模式，采用更灵活的方法，以适应学生的多样性和个性差异。小组合作和项目驱动的学习方式使学生能够更好地发挥个人优势，同时学习团队协作。这种灵活性不仅仅体现在教学方法上，还包括对学生学术兴趣的尊重和引导上，使其在自己感兴趣的领域发挥潜力。创新的英语教育需要跳出传统的课堂框架，引入先进的技术手段。利用在线资源、虚拟实验室和多媒体教学工具，学生能够更全面地接触英语语境，拓展视野。这样的教育方式不仅可以提高学生对英语的熟练度，还能培养他们运用技术解决问题的能力。创新大学英语教育应该注重培养学生的跨文化意识。引入丰富多彩的文化素材，学生能够更好地理解不同语境下的语言使用和文化差异。这有助于培养学生的全球视野，使他们更好地适应国际社会。创新大学英语教育的核心在于打破了传统的教学边界，以培养学生更全面的语言能力和创造力。关注能满足学生实际需求、灵活的教学方法、先进的技术手段以及对学生跨文化素养的培养，学术机构能够更好地满足学生的学习需求，为其未来的发展奠定坚实基础。技术应用在大学英语教育中扮演着重要的角色。学生运用技术工具，不仅能够更加深入地理解英语知识，而且可以更灵活地运用这些知识。技术的引入使得学生能够在更广泛的背景下接触英语学习资源。互联网使学生可以轻松获取到各种英语学习资料，包括文章、音频和视频等，这为他们提供了更为多元的学习渠道。这种多元化的学习方式不仅满足了学生个性化学习的需求，也拓宽了他们对英语的理解深度。技术的运用在提高学生学习效率上发挥了积极作用。传统的英语教学方式往往以教师为中心，而技术应用则可以实现学生主动学习。使用在线学习平台和应用，学生可以按照自己的节奏学习，随时随地进行英语学习。这种自主学习的方式激发了学生的学习兴趣，提高了学习积极性。技术在英语教育中的运用也有助于培养学生的实际应用能力。模拟实境、虚拟交流等技术手段使学生可以更好地将所学的英语知识运用到实际生活中。这种实际应用的学习方式不仅提高了学生的语言表达能力，还培养了他们解决问题的能力。技术的引入不仅仅是为了传递知识，更是为了让学生在实际中能够更好地应用和理解所学的英语知识。在大学英语教育中，技术的应用还有助于打破语言学习的时空限制。通过在线课程、远程教学等方式，学生可以跨越地域的限制，与来自不同文化背景的学生交流学习。这种跨文化的学习环境不仅拓宽了学生的国际视野，还有助于培养他们的跨文化沟通能力。技术的引入让英语学习不再受到地域的束缚，使学生能够更全面地了解和应用英语。技术在大学英语教育中的应用丰富了教学手段，提高了学习效率，培养了学生的实际应用能力，并打破了时空的限制。技术不仅是英语教学的工具，更是一种促使学生全面发展的手段。技术的引入使大学英语教育更好地适应时代的发展，培养出更具实际应用能力的英语人才。

## （三）评估与反馈技能

大学英语教育需要加强反馈机制，以提高学生的学习效果。在现代社会，英语作为一门重要的国际交流工具，其教育应该更加关注学生的实际语言运用能力。因此，反馈不仅仅是一种评价工具，更是一种促进学生进步的有效手段。及时、具体的反馈使学生能够更好地理解自己的不足，从而有针对性地改进学习方法，提高英语水平。教育者应该建立有效的反馈机制，不仅仅关注学生的错误，更要强调其在语言运用中的优势。鼓励学生在表达中展现个性，教育者可以帮助学生更好地理解自己的语言特点，从而在学习中更有信心。这种正向的反馈不仅能够激发学生学习的兴趣，还能够促使他们更加努力地去探索语言的深层次应用。反馈不应该仅仅停留在书面评语上，更应该借助现代科技手段，如语音反馈和在线讨论，以促进学生的听说能力的提高。语音反馈使学生能够更直观地感受到自己的语音和语调问题，从而有针对性地进行调整。在线讨论则能够让学生更好地参与语言交流，增强实际运用的能力。学生也应该参与到反馈过程中。互评和小组讨论使学生能够更好地理解同学的观点，发现自己在语言运用中的盲点。这种同侪反馈不仅能够促使学生更好地理解学科知识，还能够培养他们团队协作和沟通的能力。反馈的频率也是关键。及时的反馈能够让学生更迅速地了解自己的问题，有助于他们在学习中不断调整。而定期的反馈则能够为学生提供更全面的指导，使其在学科知识和语言运用方面全面提高。大学英语教育需要建立起有效的反馈机制，正向的、具体的反馈能引导学生更好地理解自己的优势和不足，提高语言运用的能力。现代科技手段和学生参与可以形成一个全方位的反馈体系，使学生在英语学习中取得更好的效果。评估方法应该多样化，充分考虑学生的个体差异和实际应用能力，以确保评估的公正性和准确性。评估应该关注学生的实际语言应用能力，而不仅仅是书面考试分数。真实场景的模拟和实际任务的完成使学生能够更好地展示他们在实际情境中的语言运用能力。这样的评估方法不仅能够更真实地反映学生的综合素养，还能够促使他们更好地将学到的知识应用到实际中。评估应该注重学生的自主学习和创新能力。项目驱动的学习和个性化的任务设计使学生可以更好地发挥个体潜能，培养创新思维和问题解决能力。这种评估方法不仅能够检验学生的主动学习态度，还能够帮助他们培养独立思考和团队协作的能力。评估也应该关注教育者的教学方法和效果。同行评教和教学观摩使教育者能够更好地了解自己的教学特点和优势，不断提高教学水平。这样的评估方法不仅能够促使教育者更好地适应学生的需求，还能够形成一个良性的教学互动环境。评估还应该充分考虑学生的反馈意见。定期的学生座谈和问卷调查可以让学校更好地了解学生对于教学环境和教学内容的真实感受。这样的评估方法有助于学校更灵活地调整教学计划，更好地满足学生的实际需求。评估应该是一个持续的过程，而非孤立的事件。定期的教育质量评估和不断的改进可以使学校更好地适应社会发展和学科变革的需求，确保教育一直处于提高的轨道上。大学英语教育的评估应该是一个全方位的、多层次的过程，关注学生的实际应用能力、自主学习和创新能力，同时充分考虑教育者的教学方法和效果，以及学生的反馈意见。这样的评估体系不仅能够更全面地反映教育质量，还能够促进学校教学水平的不断提高。

## 二、教师发展与专业成长

### （一）持续学习与更新知识

持续学习对于教师的发展至关重要。在大学英语教育领域，教师需要不断更新自己的知识体系，紧跟学科前沿，以更好地适应不断变化的教育环境。持续学习不仅仅是一种要求，更是一种自我提升的动力。积极参与学术研究、专业培训和教学实践，教师可以不断提升自己的教育水平，为学生提供更优质的教学服务。教师在持续学习的过程中，首先需要关注学科前沿的研究。阅读最新的学术论文和参与学术研讨会，教师能够更好地了解学科发展的方向和趋势。这有助于他们更好地调整自己的教学内容，将最新的研究成果融入到教学实践中，使学生能够接触到最新的知识和理念。学科研究，教师还应该关注教育技术的发展。随着科技的不断进步，教育技术在英语教育中发挥着越来越重要的作用。教师学习和掌握最新的教育技术工具和平台，可以更好地借助科技手段提升教学效果，使学生更好地融入数字化时代的学习环境。教师还需要注重参与专业培训。参加各类培训课程和研讨会能够帮助教师更好地掌握先进的教学方法和管理技能。这不仅能够提高教学水平，还有助于教师更好地适应学生的需求和变化的社会背景。在教学实践中，教师应该注重反思和总结。每一次教学过程的反思，教师都可以发现教学中的不足，从而更好地调整和改进教学方法。这种循环的反思和总结过程能够使教师不断提高自己的教学水平，逐渐形成自己独特的教学风格和理念。教师应该激发学生的学习兴趣。灵活多样的教学方法和生动有趣的教学内容使教师可以更好地引导学生主动参与学习。这种激发学生学习兴趣的能力不仅需要教师有丰富的教学经验，更需要他们不断学习和尝试新的教学理念，以更好地适应学生的个性和需求。持续学习对于大学英语教育中的教师发展至关重要。关注学科前沿、学习教育技术、参与专业培训、反思总结教学经验以及激发学生学习兴趣，教师能够更好地适应不断变化的教育环境，提高自己的教学水平，为学生提供更丰富的学习体验。在当今社会，随着科技的飞速发展，大学英语教育在适应时代潮流、培养学生综合素养方面显得尤为重要。传统的大学英语教育模式往往采用分段教学法，局限了学生的语言发展和交际能力。因此，需要倡导一种更加灵活、多元的教学方法，使大学英语教育真正贴近学生需求，实现知识的全面更新。在当前社会背景下，信息技术的迅猛发展已经改变了人们获取信息的方式。互联网的普及使得学生可以随时随地获取丰富多样的英语学习资源，从而摆脱传统教室的束缚。因此，大学英语教育需要更加注重引导学生主动学习，培养他们自主探索获取知识的能力。在这个过程中，教育者扮演更多的应该是引导者和激励者的角色，而非传统的知识灌输者。大学英语教育的更新也需要关注语言技能的综合发展。传统教学模式通常将听、说、读、写等语言技能进行分开教学,而现代社会更加注重综合运用语言的能力。因此,大学英语教育应当开展多样性的教学活动,如小组讨论、实践项目等,促使学生全面提升语言表达和交际能力,使之更好地适应未来职业和社会的需求。在大学英语教育的更新中,文化因素也是不可忽视的一部分。英语作为一门国际性的语言,其背后承载着丰富多彩的文化内涵。因此,大学英语教育不能仅仅停留在语法和词汇的层面,更应该注重文化的引导和交流。文学作品、影视作品等多媒体手段使学生可以更深入地了解英语国家的文化传统,从而更好地理解和运用英语。大学英语教育的更新需要抛弃传统的分段教学模式,更加注重学生主动学习、语言技能的综合发展以及文化的融合。只有在这样的教育理念下,大学英语教育才能真正起到培养学生综合素养的作用,使他们更好地适应现代社会的发展潮流。

### (二)跨学科合作与研究

大学英语教育日益注重跨学科合作,这种合作的方式不仅拓宽了学科边界,也提升了英语教育的深度和广度。学科之间的交叉融合为学生提供了更为丰富的学习体验,不仅培养了他们的综合能力,还使得英语这一工具性学科更好地融入到学科整体发展的大局中。跨学科合作不仅仅是学科之间的相互影响,更是一种学术融合的趋势,为培养具备综合素养的英语人才提供了有力的支持。在跨学科合作的大背景下,英语教育不再是孤立存在的学科,而是与其他学科形成了紧密的联系。这种联系不仅体现在课程设置上,更体现在教学方法的改革中。学生通过与其他学科的合作可以更全面地理解英语知识的应用领域,拓宽学科视野。这种跨学科合作的教育方式既满足了学科发展的需要,也使学生在学习英语的过程中更好地理解和运用英语知识。跨学科合作的英语教育不仅仅强调理论知识的传递,更注重实际应用能力的培养。与其他学科的合作可以使学生参与到实际项目中,运用所学的英语知识解决实际问题。这种实际应用的学习方式既提高了学生的学习积极性,又培养了他们的创新能力。跨学科合作的英语教育强调理论与实践的结合,使学生能够更好地应对未来的挑战。跨学科合作的英语教育有助于培养学生的团队协作精神。在与其他学科的合作中,学生需要与来自不同专业背景的同学共同探讨、合作,这不仅锻炼了他们的沟通协调能力,也培养了团队合作的精神。跨学科合作让学生学会在团队中充分发挥自己的优势,同时也懂得倾听和尊重他人的意见,使得他们更好地适应未来社会的发展需求。跨学科合作的大学英语教育不仅仅是学科之间的交叉，更是一种整体发展的趋势。与其他学科的合作使英语教育不再是一个孤立的知识体系，而是与其他学科相互渗透、相互促进。这种合作不仅促使英语教育更好地适应社会的需求，也为学生提供了更全面、更有深度的学习体验。跨学科合作不仅是一种教学方法，更是一种促使学生全面发展的教育理念。大学英语教育的跨学科研究具有深远而积极的影响。这种研究方法不仅能够拓展学科边界，还能够促进不同领域之间的交流与合作。将英语教育与其他学科有机地结合起来，我们能够更全面、更深入地理解语言的发展、教学的方式以及学生的学习过程。在跨学科研究中，首先需要考虑的是心理学的角度。了解学生的认知过程、学习习惯和心理发展对于制定更科学合理的英语教育方案至关重要。心理学的洞察力有助于我们更好地理解学生的需求，从而在教学中更加贴近他们的学习方式和特点。社会学也为大学英语教育提供了丰富的视角。对社会学的研究使我们能够更好地了解英语在社会交往中的作用，以及语言背后的文化因素。这种综合的视角使得我们能够更好地引导学生在不同社会语境中更为灵活地运用英语。自然科学的研究方法也可以为英语教育带来新的启示。语言的产生和演变有生物学基础，了解这一基础，我们能够更深刻地理解语言学习的过程。自然科学的实验方法和数据分析也能够为英语教育研究提供更为科学的支持，使研究更加严密和可信。跨学科研究中还需要考虑艺术和文学的因素。对文学作品的研究使我们能够更好地理解语言的表达和文化的传承。艺术的角度能够为英语教育注入更多的情感元素，使学生更深刻地体验语言的美感和表现力。在跨学科研究的过程中，心理学、社会学、自然科学以及艺术和文学的交叉融合，使得我们对英语教育有了更为全面而深刻的认识。这种综合性的研究方法不仅能够更好地解决实际教学中遇到的问题，也为未来的教育改革提供了更为广阔的思路和可能。跨学科研究为大学英语教育带来了新的视野和方法。整合心理学、社会学、自然科学以及艺术和文学的元素，我们能够更全面、更深入地理解英语教育的本质，并更好地满足学生的学习需求。这种跨学科研究不仅丰富了英语教育的理论体系，也为实际教学提供了更为创新和有益的指导。

### （三）反思与改进

大学英语教育的改进是一项至关重要的任务，其关键在于深刻理解学生的需求，灵活调整教学方法，促使学生更主动、更深入地参与学习。为实现这一目标，教育者需要不断思考创新，探索更具针对性的教学策略和内容。改进英语教育的一个关键方向是更加注重实际语言运用。传统的教育模式往往侧重于语法和词汇的机械记忆，而缺乏对实际语言场景的深入探讨。改进的途径之一是引入更多真实的语言素材，如实际对话、文章和媒体材料，以使学生更好地理解语言在实际生活中的应用。通过这种方式，学生可以更直观地感受语言的真实用法，提高他们的语言交际能力。改进还需要重视学生的个性差异，提供更多样化的教学内容和方法。每个学生都有自己的学习风格和兴趣，而传统的一刀切教学模式难以满足这种多样性。个性化教育是改进的一个重要方向，更灵活的教学设计和个性化的学习计划使教育者可以更好地满足学生的差异化需求，使他们在学习中更为投入和积极。改进英语教育还需要关注课程的实际效果。评估课程成效不仅仅局限于学生在考试中的表现，更需要综合考查他们在实际应用中的语言能力。引入更多实际项目和实践活动，让学生在真实场景中应用所学知识，是改进的一种有效途径。这样的实际体验使学生能够更好地理解和掌握英语，提高他们的实际运用能力。在改进英语教育的过程中，教育者还需注重教学方法的创新。传统的讲授方式在激发学生学习兴趣和培养创造力方面存在一定不足。引入更多互动式、探究式的教学方法，鼓励学生参与到课堂讨论和实践活动中，有助于激发他们的学习兴趣，培养他们的独立思考和解决问题的能力。改进英语教育需要与时俱进，充分利用现代科技手段。引入在线学习平台、虚拟实验室等先进技术，可以打破时空限制，为学生提供更灵活的学习环境。这种数字化手段不仅可以增强学生对英语学科的理解，还能够培养他们运用技术解决问题的能力，提高学习的实用性。改进大学英语教育是一项复杂而长期的任务，需要教育者深入思考学生需求，不断创新教学方法和内容。注重实际语言运用、个性化教育、课程效果评估、教学方法创新以及科技手段运用是改进的有效途径，这样的努力将有助于提高英语教育的质量，使学生更好地掌握英语语言能力。大学英语教育一直以来都是备受社会关注的焦点之一。在探讨大学英语教育的过程中，不得不承认当前教育模式存在一些值得我们深思的问题。教育应该是一种引导思考、培养创新能力的过程，在大学英语教育中，我们是否真正实现了这一目标呢？大学英语教育过于注重考试分数，而忽略了学生的实际语言运用能力。在追求高分的过程中，学生可能更加关注应试技巧而忽视了对语言能力的培养。这种应试导向的教育模式，使得学生在应对实际语言交流时显得力不从心，缺乏实际应用能力。因此，我们需要反思当前的评估体系，更加注重对学生实际语言运用能力的考查，而非仅仅看重分数的高低。大学英语教育是否真正满足了学生的个性化学习需求也是一个需要我们深刻思考的问题。每个学生的学习方式和兴趣都是独特的，现行的教育模式往往过于固化，缺乏个性化的关怀。这种一刀切的教学方式可能让一些学生失去学习的兴趣和动力。我们需要在教学中更加关注学生的个性化需求，为其提供更为灵活、多样的学习途径，让他们能够更好地发挥自己的潜能。大学英语教育中，是否足够关注学生的实际职业需求也是一个需要我们深思的问题。英语不仅仅是一门学科，更是一种实用的工具。在现行的教育体系中，我们是否足够重视学生在职场中实际运用英语的需求呢？或许，我们需要我们更加紧密地与行业合作，了解实际职场对英语能力的需求，调整教学内容，使之更符合学生未来的职业发展。我们需要反思大学英语教育是否真正激发了学生的学习兴趣和探索欲望。在知识爆炸的时代，学生面对的信息量越来越庞大，我们应该引导他们去主动探索，去自主学习，而不是仅仅在课堂上被动接受。在当前教育模式下，是否给予学生足够的自主学习空间和时间，是否鼓励他们勇于提出问题、追求真理，这些都是需要我们认真思考的问题。大学英语教育者需要在当前的发展背景下深刻反思。我们需要审视教育的本质，更加关注学生的实际需求和个性化差异，注重培养实际语言运用能力，关心学生的职业发展，并激发他们的学习兴趣和主动探索欲望。只有深入思考和反思，我们才能更好地引领大学英语教育朝着更全面、更有深度的方向发展。

## 第二节　大学英语研究与论文写作

### 一、大学英语研究的背景与现状

#### （一）全球化背景下的大学英语研究兴起

全球化背景下不同国家和地区之间的联系更加密切，英语作为一种国际性的语言，扮演着重要的沟通工具的角色。对大学英语教育的研究也不再局限于单一的国家或文化范围，而是面向更广泛的国际化视野，以更好地适应全球化的语言需求。全球化对大学英语教育研究的影响主要体现在以下几个方面：全球化促使人们对英语作为国际语言的地位有了新的认识。在全球化的浪潮中，英语作为跨文化沟通的桥梁变得更为重要，因此，大学英语教育的研究也更加注重培养学生在跨文化背景下的语言应用能力。全球化使得大学英语教育更加关注专业化和职业化。随着跨国公司和国际组织的兴起，英语在商业、科技、医学等领域的应用日益广泛。因此，大学英语教育研究的焦点逐渐从传统的语法和文学教学转向了更专业的语言运用领域，强调培养学生在特定领域的语言技能。全球化还推动了大学英语教育的多样化和灵活性。由于学生来自不同国家和文化背景，大学英语课程需要更加灵活地满足不同学生的需求。因此，大学英语教育的研究趋向于探讨如何调整课程设计，使之更具有包容性和适应性，以适应全球学生的多样性。在全球化的背景下，大学英语教育的研究还关注跨学科合作。语言不再被孤立地看待，而是与其他学科相互关联。因此，研究者倾向于在语言学、教育学、社会学等多个领域进行跨学科的研究，以更好地理解英语教育在全球范围内的发展趋势和影响因素。全球化的背景下大学英语教育的研究兴起，反映了语言教育领域对全球化趋势的积极响应。这一研究趋势不仅关注英语作为国际语言的地位，更关注专业化、多样化和灵活性的教育需求。跨学科研究、文化多元和全球化背景下的英语教育改革，将有助于更好地培养学生具备全球视野和跨文化交际能力的英语能力。

## （二）科技进步对大学英语研究的影响

科技进步对大学英语研究产生了深远的影响。在数字化时代，英语教育不再受限于传统的教学方式。科技的不断发展使得英语研究不再局限于纸质材料，而是更多地依赖于数字资源。这一变革不仅扩大了研究的广度，也为学者提供了更为便捷的研究工具。数字化技术的崛起为英语教育研究提供了新的平台。在线期刊、数字图书馆等数字资源的出现使得学者们能够更方便地获取最新的研究成果。这种数字化的研究环境不仅提高了研究的效率，也促进了学术交流。学者们可以通过互联网轻松分享研究成果，推动学科的发展。科技进步还为大学英语研究提供了更为先进的研究工具。语音识别技术、机器翻译等工具的应用为语言学研究提供了更为便捷和精准的手段。研究者可以更深入地挖掘语言背后的规律，推动语言学理论的发展。这些工具也为英语教学提供了更为个性化的方式，满足学生不同的学习需求。科技进步还改变了大学英语教育的教学模式。在线学习平台、虚拟教室等技术手段的引入使得传统的面对面教学不再是唯一的选择。学生可以通过网络课程、在线讨论等方式获取知识，灵活安排学习时间。这种教学模式的改变不仅提高了学生的学习效率，也使得教学资源更加全球化，学生能够更广泛地接触到不同文化背景下的英语。科技的发展也推动了大学英语教育中对跨学科合作的需求。英语不再是一门语言学科，更与计算机科学、信息技术等学科相互渗透。这种跨学科的合作拓宽了大学英语教育的研究领域，使得研究者能够更全面地理解英语在不同领域中的应用。科技的进步深刻地改变了大学英语研究的面貌。数字化时代的到来不仅拓宽了研究的广度，提高了研究的效率，还改变了教育的模式和教学工具。这种科技进步对大学英语研究的影响将会持续深化，为学科的不断发展带来新的机遇和挑战。

### （三）大学英语研究的现状与未来趋势

大学英语研究目前呈现出多层次、多角度的趋势。研究者们致力于深入挖掘语言学、教育学以及跨学科领域的交叉点，以期更全面地理解和提升大学英语教育的质量。近年来，研究者们逐渐将焦点从传统的语法和文学教学转向了更实际、更贴近学生需求的领域。在语言学方面，研究者们关注语言习得的心理机制以及学生在不同语境下的语言运用能力。他们试图找到更有效的教学方法，使学生能够更自然地掌握英语。关注语言在不同文化背景下的应用，希望通过更全面的语言学研究，培养学生具有跨文化沟通能力。教育学的研究方向主要包括教学方法的创新和学生学习策略的培养。研究者们采用更灵活、互动式的教学方式来激发学生的学习兴趣。他们还致力于研究不同学习策略对学生学术成绩的影响，以期为教学提供更为科学的指导。跨学科研究在大学英语领域的应用也日益受到关注。研究者们试图打破传统学科之间的界限，更全面地理解语言的发展和应用。例如，结合心理学研究学生的学习动机和认知机制，以及与社会学、文学等领域的交叉研究，有助于深刻理解英语在不同层面的意义和作用。数字化技术的发展也在推动大学英语研究的新进展。研究者们利用在线学习平台、虚拟实验室等先进技术手段，试图提高教学效果，使学生更好地融入数字时代的学习环境。这种数字化手段不仅为学生提供更灵活的学习途径，同时也为研究者们提供了更多探索语言教育的可能。大学英语研究还着眼于社会责任和可持续发展。研究者们逐渐认识到英语教育不仅仅是一种技能传授，更是培养学生综合素养和社会责任感的过程。研究者们试图构建更为有意义和符合时代需求的英语教育体系。大学英语研究正处在一个多元发展的时期。

研究者们以更为开放、创新的态度,尝试将不同领域的理论和方法融合,以期推动大学英语教育更全面、更深入地发展。这一研究趋势不仅关注语言本身,更注重培养学生在不同层面的能力,为他们更好地适应未来社会的挑战提供有力支持。大学英语研究的未来趋势充满着广泛而深刻的挑战。面对迅速发展的全球化潮流、不断涌现的技术创新以及多元文化的交融,英语教育领域的研究将呈现出更加开放、多元的发展方向。未来的研究将更加注重对学生跨文化交际能力的培养。随着全球化的深入发展,人们之间的跨文化交流变得日益密切,因此,培养学生具备出色的跨文化交际能力成为英语教育的当务之急。未来的研究将更关注在教育过程中如何更好地融入跨文化理解的元素,以培养学生在全球化背景下更具有包容性和开放性的沟通技能。数字化技术的不断发展将深刻影响英语研究的未来方向。在线学习、虚拟实验室等数字工具将成为教育领域的常态,这意味着未来的英语研究需要更深入地探讨数字化技术在教育中的应用。研究者将更加关注如何充分发挥技术手段的优势,提高教学的效果,同时也需要关注数字化带来的挑战,如信息过载和数字鸿沟等问题。未来的研究还将更注重实际应用能力的培养。传统的语法和文学教学在培养学生实际语言运用能力方面存在不足,未来的研究将更关注如何通过实际项目、任务型教学等方式,让学生更好地将所学应用到实际场景中。研究者将面对如何在教学中更贴近实际需求,使学生更具实际操作能力的问题。未来的研究将更强调个性化教育。每个学生都有独特的学习方式和兴趣,未来的研究将致力于更灵活的教学方法和个性化的学习计划,更好地满足学生的差异化需求。这需要研究者在教学设计和实施中更注重学生的个体差异,从而更好地激发他们的学习兴趣和潜力。未来的英语研究还将更加强调社会责任和可持续发展。研究者将更关注英语教育对社会的影响,培养学生的社会责任感,使他们成为更有社会担当的公民。研究者将探讨如何在教育中更好地传递社会价值观,培养学生的社会意识和参与精神。未来的研究还将更加强调实践导向。不仅仅注重理论研究,更关注实际教学和学生的实际需求。研究者将更积极地参与教学实践,深入了解学生的学习过程,以便更好地调整和改进教学方法。未来的大学英语研究将在全球化、数字化、个性化、社会责任和实践导向等多个方向上取得更为深入和全面的发展。这一发展趋势不仅关注英语教育本身,更关注学生在全球化时代的全面素养和发展。

## 二、大学英语论文写作的关键要素与技巧

### （一）论文写作的基本结构与要素

论文写作的基本结构与要素是学术研究不可或缺的组成部分。研究者在论文撰写过程中需认真考虑论文结构，确保逻辑清晰、思路有条理。论文结构包括引言、文献综述、研究方法、研究结果与分析以及结论。引言部分是整篇论文的门面，应该引起读者兴趣并明确研究问题。文献综述则对当前研究领域的相关研究进行梳理，为研究提供理论基础。在研究方法中，研究者需详细描述研究设计、实施步骤及数据收集分析方法，确保研究过程的透明度。研究结果与分析部分是论文的核心，通过对数据的深入解读，展示研究者对问题的深刻认识。结论部分应对整个研究进行总结，强调研究的贡献及未来工作的方向。论文写作要注重合理使用引用和注释，确保学术诚信。在语言表达上，应注意使用精准、清晰的表达方式，确保读者能够准确理解研究的内容。对于论文中的图表，要确保其清晰易懂，为读者提供直观的信息展示。论文写作的基本结构与要素是确保学术研究质量的关键。合理安排结构，明确研究目的，提供充分的论据和数据支持，研究者能够更好地传达研究的价值和发现，为学术领域的发展做出贡献。

### （二）语言运用与表达技巧

在大学英语教育中，语言运用与表达技巧是学生必须重点培养的能力之一。精细的语言运用使学生能够更准确、更生动地表达自己的思想，更好地理解和应用英语知识。语言运用是英语学习的基石，而表达技巧则是将语言运用于实际交流中的关键。语言运用要求学生能够灵活运用各种语法结构和词汇，准确地传达自己的意思。大量的语言实践使学生能够逐渐提高对语法规则的把握，避免在表达中出现错误。对词汇的积累和运用使学生能够更富有表现力地表达自己的观点，使语言更为生动有趣。表达技巧要求学生在运用语言时更注重语言的风格和效果。学生需要学会选择合适的词语和表达方式，使自己的语言更具有说服力和吸引力。模仿优秀的语言表达，能够提高学生的语感，更好地理解语言的美感和表现力。语言运用与表达技巧还要求学生具备良好的听说读写能力。积极参与口语交流，能够提高学生听说能力，更好地适应实际交流场景。

大量的阅读,能够扩展学生的词汇量,提高语言的丰富度。写作能力则要求学生能够清晰地组织思路,合理地安排语言结构,使文章更具逻辑性和条理性。在大学英语教育中,语言运用与表达技巧的培养需要全面的教学方法。教师可以提供大量的语言实践机会,引导学生在实际交流中不断调整和完善自己的表达方式。对优秀文本的分析和讨论可以启发学生对语言美感的感知,培养他们对语言的敏感性和创造性。语言运用与表达技巧在大学英语教育中占有重要地位。对语言实践和表达技巧的培养使学生能够更好地适应英语学习的要求,更自如地运用英语进行思想表达和交流。这种能力的培养不仅有助于学生在学术研究中取得更好的成绩,更为他们未来的职业和社会交往打下坚实的基础。

### (三)文献综述、数据分析与解释技巧

大学英语的文献综述涉及广泛而深刻的领域,研究者们对现有文献的深入挖掘,逐渐揭示了大学英语教育的多层次、多角度的研究面貌。在语言学的领域中,研究者们关注着语言习得的心理机制和学生在不同语境下的语言运用能力。他们深入研究语言习得的过程,试图找到更有效的教学方法,以使学生更自然地掌握英语。关注语言在不同文化背景下的应用,希望通过更全面的语言学研究,培养学生具有跨文化沟通能力。在教育学的研究领域,研究者们聚焦在教学方法的创新和学生学习策略的培养上。关注如何激发学生的学习兴趣,采用更灵活、互动式的教学方式。研究者还致力于研究不同学习策略对学生学术成绩的影响,以期为教学提供更为科学的指导。跨学科研究在大学英语领域的应用也日益受到关注。研究者们试图打破传统学科之间的界限,与其他领域结合,更全面地理解语言的发展和应用。例如,结合心理学研究学生的学习动机和认知机制,以及与社会学、文学等领域的交叉研究,有助于深刻理解英语在不同层面的意义和作用。数字化技术的发展也在推动大学英语研究的新进展。研究者们利用在线学习平台、虚拟实验室等先进技术手段,试图提高教学效果,使学生更好地融入数字时代的学习环境。这种数字化手段不仅为学生提供更灵活的学习途径,同时也为研究者们提供了更多探索语言教育的可能性。大学英语研究的文献综述还聚焦于社会责任和可持续发展。研究者们逐渐认识到英语教育不仅仅是一种技能传授,更是培养学生综合素养和社会责任感的过程。研究者们关注大学英语的社会影响和可持续性,试图构建更为有意义和符合时代需求的英语教育体系。大学英语的文献综述反映了研究者们对该领域深入挖掘

的热情和努力。他们对语言学、教育学、跨学科研究、数字化技术和社会责任等多个方面的文献综合分析，为大学英语教育提供了更为全面、深刻的理解。这一综合性的研究不仅推动了大学英语教育的发展，也为未来的研究提供了丰富的思路和可能性。解释技巧在大学英语学习中具有重要的作用。灵活运用解释技巧，学生能够更深入地理解和掌握英语知识，提高语言运用的能力。解释技巧不仅仅是语言学习的手段，更是培养学生批判性思维和逻辑分析能力的途径之一。解释技巧的运用需要学生具备良好的语境理解能力。在学习过程中，学生需要周围环境和语境的分析，理解词汇和语法的具体用法。这种语境理解能力有助于学生更加准确地解释语言中的含义，使他们在语境中更灵活地应用所学知识。解释技巧需要学生具备辨别语言结构的能力。学生在学习过程中要注意识别句子结构、语法规则以及词汇搭配，对语言结构的解读使他们能够更深入地理解文章或课文的内涵。这种辨别能力有助于学生在理解语言的层次上更为深刻，提高他们的语言分析水平。解释技巧也需要学生善于进行比较和类比。对不同语境下的相似之处和差异之处进行比较，学生能够更全面地理解语言的多样性和灵活性。这种比较思维有助于学生将所学知识应用到不同情境中，培养他们的语言推理能力。解释技巧的运用还需要学生注重对语言细节的把握。学生在解释语言时要注意细致入微地分析每一个语法结构和词汇用法，对细节的把握使他们能够更准确地捕捉语言的精妙之处，提高表达和理解的精准度。解释技巧的发挥还需要学生培养阅读理解的能力。阅读是语言学习的重要途径之一，大量的阅读使学生能够积累丰富的语言素材，提高对不同文章风格和文体的理解能力。这种阅读理解能力是解释技巧得以发挥的基础，对阅读材料的深入解读使学生能够更好地应用解释技巧。解释技巧还需要学生具备积极的学习态度。在学习过程中，学生应该保持对知识的求知欲望，不断追求更深层次的理解。积极的学习态度有助于学生更有耐心地分析和解释语言，提高学习效果。解释技巧在大学英语学习中具有重要的作用。良好的语境理解能力、辨别语言结构的能力、比较和类比的思维方式，以及注重语言细节的把握，使学生能够更加深入地理解和掌握英语知识。积极的学习态度和良好的阅读理解能力也是发挥解释技巧的关键。这些努力使学生能够更自如地运用解释技巧，提高语言运用的水平，更好地应对大学英语学习的各种挑战。对大学英语教育中的数据分析是一项至关重要的任务。通过对大量语言数据的搜集、整理和分析，我们能够深入了解学生的学习状况和语言运用情况，为教育教学提供科学的依据。数据分析在英语教育中的应用，首先表现在对学生学习成绩的跟踪分析上。通过对学生成绩的详细记录和分析，教育者可以更全面地了解学生的学科掌握情况，识别学科强项和薄弱点，为个性化的教学提供有力支持。这种数据分析不仅对学生个体有益，也有助于评估和优化教学方案。数据分析在英语教育中有助于了解教学过程的效果。收集和分析教学中的各种数据，包括学生的参与度、课堂反馈、作业完成情况等，教育者可以评估教学的有效性。这种基于数据的评估能够帮助教育者调整教学策略，提高教学效果，使学生更好地理解和掌握英语知识。数据分析也在英语教育研究中发挥了重要作用。对学生学习过程中产生的大量数据进行深入研究，我们能够挖掘出学生学习的规律和趋势。这种研究不仅有助于改进教学方法，还能为英语教育的理论研究提供实证基础。在英语教育中，数据分析还涉及学生的语言运用情况。对学生在不同语境中使用英语的数据进行分析，我们能够了解学生的语言习惯、表达能力和语法运用情况。这有助于个性化教学，使教育者更好地满足学生的实际语言需求。数据分析在大学英语教育中具有不可忽视的重要性。它为教育者提供了更为科学的手段，帮助他们更全面地了解学生和教学过程。对大量的学习数据进行深入分析，我们能够更好地指导和优化英语教育，使学生在语言学习中取得更好的成绩，为他们未来的学术和职业发展奠定坚实基础。

## 第三节　学术会议与专业协会

### 一、学术会议在大学英语教育中的作用

#### （一）学术会议促进教学方法与理念的创新

　　学术会议在促进大学英语教育中的教学方法和理念创新方面具有显著作用。学术会议不仅为我们提供了教育者和研究者们分享最新研究成果的平台，也为教育界交流思想、讨论问题提供了有力支持。学术会议使教学方法得到更广泛的认知和讨论，从而推动大学英语教育走向更加创新和灵活的方向。学术会议为教学方法和理念的创新提供了广泛的信息源。在会议上，各地的研究者和教育者齐聚一堂，分享他们在大学英语教育领域的最新研究和实践成果。这

种信息的交流不仅能够让教育者及时了解到行业的最新趋势，也有助于发现和借鉴其他地区或机构成功的教学方法和理念。学术会议为不同背景和经验的教育者提供了交流和合作的平台。参与会议的教育者可以与其他专业人士交流，汲取他们的经验和见解。这种跨文化、跨地区的交流有助于打破思维的局限，促使教育者在教学方法和理念上更具包容性，更好地适应学生多元化的需求。学术会议还激发了教育界对大学英语教育问题的深入思考。听取其他研究者和教育者的报告，教育者得以从多个角度审视问题，发现问题的根本原因，并尝试提出创新性的解决方案。这种深入的思考有助于推动大学英语教育的发展，使其更加符合时代的需求。在学术会议上，教育者有机会展示他们的研究成果和教学实践，获得同行的反馈和建议。这种互动的过程促使教育者不断反思和完善自己的教学方法和理念。与同行的讨论使教育者们也能够形成更为全面和系统的教学理念，使其在实践中更为可行和有效。学术会议也为产业界与学术界的合作提供了契机。邀请企业代表参与讨论使学术会议可以更好地反映出大学英语教育与实际职业需求的结合。这种合作有助于教育者更好地了解学生未来的职业发展方向，从而调整和优化教学方法，使之更贴近实际需求。学术会议对于促进大学英语教育中教学方法和理念的创新起到了积极作用。信息的广泛交流、教育者间的深度合作、问题的深入思考、同行的互动反馈以及与产业界的紧密合作使学术会议推动了大学英语教育更加灵活、创新和适应性地发展。

## （二）学术会议推动教育研究的深入与合作

学术会议在推动大学英语教育研究的深入与合作方面发挥着重要作用。这种专业领域的聚集与交流平台为教育研究者提供了共享成果、交流思想的机会，促使研究更加深入和广泛。学术会议不仅是知识碰撞的场所，更是合作共赢的平台。学术会议促进了研究者之间的深入交流。研究者可以通过学术会议分享他们的研究成果、经验和方法，从而启发彼此，提升共同的研究水平。这种深入的学术交流有助于加深对研究问题的理解，推动研究在理论和实践层面取得更为深刻的认识。学术会议为研究者提供了广泛的合作机会。在学术会议上，研究者可以结识到来自不同学校、不同地区的同行，有机会展开深入的合作研究。这种合作不仅有助于整合不同背景和专业的观点，也能够促使研究者更全面地考虑问题，提高研究的科学性和实用性。学术会议还为研究者提供了倾听和反思的机会。在学术会议上，研究者不仅能够向他人展示自己的研究，还能够聆听来自其他领域和学科的观点和研究成果。这种跨学科的交流能够激发研究者的创新思维，促使他们从不同的角度审视问题，为研究提供更为广阔的视野。学术会议也为大学英语教育提供了一个专业认可和评估的平台。在学术会议上展示自己的研究成果，研究者能够得到同行的评价和反馈，从而不断提高研究水平。这种专业认可不仅是对研究者个体的鼓励，也为整个大学英语教育领域的发展提供了更为可靠的参考。学术会议在推动大学英语教育研究的深入与合作方面具有重要的作用。学术会议使研究者们得以深入交流、广泛合作，加深对问题的理解，提高研究水平。学术会议是一个知识共享和合作共赢的平台，为大学英语教育的不断发展注入了新的动力。

### （三）学术会议促进国际化与跨文化教学的发展

学术会议在促进大学英语领域的国际化与跨文化教学方面发挥了关键的作用。这种全球性的交流平台能够分享不同国家和文化间的最新研究成果、教学实践和成功经验，为教育者提供了机会。这种国际性的交流不仅拓宽了教育者的视野，也推动了大学英语教育向更多元、开放、适应不同文化背景的方向发展。学术会议促进了国际化思维在大学英语教育中的深入渗透。在会议中，来自不同国家和地区的教育者汇聚一堂，分享各自的教育理念、教学方法和课程设计。这种跨国的交流有助于教育者更全面地认知和理解各国英语教育的异同，使他们能够更好地借鉴其他国家的成功经验，从而推动自己的教学方法向国际化方向发展。学术会议为跨文化教学提供了有益的平台。与来自不同文化背景的教育者和研究者的交流使教育者能够更好地理解学生的多样性和文化差异。这有助于调整和优化教学方法，使其更具有包容性和适应性，满足不同文化背景学生的学习需求。跨文化教学培养了学生的全球视野和跨文化沟通能力。学术会议推动了国际合作项目的开展。与其他国家的教育机构建立联系，教育者能够更好地组织国际交流项目、合作研究和学术访问。这种国际合作不仅促进了教育者间的合作，也为学生提供了更多参与国际化学习的机会，增强了他们的跨文化交流和合作能力。学术会议还为英语教育领域的研究提供了国际合作的机会。研究者们能借助国际平台展示他们的研究成果、分享最新的研究发现，并与其他国家的同行进行深入的学术交流。这种国际合作促进了全球英语教育领域的共同进步，推动了英语教育理论和实践的不断创新。学术会议在促进国际化与跨文化教学的发展中发挥了至关重要的作用。这一国际性的平台为教育者提供了交流与学习的机会，使他们能够更好地理解不同文化间的差异，推动大学英语教育向更加开放、适应性更强的方向迈进。这种全球性的合作与交流使大学英语教育更好地迎接全球化的挑战，培养出更具国际竞争力的英语专业人才。

## 二、专业协会对大学英语教育的支持与引领

### （一）专业协会在教育者专业发展中的支持

专业协会在教育者专业发展中扮演着重要的角色。这种组织形式为教育者提供了一个共同体，使其能够更好地分享经验、学习最新的教育理念和方法。专业协会的支持有助于教育者在日益复杂和变化的教育环境中更好地适应、成长和发展。专业协会为教育者提供了广泛的资源。这包括专业期刊、研究论文、教材和培训资源等。这些资源使教育者能够了解到最前沿的教育研究成果、教学方法和最新的技术应用。这种信息共享使得教育者能够及时了解行业动态，保持专业知识的更新，更好地为学生提供高质量的教育服务。专业协会提供了一个广泛的交流平台。在协会的年会、研讨会和工作坊等活动中，教育者能够与来自不同地区、不同背景的同行进行深入交流。这种交流有助于教育者从不同角度理解和解决问题，促使他们在教学和研究中获得新的启示。专业协会也为教育者提供了建立合作关系、共同推进教育事业的机会。专业协会为教育者提供专业发展机会方面发挥着积极作用。协会组织各类培训课程、讲座和研究项目，为教育者提供了更为系统和深入的专业培训。这有助于教育者提升自己的教学水平、研究水平和管理能力，从而更好地应对教育领域的挑战。专业协会在倡导行业标准和职业伦理方面也发挥了积极的作用。协会制定和推广一系列的教育标准和道德准则，引导教育者在职业发展中保持高尚的职业道德，提倡良好的教育价值观。这有助于维护整个教育行业的专业形象和信誉。专业协会在大学英语教育者专业发展中的支持至关重要。专业协会提供广泛的资源、建立交流平台、提供专业发展机会和推动行业标准，为教育者提供了有力的支持，促使他们更好地适应教育领域的变革，不断提升自己的专业水平。这种协同合作的模式使得整个大学英语教育行业能够不断发展、进步和创新。

## （二）专业协会对大学英语教育研究的引领作用

专业协会在大学英语教育研究方面具有引领作用，这一作用体现在多个层面。协会作为一个学术交流的平台，为广大英语教育从业者提供了一个共同的论坛，促进了思想的碰撞和研究成果的分享。这有助于形成一个学术共同体，使得大家能够更深入地研究教育理论和实践，共同推动大学英语教育的不断创新。专业协会组织以学术会议、研讨会以及论坛等形式，为教育研究者提供了一个广泛展示和交流研究成果的机会。这种交流不仅使研究者能够及时了解到同行领域内的最新进展，也促使他们对自己的研究方向进行深入思考。协会举办的各类学术活动使英语教育领域内的研究者能够更好地形成学术共鸣，推动整个领域的发展。协会的学术期刊起到了承载研究成果和促进学术交流的关键作用。这些期刊向广大研究者开放，使他们能够在期刊上发表自己的研究成果，为大家提供一个互相学习、借鉴经验的平台。协会的期刊不仅展示了英语教育研究的前沿动态，也为研究者们提供了一个分享经验和教训的机会。协会还组织研究项目和合作计划，鼓励英语教育领域内的研究者加强合作。这种合作模式推动了不同地区、不同院校之间的合作与交流，促进了英语教育领域的整体发展。在共同研究项目中，研究者们能够分享资源、整合创新思维，共同解决英语教育领域内的难题。专业协会定期组织培训和讲座等活动，提高英语教育研究者的专业水平。这种培训不仅关注教学方法的更新，也包括教育技术的应用以及教育理论的深化。这些培训使教育研究者能够不断提升自己的综合素质，更好地适应快速变化的教育环境。专业协会关注政策制定和行业规范的制定，为英语教育提供了重要的参考。协会能够通过座谈会、研讨会等形式，对行业发展提出建议，促使政策的制定更符合实际需求。协会的行业规范有助于统一教育标准，使整个领域更为规范和有序。专业协会在大学英语教育研究中具有引领作用。提供学术交流平台、组织各类学术活动、出版学术期刊、推动合作研究和提供专业培训，协会推动了英语教育领域的不断创新与发展。这种引领作用不仅有助于研究者深入研究，也为整个英语教育领域提供了稳健的支持，使之更健康、可持续地发展。

## （三）专业协会在制定标准与政策方面的作用

专业协会在制定标准方面扮演着重要的角色。这种角色不仅仅是为了维护和推动专业领域的发展，更是为了建立一种共同认可的行业标准，以促使行业中的从业者更好地适应和引领行业的发展方向。专业协会制定标准，为从业者提供了一个共同的参照框架。这种框架使得从业者能够更清晰地了解行业的要求和期望，有助于他们在职业生涯中更好地定位自己的发展方向。这种共同认可的标准不仅仅是一种规范，更是行业内共同遵循的行为准则，有助于维护整个行业的秩序和稳定。专业协会制定标准推动了行业内的技术和服务水平的提升。这种标准旨在激发行业从业者的创新精神，鼓励他们在工作中不断改进和提高自己的专业水平。共同的标准使行业内的各方能够更好地协同合作，推动行业不断发展和进步。专业协会在制定标准方面还有助于提高行业的整体信誉和可信度。行业内共同遵循的标准能够为从业者提供一种可靠的质量保证，使得消费者更愿意信任和选择该行业提供的服务。这种信誉的建立不仅有助于行业的长期稳定发展，也为行业树立了积极的形象。专业协会制定标准有助于应对行业发展中的新挑战和问题。随着时代的发展，行业中可能会涌现出新的问题和需求，制定相应的标准可以使从业者更好地应对这些新情况。这种灵活性和适应性有助于行业更好地适应变化，推动行业在竞争激烈的市场中保持竞争力。专业协会在制定标准方面扮演着至关重要的角色。建立共同认可的行业规范，为从业者提供明确的发展方向，推动行业的不断提升和创新。专业协会的标准制定不仅有助于行业内部的发展，更有助于提高整个行业的声誉和竞争力。这种协同合作的模式使行业能够更好地适应时代的发展，不断推动整个行业向更高水平发展。专业协会在制定政策方面的作用是深刻而重要的，这一作用贯穿于整个大学英语教育体系的建设和发展过程。这种参与不仅仅是为了满足组织自身的利益，更是为了确保整个教育体系的健康发展。协会能够深入了解教育现状，把握政策实施的需求，为决策者提供科学合理的建议，促使政策更加符合实际需求。专业协会在政策制定过程中具有统筹协调的作用。协会能够汇聚来自不同层面的意见和建议，形成共识，有助于形成统一的政策方向。这种协调作用有助于减少政策实施中的矛盾和冲突，确保政策的一致性和可行性。协会组织内外部专家，充分发挥集体智慧，为政策的科学性和全面性提供了坚实的基础。专业协会还在政策宣传和推动方面发挥了积极的作用。组织各类研讨会、座谈会和宣传活动使协会能够深入推动政策的贯彻执行。它不仅通过内部渠道向协会成员宣传政策内容，更通过外部渠道向广大教育从业者传递政策信息。这种广泛的宣传和推动活动使政策更加贴近实际、更容易为教育者所接受，提高政策的实际执行效果。专业协会还在政策评估和反馈方面发挥了关键作用。协会能够监测和研究政策实施的效果,及时发现问题和挑战。与政府和相关机构的沟通使协会能够向政策制定者及时提供反馈,使他们更好地了解政策的实际效果和存在的问题,为政策的修订和完善提供有力的依据。专业协会在政策制定中还具有促进国际交流与合作的作用。协会能够通过组织国际研讨会、学术交流等方式,引入国际先进的教育理念和经验,促使国内政策更具国际视野。这种国际交流也有助于拓展教育者的思维和视野,提升整个大学英语教育领域的国际竞争力。专业协会在政策方面的作用是多维而深刻的,它不仅参与政策的制定,还在协调、推动、反馈和国际交流等方面发挥着关键作用。这种作用有助于确保大学英语教育体系的健康、科学、可持续发展。

## 第四节 大学英语教育的未来趋势

### 一、技术驱动的英语教育变革

#### (一)人工智能在英语学习中的应用

人工智能在英语学习中的应用已经逐渐成为一种不可或缺的助力,为学生提供了更为个性化、有效率的学习体验。语音识别技术使学生可以轻松进行口语练习,仿佛身临其境,使学习不再局限于纸上谈兵。人工智能系统分析学生的语音,能够准确捕捉发音偏差,为后续的个性化教学提供数据支持。智能写作辅助工具为学生提供了更加高效的写作体验。人工智能分析学生的写作习惯,提供个性化的写作建议,使学生能够更好地表达自己的思想。这种智能辅助不仅提高了学生的写作水平,也激发了他们对英语写作的兴趣,使写作不再成为一项沉闷的任务。人工智能还在词汇学习方面发挥了重要作用。智能词汇学习系统使学生可以根据个人水平和需求制订学习计划,有针对性地进行词汇积累。这种个性化学习方式不仅提高了学生的学习效率,还让他们更加有针对性地掌握英语词汇,为日后的语言运用奠定了坚实基础。智能阅读辅助工具也为学生提供了更为丰富的阅读体验。人工智能的分析系统能够根据学生的兴趣和水平推荐合适的阅读材料,使学生在阅读中更容易找到乐趣。智能辅助工具还能提供即时的语法和词汇解释,帮助学生更好地理解文章内容,拓展语言知识。人工智能在英语学习中的应用已经逐渐赋予学生更多的学习自主权,使得学习过程更加灵活多样。语音识别、写作辅助、词汇学习和阅读辅助等多方面的技术应用使人工智能为英语学习者提供了更为个性化、高效的学习路径,使他们能够更好地掌握英语语言技能,为未来的学业和职业发展奠定坚实基础。

### (二)增强现实(AR)的融入

当谈论增强现实(AR)在大学英语教育中的融入时,我们不可避免地要思考这 技术是如何为学生提供更为深刻、实用的学习经验的。AR可以被看作是一种突破传统教学边界的手段,它在课堂中打破了单一的学科局限。AR使学生们能够在虚拟的现实中体验英语语境,拓宽了他们的视野,使学习变得更加立体而全面。AR的融入也为英语学习提供了更为个性化的路径。每个学生在学习过程中都有着独特的需求和兴趣,AR技术能够根据学生的学习风格和水平量身定制教学内容,使得教学更加贴近学生的实际需求。这种个性化的学习体验有助于激发学生的学习兴趣,提高学习的效果。AR在英语教育中也能够促进学生之间的合作与互动。传统的教学方式往往以单向传递知识为主,而AR则能够虚拟现实的场景,激发学生的合作意识,使他们在团队中共同解决问题,培养团队协作的能力。这种互动式学习模式不仅有助于培养学生的团队合作精神,还能够增强他们的沟通能力和解决问题的能力。在AR的引领下,学生们也能够更好地应对现实生活中的语境。AR技术使得英语学习不再局限于书本上的文字,而是融入到真实的情境中。AR使学生可以在虚拟的英语环境中模拟实际场景,提高他们的语言运用能力。这种沉浸式的学习方式有助于学生更好地适应实际语境,并更加流利自如地运用所学英语知识。增强现实的融入是大学英语教育一次创新性的尝试,它超越了传统教学的限制,为学生提供了更为丰富、个性化的学习体验。AR使学生能够在虚拟的世界中探索英语语境,培养团队协作能力,更好地适应实际语境,使得英语学习变得更加有趣、有深度。这种创新的教学方式不仅有助于提高学生的学习效果,更有助于培养学生的综合素养,使他们更好地面对未来的挑战。

### (三)数字化资源的崛起

数字化资源在大学英语教育中的应用是一场深刻的变革,它将传统教育方式推向了一个全新的境地。这种趋势使得学习不再受限于传统教材,学生们能够更加灵活地获取信息,从而更好地适应多元化的学习需求。数字化资源的广泛应用既改变了教学内容的传递方式,也重新定义了学生与知识互动的方式。数字化资源的崛起首先体现在教材的数字化转变上。传统的教科书被数字化教材所替代,这为学生提供了更为便捷的学习方式。学生可以通过电子设备随时随地访问数字化教材,不再受制于纸质书籍的局限。这种方式不仅减轻了学生的负担,也使得学习变得更加灵活和便利。数字化资源的崛起改变了学生的学习习惯。传统的纸质笔记逐渐被电子笔记和录音等数字化工具所替代。学生能够更加方便地记录和整理学习内容,数字化工具也使得学习过程更加交互化。这种变革不仅提高了学生对知识的积累效率,同时也使得学习变得更富有趣味性。数字化资源的崛起还带来了在线学习平台的兴起。学生不再局限于课堂教学,网络平台,他们能够参与到各种线上学习活动中。这种形式的学习使得学生能够更好地与全球各地的师生互动,拓展视野,获取更为丰富的学术资源。在线学习平台的出现也使得教学资源更为丰富多样,满足了学生个性化、多元化的学习需求。数字化资源还为英语教育带来了语言学习软件和在线语言交流平台等创新工具。学生可以通过这些工具进行实时语言交流,提高口语表达能力。语言学习软件个性化的学习计划可以帮助学生更好地掌握语言技能。这种数字化的语言学习方式为学生提供了更为灵活和有效的学习途径,使得英语学习不再局限于传统的教室环境。数字化资源的崛起正在深刻地改变大学英语教育的面貌。从教材的数字化到学习方式的变革,再到在线学习平台的兴起和语言学习工具的创新,这一系列的变化都为学生提供了更为丰富、灵活和个性化的学习体验。数字化资源的广泛应用不仅拓展了学生获取知识的途径,也促使他们更主动地参与到学习过程中。这场数字化的革命正在为大学英语教育带来深远而积极的变化。

## 二、全球化与文化多样性的影响

### (一)国际化与全球化趋势下的英语教育

在国际化与全球化的背景下,大学英语教育迎来了新的挑战和机遇。这一趋势要求我们重新审视英语教育的定位和目标。在全球化的浪潮中,英语不仅仅是一门语言,更是一种跨越国界的文化载体。大学英语教育不仅需要超越传统的语言技能培养,更要注重培养学生的国际视野、跨文化交际能力和全球意识。在国际化与全球化的趋势下,英语教育需要更加注重跨学科的整合。学科之间的交叉融合能够为学生提供更为综合和全面的英语学习体验。在这个过程中，大学英语教育要从传统的语法和词汇教学中解脱出来，更注重将英语融入到各种学科背景中，使学生能够在更广泛的领域中运用英语。在国际化与全球化的大背景下，大学英语教育需要更加关注学生的实际语境。英语不再仅仅是一门学科，更是一种全球通用的沟通工具。因此，大学英语教育需要注重培养学生在不同语境下的语言运用能力，使他们能够更好地适应全球化的社会环境。在国际化与全球化的趋势下，大学英语教育需要更加注重学生的跨文化交际能力。全球化使得文化交流变得更为频繁和密切，因此，大学英语教育要培养学生在不同文化环境下进行有效沟通的能力。这不仅包括语言层面的交际技能，更要注重对不同文化背景和价值观的理解，使学生能够在跨文化交往中更加灵活自如。国际化与全球化趋势下的大学英语教育需要超越传统，注重跨学科整合，关注学生的实际语境，培养跨文化交际能力。这样的英语教育模式能够更好地满足学生在全球化时代的需求，使他们更好地适应多元化的社会环境，为未来的国际交往和合作打下坚实的语言和文化基础。

### （二）文化多样性的融入

大学英语教育中融入文化多样性是一场积极的变革。这一变化使学生在语言学习的过程中不仅仅掌握了语法和词汇，更能够深入了解不同文化间的差异和共通之处。文化多样性的融入不仅为语言学习注入了新的活力，同时也为学生提供了更为全面的教育体验。融入文化多样性使得学生更容易融入全球化的背景。接触不同文化的语境使学生能够更好地适应国际社会的发展趋势，培养跨文化交际的能力。这种全球化的学习环境有助于拓展学生的视野，使他们更为开阔和包容，从而成为一个具有全球背景的英语专业人才。文化多样性的融入丰富了语言教学的内涵。语言与文化紧密相连，教学中融入多元文化元素，学生能够更深入地理解语言的语境和文化底蕴。这种深入学习不仅有助于提高语言表达能力，还使学生更具文化敏感性，能够更好地理解和尊重他人的文化差异。文化多样性的融入也有助于激发学生对学科的浓厚兴趣。了解不同文化的历史、文学和艺术使学生能够更全面地感知语言的美感和表达方式。这样的学习过程不仅提高了学生的学科认知水平，同时也激发了他们对语言学科的浓厚兴趣，为日后深入学习和研究奠定了基础。文化多样性的融入还有助于培养学生的批判性思维。对比不同文化的语言和表达方式，学生能够更深入地思考语言背后的文化逻辑。这种批判性思维的培养使学生不再仅仅停留在语法规则的表面，更能够深入探讨语言背后的文化背景，形成更为独立和深刻的见解。文化多样性的融入为大学英语教育带来了丰富的变化。学生在学习语言的多元文化的学习体验，培养了跨文化交际的能力、提升了学科认知水平、激发了对学科的兴趣，并培养了批判性思维。这一变革不仅使得学生更好地适应全球化社会，也为他们提供了更为丰富和综合的学习体验，为未来的发展奠定了坚实基础。

### （三）社会责任与可持续发展

可持续发展在大学英语教育中的引入标志着一场重要的变革。这不仅仅是一种教学方法的更新，更是对未来社会和环境的一种责任担当。可持续发展的理念将贯穿整个英语教育过程，不仅涉及知识的传递，更关注学生在学习中的自主性和终身学习的态度。这种全新的教育理念有望培养出更具社会责任感的英语专业人才，为社会的可持续发展贡献力量。可持续发展不仅仅关注语言知识的传递，更强调学生的思考能力。引入可持续发展的概念使英语教育不再仅仅停留在单一知识领域的传递，而是更注重培养学生的综合思考能力。学生在语言学习中将更多地思考语言使用的背后逻辑，关注语言对社会和环境的影响，形成更为综合的学科视野。可持续发展的引入也使得学生更注重实际应用，而不仅仅是理论的积累。与可持续发展相关的案例研究和实践项目使学生能更好地理解英语在实际社会中的应用价值。这种注重实际应用的教学方式不仅使学生在语言运用中更加灵活自如，同时也培养了他们解决实际问题的能力。可持续发展的理念也在英语教育中强调文化的多样性。学习不同国家和地区的可持续发展实践使学生能更好地理解不同文化对于可持续发展的理解和实践。这种注重文化多样性的学习方式有助于培养学生的跨文化交际能力，使他们在未来的国际合作中更游刃有余。可持续发展的引入也将教育的焦点从传统的考试评估转移到学生的综合素养。不再仅仅强调对知识的记忆和掌握，可持续发展理念更注重学生的创新和实践能力。项目驱动的学习和实践性的考核方式使学生能更好地展现自己的实际能力，促使他们在学习中形成更为持久的动力。可持续发展在大学英语教育中的引入不仅仅是一场教育方法的变革，更是对未来社会需求的一种回应。培养学生的综合思考能力、注重实际应用和文化多样性、强调综合素养并不仅仅是考试成绩，可持续发展的教育理念有望为培养更具社会责任感、创新能力和实践能力的英语专业人才奠定坚实的基础，为社会的可持续发展做出积极贡献。社会责任是大学英语教育中不可或缺的重要元素。大学英语教育应该致力于培养学生具备卓越的语言表达能力和社会责任感。在当今社会，英语已经不再是一门狭隘的学科，而是一种全球性的交流工具，具有广泛的社会影响力。大学英语教育应当引导学生认识到，语言不仅是一种沟通的工具，更是一种社会责任的体现。社会责任感的培养需要从大学英语课程的内容和教学方法入手。课程内容应当涵盖社会热点问题，引导学生用英语来思考和表达对社会的责任感。教学方法要注重培养学生的批判性思维和判断力，使他们能够更好地理解和分析社会现象，从而更好地履行社会责任。大学英语教育的社会责任也包括对语言使用的负责。语言是一种强大的工具，能够影响人们的思维和行为。因此，大学英语教育应当引导学生在语言使用中注重积极的社会价值观，避免使用歧视性语言，促使他们在言辞间展现社会责任感。大学英语教育还应该注重培养学生的国际视野，使他们能够更好地理解和尊重不同文化背景下的社会责任观。全球化的背景下，不同国家和文化之间的交流日益频繁，大学英语教育要使学生具备在不同文化环境下进行有效交流的能力，以更好地履行国际社会的责任。大学英语教育的社会责任不仅包括对社会问题的关注和思考，更包括对语言使用的负责和对国际社会的认知。这种社会责任感的培养有助于学生更好地理解自己在社会中的角色，激发他们的社会参与意识，从而成为更有担当和责任心的英语人才。

# 第八章 大学英语教育政策与法规

## 第一节 大学英语教育政策概览

### 一、现行大学英语教育政策分析

#### （一）国家层面的政策框架

国家层面的政策框架在大学英语教育中起着至关重要的作用。这一框架不仅关系到英语教育的发展方向，也直接影响到学生的学习体验和未来的职业发展。国家政策的制定和调整是英语教育体系变革的关键因素之一，它需要综合考虑社会需求、国家发展战略以及全球化背景下的英语人才需求。国家政策框架应当明确英语教育的目标和定位。这不仅包括英语教学在整个教育体系中的地位，还涉及英语人才的培养目标。国家政策应该明确英语教育的本土化需求，使得教育体系更好地服务于国家发展需求，同时也要充分考虑国际化的趋势，培养具有国际竞争力的英语专业人才。国家政策框架需要明确英语教育的质量标准和评估体系。这不仅包括对教学内容的规划，还应当关注教师队伍的建设和教学方法的创新。政策框架应该为提高教学质量提供有效的支持和引导，确保学生能够在英语学习中获得系统、深入的知识，培养出色的语言运用能力。国家政策框架还需要考虑社会需求和就业市场的变化。英语教育不仅仅是为了学生的学科发展，更需要紧密结合社会和产业的需求，使学生具备实际的职业能力。国家政策在这一方面的制定需要根据不同领域的英语需求，为学生提供更为个性化的培养方案，促进英语专业人才的更好就业。国家政策框架还应该鼓励和支持英语教育的创新。这其中一方面涉及教学方法的更新，另一方面则涉及教育资源的整合和共享。国家政策可以提供对创新教育项目的支持，激发高校和教育机构的创造力，推动英语教育从传统模式向更为灵活、创新的方向发展。国家政策框架需要注重国际交流与合作。在全球化的大背景下，国家政策应当鼓励高校开展国际化合作项目，推动学生走出国门，与国际同行开展学术交流。这种国际合作不仅有助于提高学生的英语水平，还有助于培养他们的国际化视野和跨文化交际能力。国家政策框架对大学英语教育的影响深远而重要。它应当明确英语教育的目标，建立质量标准和评估体系，关注社会需求和就业市场变化，鼓励创新以及推动国际交流与合作。科学而有效的政策制定使国家能够为大学英语教育提供有力支持，促进英语专业人才的全面发展，推动英语教育体系朝着更为健康、持续发展的方向迈进。

### （二）大学层面的英语教育政策

大学层面的英语教育政策在促进学生全面发展和提高国际竞争力方面发挥着重要作用。这些政策应该以培养学生的语言能力为基础，同时强调对英语的应用能力和跨文化交际技能的培养。为了更好地实现这一目标，大学英语教育政策需要确保教学内容与社会需求相契合，强调实用性和适应性。在英语教育政策中，课程设置是一个至关重要的方面。政策制定者应该关注学科的综合性，确保英语教育贯穿于各专业领域。这样的综合性设计有助于打破传统学科的壁垒，使学生能够在实际工作和生活中更好地应用所学的英语知识。政策也应强调提高教学质量。这包括培训教师，提供更多的教育资源，以及鼓励教师积极参与学科研究。只有在有着高素质师资的情况下，学生才能够得到更好的英语教育，培养出更为全面的语言技能和实际应用能力。政策也需要关注学生的个体差异。大学英语教育政策应该灵活地考虑到学生的兴趣、学科特长和学习风格，以便更好地激发他们的学习动力和创造性思维。这种个性化的政策设计使英语教育更具吸引力，更符合学生的实际需求。在大学英语教育政策中，评估机制也是一个至关重要的方面。政策制定者应该设计科学合理的评估体系，以全面、客观地评估学生的语言水平和应用能力。这有助于提高教学的针对性，使学生能够更加明确自己在英语学习中的不足，并有针对性地加以改进。大学层面的英语教育政策应该注重培养学生的语言综合能力，突出实用性和适应性。合理的课程设置、提高教学质量、关注学生个体差异和建立科学评估机制使政策能够更好地促进学生的全面发展，为他们更好地适应国际化社会的竞争和合作提供坚实的基础。

### （三）教育技术与创新政策

教育技术的迅猛发展对大学英语教育产生了深远的影响。这一变革不仅改变了传统的教学方式，也在很大程度上塑造了学生的学习体验。教育技术的融入为英语教育提供了新的可能，使得学生在语言学习中更具活力和创造力。教育技术的应用使大学英语教育变得更为灵活和个性化。在线教育平台使学生能够根据自己的学习节奏和兴趣进行学习，而不再受制于传统的课堂教学。这种个性化的学习方式不仅激发了学生的学习兴趣，还提高了他们的学习效率，使英语教育更贴近学生的需求。教育技术的引入为英语教学提供了更为丰富的资源。多媒体教学、虚拟实验室等技术手段使学生能够更直观地理解英语知识，加深对语言的理解。这种丰富的教学资源不仅使学习更加生动有趣，同时也拓展了学生的学科视野，为他们提供了更广阔的学术空间。教育技术还在口语和写作方面发挥了积极作用。语音识别技术的应用使得学生能够更准确地纠正发音，提高口语表达能力。写作辅助工具智能评测为学生提供更精准的写作建议，提升写作水平。这种个性化的语言训练使学生在实际应用中更为自信和熟练。教育技术还促进了英语教学与现实生活的融合。虚拟实境技术使学生可以仿真实际场景，进行语境化的语言练习。这种沉浸式学习方式使学生更好地理解语言的实际运用，为他们未来的社交和职业发展打下坚实基础。教育技术的广泛应用为大学英语教育带来了新的活力。个性化学习、丰富教学资源、口语和写作技能的提升、现实生活与学科的融合，这些方面都显示出教育技术在英语教育中的巨大潜力。随着技术的不断进步，教育技术将继续为大学英语教育注入创新动力，使学生在语言学习中更具深度和广度。大学英语教育需要在政策制定上更加注重创新。创新政策有助于提高教育的适应性和针对性，促进学生更全面地发展。这一方面需要政策制定者更加关注教学内容的实质性更新，引入更多前沿的知识和实际应用案例，以激发学生的兴趣和学习动力。政策也应该鼓励教学方法的创新，推动教育从传统的单一模式中解脱出来，更加注重培养学生的实际应用能力和创造性思维。在教学内容方面，创新政策应该促使学科间的跨界融合。这有助于打破传统学科的束缚，创造出更为综合、具有实际应用价值的教育内容。例如，将英语教学与其他专业领域有机结合，使学生能够更好地在实际工作和研究中运用所学的英语知识。这样的创新能够培养出更具综合素养的英语专业人才，使他们更好地适应社会的发展和变革。政策制定者也应该鼓励高校引入新的教育理念和方法。传统的教学方式往往局限了学生的思维，创新政策应该鼓励更加灵活、互动的教学方法。例如，采用项目化学习、实践性任务等方式，使学生能够更好地运用英语知识解决实际问题，培养他们的实际应用能力和创造性思维。政策还应该关注学生的个体差异，鼓励个性化的学习路径。每个学生在学习过程中都有独特的兴趣和优势，政策制定者应该为学生提供更灵活的课程选择和发展方向，使他们能够更好地发挥个体潜能，培养更具创新能力的英语专业人才。在政策的评估和监管方面，也需要创新。政策制定者应该建立科学合理的评估机制，注重对学生创新能力和实际应用能力的评估，而不仅仅关注传统的考试成绩。这有助于更全面地了解学生的学习状况，推动教育更好地适应社会的需求。创新政策对于大学英语教育的发展至关重要。创新教学内容、方法，注重跨学科融合，关注个体差异和建立科学的评估机制，政策能够更好地促进英语教育的创新，培养更具实际应用能力和创造性思维的英语专业人才。这不仅有利于学生更好地适应社会的发展和变革，也为英语教育的长远发展奠定了坚实的基础。

## 二、未来发展方向与政策建议

### （一）语言教育发展趋势

语言教育的发展趋势在当今社会呈现出多元而快速的变化。在全球化背景下，语言学习不再仅仅是传统的对知识的积累，而更加注重实际运用和跨文化交流。新技术的不断涌现和社会需求的变化，使大学英语教育不断面临新的挑战和机遇。全球化背景下，多语言能力的需求日益凸显。跨国公司的兴起、国际组织的合作，都对英语专业人才的多语言能力提出了更高的要求。因此，大学英语教育需要更加注重培养学生的多语言沟通能力，使他们在不同语境下能够自如表达，更好地适应国际化的环境。信息技术的飞速发展也为语言教育提供了新的可能。在线学习平台、语音识别技术、虚拟实境等技术手段的应用，使语言学习更加灵活和个性化。学生可以通过互联网随时随地进行学习，语音识别技术则提高了口语表达的效果。这种数字化的学习方式为英语教育带来了更为便捷和高效的学习路径。语言教育也更加注重对实际运用和实践能力的培养。传统的语法和词汇教学逐渐被弱化，取而代之的是更注重实际交流和语言运用的教学方式。项目驱动的学习、实际情境的模拟，使学生在语言学习中能更好地理解和掌握语言的实际运用，培养出更为熟练和灵活的语言表达能力。职业需求的变化也影响着大学英语教育的发展趋势。英语专业人才不仅仅需要具备语言能力，更需要具备跨学科的综合素养。因此，大学英语教育不但要关注语言知识的传递，还应该注重学生的创新和批判性思维能力的培养，使他们能够更好地适应未来职业的需求。语言教育还要更注重文化的多样性。全球化的趋势使跨文化交流变得日益频繁，因此，大学英语教育需要更好地融入多元文化的元素，培养学生的跨文化交际能力。这种文化多样性的融入不仅有助于学生更好地理解语言的语境，也有助于促进不同文化之间的相互尊重和理解。大学英语教育在不断变革中呈现出多元、数字化、实践性、跨学科和文化多样性等发展趋势。这些趋势为英语教育提供了更为广阔的发展空间，使学生在学习语言的过程中更具有综合素养和实际应用能力，更好地适应社会和职业的需求。

### （二）技术整合与在线学习

大学英语教育在当今社会面临着日益复杂和多变的挑战，因此，技术整合成为提升教学效果和适应时代发展的必然选择。技术整合意味着将先进的科技手段融入到英语教学的各个环节，以拓宽学生的学习路径，提高教学的实效性。在教学资源整合方面，技术整合可以为大学英语教育提供更加丰富和多样的学习资源。数字化教材、在线课程以及多媒体资源的整合使学生可以更方便地获取到各种形式的英语学习资料，不再受制于传统教材的有限性。这种资源的多样性和便捷性有助于满足学生个性化学习的需求，提高英语学习的吸引力和实际应用效果。技术整合还可以改善教学方法，使之更加灵活多样。引入在线教学平台、虚拟现实等技术手段，教师可以开展更为生动的课堂教学，使学生更加积极参与到英语学习的过程中。这种新颖的教学方式有助于激发学生的学习兴趣，提高他们的学习主动性，促使英语教育更好地适应当代学生的学习需求。技术整合还有助于提升英语教育的个性化水平。智能化学习系统和数据分析技术可以更好地了解每个学生的学习习惯和水平，为其提供个性化的学习推荐和指导。这种个性化的教育模式有助于更好地满足学生的个体差异，提高英语教学的针对性和效果。在评估和反馈方面，技术整合也发挥了积极作用。采用在线测试、作业系统等技术手段，教师可以更及时地了解学生的学习进度和水平，提供更为精准的反馈和指导。这有助于学生更好地认识自己在英语学习中的不足，及时调整学习策略，提高学习效果。技术整合是大学英语教育的必然趋势。整合先进的技术手段，拓宽学习资源，改善教学方法，提升个性化水平，以及强化评估和反馈机制，技术整合有望为英语教育带来更为丰富、灵活、个性化的学习体验，使学生更好地适应社会的发展和英语教育的创新需求。随着科技的飞速发展，大学英语教育逐渐迎来了在线学习的新时代。在线学习的崛起为英语教育带来了颠覆性的变革，使学习不再受限于传统的教室和纸质教材。这种数字化技术为学生提供更为便捷、灵活的学习体验，促使英语教育朝着更为个性化和自主化的方向发展。在线学习为学生提供了更广泛的学习资源。学生电子设备可以随时随地访问在线学习平台，获取丰富多样的学习材料，不再受制于传统纸质教材的局限性。这种便利性使学生能够更灵活地安排学习时间，根据自身需求选择适合自己水平和兴趣的学习内容。在线学习也为英语教育引入了多样的学习方式。在线教育平台使学生可以选择适合自己学习风格的课程，包括文字教材、视频讲解、互动讨论等形式。这种多样性的学习方式不仅提高了学生的学习兴趣，也更好地迎合了不同学生的学习需求，使英语教育更具灵活性。在线学习互动性和实时性的特点促进了学生与教师之间更为紧密的互动。学生可以在平台随时向教师提问，获得及时的反馈，这种互动模式促使学生更加主动地参与到学习过程中。这种及时的互动不仅提高了学生对知识的理解，同时也促使教师更加关注学生的学习进展，提供更个性化的教学支持。在线学习也为英语教育引入了创新的评估方式。传统的考试评估方式逐渐被项目驱动的学习和实际案例分析所取代。学生在在线学习中以完成实际项目、参与讨论和展示作品等方式进行综合评估，从而展现他们在英语运用上的实际能力。这种创新的评估方式不仅更贴合实际应用，也激发了学生的创造力和实际操作能力。尽管在线学习带来了许多积极的变化，也面临着一些挑战。学生需要具备一定的自律和自主学习能力，因为在这种学习模式下，缺少了传统课堂上教师的直接监督。教育机构需要更加重视在线学习平台的质量和安全，确保学生能够在一个稳定、安全的环境中学习。在线学习的兴起为大学英语教育带来了革命性的变化。它的数字化技术丰富了学习资源，引入了多样的学习方式，促进了师生互动，创新了评估方式。尽管面临一些挑战，但随着科技的不断发展，相信在线学习会在未来继续推动大学英语教育的进一步创新和发展。

### （三）社会责任和可持续发展

大学英语教育在当前社会背景下，不仅仅是传授知识的过程，更是对学生方面社会责任感的培养过程。社会责任感不仅体现在学生对自身学科的热情和认真程度，更表现在他们对社会问题的关注和解决方案的思考方面。大学英语教育应该致力于培养学生具备批判性思维、团队协作和全球意识的能力，以更好地履行社会责任。在大学英语课堂上，培养学生的社会责任感需要他们更多关注社会热点问题。引导学生深入探讨社会问题，思考背后的价值观和道德伦理，使他们对社会问题产生更为深刻的认识。这样的课程设置可以激发学生的社会责任感，使他们在学习的过程中更关心社会发展和人类福祉。大学英语教育还应注重培养学生的团队协作能力。增强社会责任感不仅仅是个体的责任，更是整个社会共同面临的问题。组织学生参与团队项目、合作研究等实践活动，促使他们学会与他人协作，培养出更强的团队精神。这种实践锻炼可以使学生更好地适应未来社会和职业环境，更具备解决社会问题的能力。在全球化的背景下，大学英语教育还应当注重培养学生的全球意识。社会责任感不应仅仅局限于国内问题，更需要学生具备全球视野，关心全球性问题。引入国际化的教学内容、组织国际交流和合作项目，学生可以更好地理解全球化对社会的影响，提高对全球性问题的关注度，更好地履行自身的社会责任。大学英语教育还应该注重培养学生的批判性思维能力。社会责任感需要学生具备独立思考和分析问题的能力，不仅仅接受信息，更要主动质疑并提出解决方案。开展辩论、写作等活动，培养学生对信息的敏感性和批判性思考，使他们在面对社会问题时能够更加理性、全面地分析和解决。大学英语教育应该不仅仅关注学生的语言能力，更要关注他们的社会责任感。深化社会问题的讨论，培养团队协作和全球意识，以及提高学生的批判性思维能力，大学英语教育可以为学生成为具有社会责任感的公民打下坚实基础。这样的培养将有助于他们在未来的社会生活和职业中更好地履行社会责任，为社会的进步和发展贡献自己的一份力量。大学英语教育在当前社会背景下需要着力追求可持续发展。可持续发展不仅仅意味着对自然资源的合理利用，更包括了对人类智力资源的充分开发。在这一理念的引导下，大学英语教育需要更加注重培养学生的创新思维和解决问题的能力，使其具备在不断变化的社会环境中不断适应和发展的能力。可持续发展的大学英语教育首先需要关注对教学内容的实质性更新。传统的英语教育往往局限于对语法和词汇的传授,而忽视了培养学生实际应用能力和综合素质。因此,大学英语教育应该更加强调教学内容的实用性和实际应用价值,使学生能够在社会生活中更好地运用所学的英语知识。与此同时,大学英语教育还需要关注跨学科的整合。可持续发展的理念要求我们超越学科的边界,更好地将英语教育融入到其他学科中,培养学生更全面的综合素养。与其他学科的交叉使学生能够更好地理解英语在不同领域中的实际应用,增强其在跨学科合作中的能力。在教学方法上,大学英语教育需要更注重启发式和探究性教学。这种教学方法能够激发学生的兴趣,培养他们主动探索、独立思考的能力。实际问题和项目化学习使学生能够更好地应对现实生活中的挑战,增强解决问题的能力。大学英语教育还应该注重学生的实际语境。引入真实案例、社会问题等,使学生能够更好地理解英语在实际生活中的应用场景。这样的教学方式有助于培养学生的实际运用能力,使他们更好地适应社会的发展和变革。在评估方面,大学英语教育需要更加注重质量而非数量。传统的考试评估体系往往过于注重知识的量化,而忽视了学生的创新思维和实际应用能力。可持续发展的大学英语教育需要建立更为全面、科学的评估机制,注重对学生解决问题的能力、创新思维的培养等方面的评价。可持续发展是大学英语教育的必然要求。关注教学内容的实质性更新、跨学科整合、启发式教学、实际语境的应用以及全面科学的评估机制使大学英语教育能够更好地迎合当今社会的需求,培养更具实际应用能力和可持续发展思维的英语专业人才。这不仅有助于学生更好地适应社会的发展和变革,也为英语教育的长远发展奠定了坚实的基础。

## 第二节　法规合规与课程设计

### 一、法规合规对大学英语教育的影响

#### (一)国家层面的法规框架

国家层面的法规框架在塑造大学英语教育的发展中发挥着至关重要的作用。这一框架是一系列明确的法规和政策,旨在引导和规范大学英语教育的方向和目标。法规框架的设计旨在保障教育质量、促进师资培养、强化学科建设、

推动创新发展，以适应时代需求和社会进步。法规框架在国家层面明确了大学英语教育的目标和定位。这一目标和定位既包括了对英语教育在整个教育体系中的地位的界定，也涉及英语专业人才培养的战略方向。法规框架明确了目标和定位，为各级教育机构提供了明确的指导，使其更好地适应国家发展需求，推动英语教育与时俱进。法规框架明确了大学英语教育的质量标准和评估体系。这包括教学内容的规划、教师队伍的建设、学科建设的要求等方面。明确这些标准和要求，法规框架为各级教育机构提供了明确的监管和评估依据，促使其加强内外部质量保障体系的建设，确保学生能够在英语教育中获得系统、深入的知识。法规框架还对师资队伍的培养和建设提出了明确的要求。这涉及教师的专业水平、教学能力、科研能力等多个方面。明确教师的职责和要求，法规框架引导教育机构更加注重师资队伍的培养和提升，提高教师的综合素质，从而更好地服务于学生的英语学习。法规框架还对学科建设和创新发展提出了具体的要求。这包括对教育教学改革的支持、对创新性项目的鼓励、对科研能力的提升等。明确这些要求，法规框架引导学校和教育机构更好地推进英语教育的创新发展，使其更符合时代潮流和社会需求。法规框架还强调了国家对大学英语教育的政策支持。这包括对人才培养的投入、对教育科研项目的资助、对教育机构的政策倾斜等。这些政策支持使法规框架鼓励学校更好地发挥英语教育的作用，促进英语专业人才的培养，为国家和社会培养了更多的优秀的英语人才。国家层面的法规框架在大学英语教育中具有至关重要的地位。它明确目标、规范质量标准、强化师资建设、推动创新发展，为大学英语教育提供了明确的方向和政策支持。法规框架的制定和完善有望在推动英语教育与时俱进、提高质量水平、服务国家需求等方面发挥积极的作用，为大学英语教育的不断发展提供有力的制度保障。

## （二）大学内部的合规要求

大学内部的合规要求是确保英语教育高效运行和有效管理的重要因素。这些合规要求不仅涉及教学管理，还包括了学生管理、财务管理、师资力量管理等多个方面。合规要求的严格执行有助于建立秩序井然的教育体系，保障学校的长期可持续发展。在英语教育的管理中，合规要求起到了明确规范的作用。学校内部的各个管理环节都需要符合相关法规和政策，确保教育过程的合法性和规范性。这种规范有助于提高教学质量，保障学生的合法权益，为学校的声誉和发展奠定坚实的基础。学生管理是大学内部合规要求的一个重要方面。从招生到毕业，学校需要遵循规定的招生程序、制定明确的学业规划，保障学生能够在规定时间内顺利完成学业。学生的行为规范、纪律要求也需要得到有效执行，以维护校园秩序和学术环境的稳定。财务管理是大学内部合规要求的另一个关键领域。学校需要制定合理的财务预算，确保各项开支符合法规和规定，实现财务的透明和合理使用。严格的财务合规要求有助于提高学校的财务稳健性，确保资源的有效配置，为学校的可持续发展提供有力支持。师资力量管理也是大学内部合规要求的一个重要方面。学校需要拥有合格、有经验的教师团队，教师的招聘、评价、培训等方面需要符合相关的法规和政策。这有助于保证教学质量，提高教育水平，确保学生能够受到高质量的英语教育。大学内部的合规要求还包括了校园安全、设施维护、信息管理等多个方面。这些方面的合规要求的严格执行有助于大学创造一个安全、有序、透明的学习环境，提供良好的学术氛围和学生成长的空间。大学内部的合规要求是学校管理中不可或缺的重要环节。

### （三）法规对语言教学方法和评估的影响

在大学英语教育中，法规对语言教学方法和评估的制定以及实施具有深远的影响。法规作为国家层面的规范性文件，旨在引导和规范大学英语教育的方向和质量。它对语言教学方法和评估体系的影响主要体现在以下几个方面：法规在语言教学方法方面提出了明确的要求。这包括对教学内容的规范、教学方法的多样性、教学手段的合理运用等方面。法规明确的这些要求，指导着教育机构在语言教学中更好地结合学科实际，更贴近学生的学习需求提高语言教学的实际效果。法规在语言教学中注重培养学生的实际运用能力。这体现在对教学内容的实用性要求、对实际语境模拟的提倡等方面。法规要求语言教学更加注重培养学生的实际交际和运用能力，使学生在实际生活和职业中能够更好地运用所学的语言知识。法规对教师队伍提出了一系列要求，包括教师的专业水平、教学经验、培训状况等方面。这为提高教师的综合素质提供了明确的指导。法规促使教师更好地应对多样化的学生需求，采用更为灵活、多样的语言教学方法，提高教学质量。法规也对语言教学中的评估体系提出了一系列规范。这包括对考试内容、考试形式、评估标准等方面的明确要求。法规明确对这些评估体系的规范，使评估更加客观、公正，提高评估的科学性和准确性。法规还对语言教学中的创新提出了要求。这体现在对教育科研项目的支持、对创新性项目的鼓励等方面。法规鼓励教育机构在语言教学中不断尝试创新方法，推动教学模式的创新，以更好地适应时代需求和社会发展。法规在大学英语教育中对语言教学方法和评估体系的影响是多方面的。它引导教育机构更好地规范教学行为，提高语言教学的实效性；注重实际运用能力的培养，使学生更好地适应未来职业需求；要求教师队伍能力的提升，促进教师更好地履行语言教育的职责；规范评估体系，提高评估的科学性和准确性；鼓励创新，推动语言教学模式的不断进步。因此，法规对大学英语教育的发展和提升起到了积极而重要的作用。

## 二、课程设计与法规合规的融合

### （一）法规合规的指导下的课程设计

在大学英语教育领域，法规合规的指导下的课程设计是确保教学质量、推动学科发展的关键一环。法规合规不仅是一种规范性的管理手段，更是促使课程设计更加符合社会发展需求、满足学生实际需要的有力保障。因此，在设计大学英语课程时，必须紧密关注法规合规的要求，使其在合规框架内更好地发挥作用。法规合规要求大学英语课程的设计紧密贴合国家和地区的法规政策。这包括国家对高等教育的相关法规、英语教育的相关政策等。课程设计需要在法规的指导下结合实际情况，使课程内容、形式、方法等方面更好地符合法规的要求，确保课程的合法性和合规性。法规合规要求大学英语课程设计要注重培养学生的社会责任感和法治观念。英语作为一门语言学科，其教育目标不仅仅是培养学生的语言能力，更是培养他们在社会中承担责任、遵守法规的意识。因此，在课程设计中应该引入与法治相关的话题、案例分析、讨论等方式使学生更好地理解法规的重要性，增强他们的法治观念。法规合规还要求大学英语课程的评估和考核要合理公正。课程设计需要建立科学、公正、透明的考核体系，确保评价的客观性和公平性。法规合规的评估机制有助于激发学生学习的积极性，使他们更好地投入到英语学习中，提高课程的实际效果。法规合规还要求大学英语课程的内容要与社会需求相契合。随着经济的发展，社会对英语人才的需求也在不断变化。因此，课程设计需要更灵活地根据社会需求进行调整，引入更贴近实际工作和生活的英语知识，使学生更好地适应社会的发展和变革。

在技术方面，法规合规要求大学英语课程设计要充分利用现代技术手段。例如，引入在线教育平台、多媒体资源等，以提高课程的互动性和实用性。这有助于学生更好地利用技术手段学习英语，增强他们的学习兴趣和实际应用能力。法规合规指导下的大学英语课程设计是确保教学质量、推动学科发展的必然选择。在设计课程时，需要严格遵循法规要求，注重培养学生的社会责任感和法治观念，建立科学公正的评估机制，保持与社会需求的契合。只有在法规合规的框架内，大学英语课程设计才能更好地服务于学生的成长和社会的发展。

### （二）个性化和多元化课程设计

在大学英语教育领域，个性化和多元化课程设计成为引领教育发展的新趋势。这一变革不仅推动了英语教育的创新，也更好地满足了学生个体差异和多样性需求。个性化和多元化课程设计强调个体差异和兴趣，拓展了教学的边界，使英语教育更具包容性和灵活性。个性化课程设计突破了传统教学的一刀切模式，更加注重照顾学生的个体需求。充分了解学生的学科背景、学习兴趣和学习风格，课程设计能够更好地满足学生的学习需求，提高教学的针对性。这种个性化的教学方式使学生更有动力和兴趣参与课程，提高了学习的效果。多元化课程设计体现了开放和包容的教育理念。多元化课程引入不同文化、不同领域的内容使学生能够更全面地了解语言的实际运用和文化背景。这种多元化的学科内容设计既能够满足学生的兴趣，也有助于提高学生对语言的综合理解和运用能力。在多元化的课程设计中，注重实际运用和情景模拟。模拟实际场景使学生能够更好地理解语言在不同语境下的运用方式，提高语言的实际交际能力。这种注重实践的课程设计使学生能够将所学的知识应用到实际生活中，增加了学习的实际价值。个性化和多元化课程设计还注重学生的参与和反馈。引入学生参与式的教学活动、鼓励学生提出问题和意见，课程设计能够更贴近学生的需求，增加学生的主动参与度。这种互动式的课程设计模式有助于培养学生的批判性思维和团队协作能力。个性化和多元化课程设计也推动了教学方法的创新。引入新颖的教学手段，如虚拟实境技术、在线学习平台等，课程设计更贴近时代的发展，使学生在学习英语的同时也能更好地了解和适应新兴科技。个性化和多元化课程设计在大学英语教育中的实践旨在满足学生多样化的学科需求、兴趣爱好和学习风格。这种创新教学模式不仅推动了英语教育的深度发展，也更好地培养了学生的创造力、合作能力和实际运用能力。在未来，随着社会的不断发展和教育理念的深化，个性化和多元化课程设计将继续引领大学英语教育的发展方向。

### （三）教育技术与法规合规的整合

大学英语教育的发展中，教育技术与法规合规的整合是促使教学质量提升和创新的重要动力。教育技术的广泛应用需要在法规框架下进行，以确保教学活动的合法性、规范性和可持续性。在教育技术与法规合规的整合中，教育机构需要根据国家法规对教育技术的应用进行明确规定。这包括对教学平台、在线课程、教学软件等方面的规范，以确保这些技术工具的合法合规使用。教育机构还需要关注学生隐私、信息安全等方面的法规要求，保障学生在学习过程中的合法权益。教育技术与法规合规的整合也需要重视知识产权的保护。在使用教育技术的过程中，教育机构需要尊重并保护教育技术产品的知识产权，遵守相关法规，确保合法购买和使用教育技术产品，防范知识产权侵权的风险。合规的教育技术应用需要关注学科内容的合法性。在设计在线教学资源和课程时，教育机构应确保教学内容不违反国家法规，尤其是在敏感领域，如政治、宗教等方面，避免引起法律纠纷。教育技术与法规合规的整合还需要注重学生数据的隐私保护。教育机构在使用技术收集学生数据时，必须遵守相关法规，明确数据的收集目的、范围和使用方式，同时确保学生个人信息的隐私不被滥用或泄露。教育技术与法规合规的整合也需要重视网络安全。教育机构在使用在线平台、云服务等技术工具时，应采取相应的网络安全措施，以防范网络攻击、数据泄露等风险，确保教育技术的安全可控。在整合教育技术与法规合规的过程中，教育机构需要建立健全的管理体系。这包括明确责任部门、制定相关政策、定期进行法规培训等措施，以确保全体教育从业者都具备遵循法规的意识和能力。教育技术与法规合规的整合是保障大学英语教育可持续发展的关键因素。遵守国家法规，规范和合法地应用教育技术使教育机构能够更好地推动英语教育的创新和提升，同时确保学生在学习过程中的权益和安全。这样的整合不仅有助于推动大学英语教育的发展，也为教育技术在法规框架下的合理应用提供了有效的指导。

## 第三节 教育改革对大学英语的影响

### 一、教育改革的背景与整体影响

#### （一）教育体制改革

大学英语教育正处于教育体制改革的新时代。这种改革旨在适应社会的发展和变化，促使英语教育更好地服务于学生的全面发展。教育体制改革涉及教学理念、课程设置、教学方法等方方面面，旨在构建更为灵活、创新的英语教育体系。在教育体制改革中，关注教学理念的更新是至关重要的。传统的英语教育理念往往侧重于语法和词汇的灌输，而现代社会对英语人才的需求更加强调实际应用能力和创新思维。因此，教育体制改革要求英语教育的理念要更加注重培养学生的实际运用能力，使其能够在多样的语境中有效沟通，并具备解决实际问题的能力。课程设置是教育体制改革中的另一个关键领域。传统的英语课程往往划分为语法、阅读、写作等模块，而教育体制改革提倡更为综合、实用的课程设置。新的课程设置应该更加贴合学生的实际需求，引入跨学科的知识，将英语融入到更广泛的学科背景中，使学生能够更好地运用英语解决实际问题。教学方法的更新是教育体制改革的重要组成部分。传统的教学方法以教师为中心，注重知识的传授。而现代社会对英语人才的要求更强调学生的主动性和创造性。因此，教育体制改革要求英语教育更加注重启发式教学、项目化学习等方法，激发学生的兴趣，培养他们的创新思维。教育体制改革还需要关注评估和考核机制的改革。传统的考试评估体系注重对知识的记忆，而教育体制改革强调更为全面、综合的评价。新的评估机制应该更加注重学生的实际应用能力、团队协作能力等方面的评估，以更全面地了解学生的综合素质。教育体制改革还需要关注对学生个体差异的尊重。每个学生在学习上都有自己的特长和兴趣，教育体制改革要求教育者更加注重发现和培养学生的个体潜能，提供更灵活的学习路径和发展方向。教育体制改革为大学英语教育带来了新的机遇和挑战。更新教学理念、调整课程设置、改革教学方法、优化评估机制，教育体制改革有望构建更为灵活、创新的英语教育体系，更好地适应当代社会对英语人才的需求，为学生提供更全面的英语学习体验。

## （二）课程与评估体系的调整

大学英语教育的不断发展需要与时俱进，课程与评估体系的调整是推动这一发展的关键环节。这种调整旨在更好地满足学生的学习需求、反映社会改革和提高教学质量。不断调整课程和评估体系使大学英语教育能够更好地适应时代改革的需要。调整课程是大学英语教育发展的关键一步。随着社会的不断进步和变化，传统的教学内容和方法可能已经不再适应学生的需求。因此，调整课程内容，引入新的知识领域和实践项目是确保学生学得更为全面和实际的必要措施。新的课程设计应更注重实际应用，培养学生的创新能力和实际操作能力，以适应未来社会的发展需求。与此同时评估体系的调整也是大学英语教育不可或缺的一部分。传统的评估方式可能无法全面反映学生的真实水平和潜力。因此，引入更多元化的评估方法，如项目评估、实际操作评估等，能够更全面地了解学生的学习情况和综合素质。这样的调整有助于提高评估的客观性和科学性，更好地促进学生的全面发展。调整课程和评估体系还需要注重与行业和社会需求的对接。大学英语教育的目标是培养适应社会需求的优秀人才，因此，调整课程内容和评估标准应更贴近社会实际，关注学生在职场中所需的实际能力。深入了解行业发展趋势，及时调整课程设置和评估体系，可以更好地满足社会对人才的需求。调整课程和评估体系也要关注学生的个性化需求。不同学生有不同的学科兴趣和发展方向，因此，调整课程内容和评估方式，提供更多个性化的学习选择和发展路径可以更好地激发学生的学习兴趣，培养他们的个性化优势。课程与评估体系的调整需要教育机构加强对教师队伍的培训和支持。教师在这一过程中扮演着关键的角色，他们需要具备创新的教学理念和灵活的评估方法。为教师提供相关培训和支持能够更好地促使他们适应新的教育理念和方法，更好地引导学生的学习。课程与评估体系的调整是大学英语教育不可或缺的一环。不断调整可以更好地适应时代的发展、满足学生的多样化需求，提高教学质量和培养出更加符合社会需求的英语人才。这一调整的过程需要持续关注社会发展、学生需求和教学实践的变化，以确保大学英语教育在未来能够持续发展和创新。

### （三）跨学科和综合素养的强调

大学英语教育的当务之急是对跨学科和综合素养的培养。这种趋势源于现代社会对人才的新要求，要求学生不仅具备深厚的英语语言能力，还要具备更为广泛的学科知识和全面的综合素养。在这一大背景下，大学英语教育需要更加注重跨学科的整合，同时培养学生的综合素养，以适应社会的发展和变革。跨学科的整合要求大学英语教育打破传统学科壁垒，将英语融入到更广泛的学科领域中。这意味着在课程设计中引入与其他学科的交叉，使学生在英语学习的同时能够更好地理解其他学科的相关知识。这种跨学科的整合有助于培养学生更为全面的学科素养，使其具备更强的综合竞争力。大学英语教育需要强调对学生综合素养的培养。综合素养不仅包括语言能力，还包括思维能力、创新能力、团队协作能力等。因此，在课程设置和教学方法上，应该更注重培养学生的综合素养。例如，项目化学习、团队合作等方式使学生在实际问题解决中能够发展自己的创新思维和团队协作能力。跨学科和综合素养的强调还要求英语教育更注重实际应用。不再将英语仅仅看作一门语言学科，而是将其视为一种工具，用以解决实际问题。这要求英语课程设计更注重与实际生活和工作相结合，使学生在学习英语的同时能够更好地运用英语解决实际问题。对跨学科和综合素养的重视也意味着评估体系的改革。传统的考试评估更注重对语法、词汇等知识点的测试，而现代社会更注重学生的实际运用能力和创新能力。因此，评估体系应该更加注重对学生综合素养的评估，包括语言能力、思维能力、创新能力等方面的全面考查。大学英语教育在当前社会背景下需要注重对跨学科和综合素养的培养。跨学科整合使英语教育融入到其他学科领域中，增强学科的实际应用性；培养综合素养使学生具备更为全面的能力，能够更好地适应现代社会对英语人才的需求。这一趋势有助于使英语教育更加贴近实际需求，为学生提供更为全面的学科学习体验。

## 二、教育改革对大学英语教学的具体实践影响

### （一）教学方法和教育技术的创新

在大学英语教育中，教学方法和教育技术的创新是促使学生全面发展和适应社会需求的关键。教学方法的创新涉及对传统教学模式的挑战和超越，而教

育技术的创新则是运用新兴科技手段拓宽教学的领域和方式，共同为大学英语教育注入新的活力。教学方法的创新需要着眼于学生的实际需求和学科特点。传统的一刀切式教学模式可能无法满足不同学生的学科兴趣和学习方式。因此，创新的教学方法应当更注重个性化和差异化，多元化的教学手段，满足学生多样性的学习需求，使他们更主动地参与到学习过程中。在教学方法的创新中，注重对实际应用和问题的解决。传统的理论灌输模式往往使学生缺乏实际运用所学知识的机会，导致学习内容难以应用到实际生活中。创新的教学方法应当更注重对实际问题的引导和解决，案例分析、实践操作等方式使学生能够更深刻地理解知识，提高实际运用能力。与此同时教育技术的创新也为大学英语教育带来了全新的可能性。借助先进的技术手段，如虚拟现实、人工智能、在线学习平台等，可以更好地拓宽教学领域。虚拟实境技术能够为学生提供身临其境的语言环境，人工智能则可以根据学生的学习特点提供个性化的学习内容，在线学习平台为学生提供了更灵活的学习时机和地点。这些教育技术的创新不仅提高了教学的效率，也激发了学生的学习兴趣。教育技术的创新还促进了教师教学方式的转变。传统上，教师主要扮演着知识的传递者的角色，而教育技术的创新则使得教师更多地成为学生学习过程的引导者和支持者。教育技术可以为教师提供更多信息反馈和学生学习数据，帮助教师更好地了解学生的学习状态，调整教学策略，提供更有针对性的指导。在教学方法和教育技术的创新中，还需要重视学生的主动参与。传统的教学模式往往是教师主导的单向传递，而创新的教学方式应当更注重学生的自主学习和合作学习。启发式问题解决、小组合作项目等方式能够激发学生的学习热情，培养他们的批判性思维和团队协作能力。教学方法和教育技术的创新是大学英语教育的必然趋势。不断挑战和超越传统教学的边界，引入新颖的教学手段和科技手段可以更好地促使学生全面发展，适应社会的快速变革，为培养更具创造力和实际运用能力的英语专业人才奠定坚实基础。

## （二）学生参与度和自主学习的重视

大学英语教育对学生参与度和自主学习的能力逐年重视起来。这种转变反映了对传统教学模式的质疑，强调学生在学习过程中的积极主动性和个体差异。在这一大背景下，大学英语教育需要更加注重激发学生的学习兴趣，提高他们的参与度，并倡导自主学习的理念，使学生能够更好地发挥个体潜能，适应现代社会对英语人才的要求。学生参与度的提升是大学英语教育的核心任务之一。传统的教学往往以教师为中心,学生被动接受知识。而现代社会对英语人才的需求更强调学生的实际应用能力和团队协作能力。因此,大学英语教育需要采用创新的教学方法、引入多媒体资源等手段,激发学生的学习兴趣,使其更积极地参与到学习过程中。自主学习的重视要求大学英语教育更加注重培养学生的自主学习能力。传统的教学模式强调教师对学生的引导和教授,而自主学习强调学生在学习中的独立思考和自我管理。大学英语教育需要引导学生主动参与学习过程,培养他们制订学习计划、独立解决问题的能力,使其具备更好的自主学习能力。对学生参与度和自主学习能力的要求需要大学英语教育更加关注个体差异。每个学生具有独特的学习方式和兴趣,传统的统一教学往往难以满足不同学生的需求。因此,大学英语教育需要更灵活地根据学生的个体差异进行教学,提供更多选择和发展路径,以促进每个学生的全面发展。在教学内容方面,学生参与度和对自主学习的重视也表现为对实际应用的关注。传统的英语教学往往注重对语法和词汇的学习,而现代社会对英语人才的要求更注重实际运用能力。因此,大学英语教育需要更加关注实际场景,引入实际案例、实际项目等,使学生能够在实际情境中更好地运用所学的英语知识。在评估方面,对学生参与度和自主学习的重视也要求建立更为科学的评估机制。传统的考试评估往往难以全面准确地评价学生的学习情况,而自主学习强调学生在学习过程中的全面发展。因此,评估机制应该更注重学生的实际应用能力、解决问题的能力以及自主学习的水平,以更全面地了解学生的学习状况。对学生参与度和自主学习的重视是大学英语教育迎接时代需求的重要举措。激发学生的学习兴趣,提高他们的参与度,倡导自主学习的理念使大学英语教育有望更好地适应现代社会对英语人才的要求,为学生提供更全面的英语学习体验。

### (三)跨文化沟通和国际化视角的强调

大学英语教育在当今社会背景下,亟需强调跨文化沟通和国际化视角。这种强调反映了全球化时代对英语人才的新要求,不再将英语仅仅看作一门语言,更强调其在跨文化交流和国际合作中的关键作用。大学英语教育需要更加注重培养学生的跨文化沟通能力和国际化视角,使他们具备更好的适应全球化社会的能力。跨文化沟通的强调要求大学英语教育更注重培养学生的跨文化交际能力。英语作为一种全球性语言,其使用场景涉及各种文化和背景。因此,大学英语教育需要引导学生更好地理解不同文化之间的差异，培养他们在跨文化环境中进行有效沟通的能力。这包括对文化差异的敏感性、对多元化的尊重，以及在不同文化背景下灵活运用语言的能力。国际化视角的强调意味着大学英语教育需要更广泛的涵盖国际事务和全球化议题。传统的英语教育往往以语言知识为主，而国际化时代对英语人才的要求更强调其在全球事务中的敏感性和参与度。因此，大学英语教育应该拓宽教学内容，引入国际政治、经济、文化等方面的知识，使学生能够更全面地了解国际社会的发展趋势，具备更为国际化的视野。跨文化沟通和国际化视角的强调还要求英语教育更注重实际应用。不仅要求学生在英语交流中能够理解和尊重不同文化，还要求他们能够在实际的国际合作和交流中灵活运用所学的英语知识。因此，大学英语教育需要引入真实案例、模拟国际项目等教学方法，使学生能够在实际场景中更好地应用英语，提高他们的实际交际能力。在教学方法上，跨文化沟通和国际化视角的强调也意味着需要创新教学手段。传统的课堂模式难以满足学生对跨文化交际和国际合作的需求，因此，大学英语教育需要注重引入多媒体资源、在线协作平台等技术手段，使学生更灵活地进行国际化学习，培养其在数字时代的信息获取和交流能力。大学英语教育在全球化时代需要强调跨文化沟通和国际化视角。培养学生的跨文化沟通能力，使其能够在不同文化环境中自如交流；注重国际化视角，使学生更好地理解全球事务，具备更广泛的国际视野。这样的强调有助于使英语教育更符合当代社会对英语人才的需求，为学生提供更为全面和实际的英语学习体验。

## 第四节　教育政策变化的应对策略

### 一、理解教育政策变化对大学英语教育的挑战

#### （一）教育政策变化的背景

大学英语教育所面临的教育政策变化源于社会经济发展的需要和教育体制的深刻变革。教育政策的变化往往反映了社会对人才培养的新需求、教育观念的演进以及全球竞争力的提升。以下将深入探讨大学英语教育政策变化的背景。

全球化是教育政策变化的重要背景之一。在信息技术的高度发达和国际间经济文化交流不断加深的背景下，各国都在追求更加开放、多元、国际化的教育体系。大学英语教育作为全球化进程中的一个重要组成部分需要更好地适应国际社会的需求，培养具备跨文化沟通能力的人才。社会经济结构的变革也是教育政策变化的动因之一。随着科技的发展和产业结构的调整，社会对人才的需求也发生了根本性的变化。大学英语教育在这一背景下需要更加注重培养学生的实际应用能力、创新思维以及跨学科的综合素质，以更好地适应社会对高素质人才的需求。教育政策变化还与国家的发展战略密切相关。在不同发展阶段，国家对教育的重点和目标可能发生调整。如果一个国家更加注重创新驱动发展，那么大学英语教育政策就可能更加强调培养学生的创新能力和实际应用技能。因此，教育政策的变化是国家发展战略的一种体现，也是为了更好地服务国家的发展需要。社会对人才的多元需求也推动了教育政策的调整。传统的大学英语教育注重对语言知识的传授，但现今社会对人才的需求已经不再局限于语言技能。政府和社会更加期望大学英语教育能够培养学生的创新、领导力、团队协作能力等多元素质，以适应复杂多变的社会环境。教育观念的变革也是教育政策变化的背景之一。传统的教育观念更强调对知识的传授，而现代教育更加强调对学生的主体地位和综合素质的培养。大学英语教育政策的变化往往伴随着这一教育观念的更新，倡导培养学生的创新思维、批判性思维以及实际应用能力。大学英语教育教育政策变化的背景是多层次、多方面的。它既受到全球化、经济结构调整、国家发展战略等宏观因素的影响，也受到社会对人才需求、教育观念变革等微观因素的制约。教育政策的变化旨在更好地适应时代发展的需要，推动大学英语教育实现与时俱进的目标，为培养适应未来社会需求的优秀人才创造更为有利的环境。

### （二）新政策对英语教育的具体要求

新政策对英语教育的具体要求彰显了对高等教育的深刻思考和调整。这一政策导向体现了社会对英语人才需求的新变化，对大学英语教育提出了更为具体和切实的要求。新政策要求英语教育更注重对学生的实际应用能力、综合素质培养，以更好地适应社会发展的需要。新政策要求大学英语教育更加注重对学生实际应用能力的培养。传统的英语教育往往偏重语法和词汇的学习，而新政策要求将英语作为一种实用工具，注重学生在实际情境中的运用能力。这包括在课程设计中引入实际案例、实际项目等，使学生能够在真实场景中更好地运用英语，提高他们的实际交际和解决问题的能力。新政策要求英语教育更加关注对学生的创新思维和综合素质的培养。在当今社会，创新能力是一种重要的竞争优势。因此，新政策要求大学英语教育引导学生更注重独立思考、解决问题的能力。这可以以启发式教学、项目化学习等方式来实现，使学生在英语学习中培养更为全面的综合素质。新政策要求大学英语教育更加注重对学生个性化的培养。每个学生在学习英语的过程中具有个体差异，新政策要求教育者能够更灵活地根据学生的特点进行教学。这包括对学生学习方式、兴趣等方面的个性化关注，使教学更符合学生的实际需求，推动他们更好地发挥个体潜能。新政策还强调英语教育与其他学科的整合。在跨学科的整合中，英语不再孤立存在，而是与其他学科融为一体。这意味着新政策要求大学英语教育更多地引入与其他学科的交叉，使学生能够更全面地理解英语在不同领域中的应用。这种整合使学生可以更好地应对跨学科合作的需求，提高他们的学科综合素养。在教学方法上，新政策要求英语教育更加注重实际案例和互动性。传统的教学方法以教师为中心，学生被动接受知识。新政策鼓励引入更多实际案例、问题解决等教学方法，激发学生的兴趣，提高他们的主动学习能力。新政策对英语教育提出了更为明确和切实的要求。注重对学生实际应用能力、创新思维和综合素质培养，新政策有望推动英语教育更好地适应社会的发展和变化，培养更为全面和实用的英语专业人才。

### （三）师资培训和资源调配的问题

大学英语教育面临的师资培训和资源调配是一个复杂而紧迫的问题。师资力量的培养和资源的有效配置直接关系到教学质量和学生综合素质的提升。因此，解决这一问题迫在眉睫，需要我们深入思考和全面应对。师资培训的问题是大学英语教育亟待解决的核心难题之一。随着时代的变迁和知识的迅速更新，教师需要不断提升自己的学科知识和教育教学能力，以更好地满足学生的需求。师资培训不仅仅是为了更新教育理念和教学方法，更是为了激发教师的创新精神，培养他们更具国际视野和应对复杂教育环境的能力。资源调配是师资培训问题的必然延伸。大学英语教育需要适应社会和产业的发展需求，因此，教育资源的调配要与时俱进。这包括教学用书、多媒体教学设备、实践实习基地等方面的资源。合理配置资源可以更好地支持教学活动，提高学生的学科素养和实际运用能力。教育资源的调配也应该注重区域差异。不同地区的大学英语教育面临的挑战和需求各不相同。有些地区可能更需要注重文化交流和实际运用能力的培养，而有些地区可能更关注科技与英语结合的教学。因此，资源调配应该因地制宜，更好地满足各地区的教育需求。师资培训和资源调配问题的解决还需要注重学科交叉和融合。大学英语教育不再是孤立的学科，而需要与其他学科进行深度融合。师资的培训应该涉及多学科知识的获取和整合，以更好地培养学生的综合素质。资源调配也需要促使不同学科之间的资源互补，实现跨学科的创新教育。师资培训和资源调配还需要注重与企业、社会的紧密合作。大学英语教育的目标是培养适应社会需求的优秀人才，因此，师资培训和资源调配应该更贴近实际用人需求。与企业合作，了解实际用人需求，调整师资培训和资源配置方向才能使大学英语教育更符合社会和产业的实际需求。师资培训和资源调配是大学英语教育中亟待解决的问题。加强教师培训，提升其教学水平和综合素质，同时优化资源的配置，使其更适应社会和产业的需求可以更好地推动大学英语教育的发展。这一问题的解决需要从多个层面入手，形成系统性、整体性的解决方案，为培养更优秀的英语人才创造更有利的条件。

## 二、应对策略与实践

### （一）教育政策的解读与对接

教育政策的解读与对接是大学英语教育中至关重要的一环。教育政策的制定通常反映了国家对教育发展方向的战略规划和对人才培养的期望。因此，大学英语教育需要紧密解读教育政策，有机对接政策导向，以更好地满足社会需求、促进教育体系的协调发展。教育政策的解读需要深入理解政策文本背后的理念和目标。教育政策往往包含了国家对教育的战略规划，对人才培养目标的明确等方面的内容。大学英语教育需要深入挖掘政策背后的理念，理解政府对英语人才的期望，以便更好地对接政策导向，使教育目标与政府期望保持一致。对接教育政策需要将政策精神融入到具体的教学实践中。教育政策不应只是一纸文件，更需要在实际教学中得以贯彻。大学英语教育需要将政策中的要求融入到课程设计、教学方法、评估体系等方面，使教育实践更符合政策导向。在课程设计方面，教育政策强调对学生综合素质的培养，大学英语课程需要注重培养学生的实际运用能力、创新能力等，以适应政策对人才培养目标的新要求。

采用引入实际案例、项目化学习等手段,将课程设计与政策要求更好地对接。在教学方法方面,政策对创新能力和实际运用能力的强调要求大学英语教育更注重启发式教学、问题导向学习等方法。这有助于激发学生的兴趣,培养其主动学习和解决问题的能力。评估体系方面,政策要求对学生的全面素质进行评估。大学英语教育需要建立科学公正的评估机制,注重学生在实际应用、团队协作等方面的表现,以更好地体现政策对人才培养目标的要求。对接教育政策还需要关注国际化视角。随着全球化的深入发展,教育政策往往更倾向于培养具备国际竞争力的人才。因此,大学英语教育需要更加注重引入国际化元素,培养学生具备跨文化沟通和国际合作的能力。教育政策的解读与对接对于大学英语教育的发展至关重要。深入理解政策背后的理念和目标,将政策导向融入到实际的教学实践中才能使大学英语教育更好地服务于国家对人才的需求,推动教育体系的不断优化与发展。

### (二)课程设计和教学方法的调整

对大学英语教育的课程设计和教学方法的调整是适应时代需求和提高教学效果的关键措施。这一调整不仅涉及到对教学内容的更新和改革,还包括对教学方式的创新,从而更好地培养学生的综合素质和适应未来社会的发展。课程设计的调整需要关注社会需求和学科发展趋势。随着科技的飞速发展和社会结构的变革,大学英语教育需要更贴近实际应用和行业需求。课程设计应该更加注重培养学生的实际操作能力、团队协作能力,使他们更好地适应未来工作环境的要求。课程设计的调整需要强调跨学科的整合。现代社会对人才的需求不再局限于某一学科领域,而是更加强调跨学科的综合能力。因此,课程设计应该打破学科的界限,促使不同学科之间的融合,培养学生的创新思维和多角度解决问题的能力。教学方法的调整也是大学英语教育的重要方向。传统的教学方式注重知识的灌输,而现代的教学方法更加注重学生的主体地位和参与度。引入启发性问题解决、案例分析、小组合作等教学方法可以激发学生的学习兴趣,提高他们的学习主动性和创造性。教学方法的调整需要更加注重对学生个性化的培养。每个学生都有不同的学科兴趣和学习方式,因此,教学方法应该更加灵活多样,应该充分考虑学生的个性化需求,为他们提供更适合他们的学习途径。教学方法的调整还需要注重实践性的培养。传统的教学方法往往偏重对理论知识的传授,而忽视了对实际应用能力的培养。引入实践项目、实地考查等方式，可以使学生更好地将所学知识运用到实际中，提高他们的实际操作能力。教学方法的调整需要更注重信息技术的应用。随着信息技术的飞速发展，教育方法也可以更好地借助这些技术手段。在线学习平台、虚拟实境技术等，可以提供更灵活的学习方式，拓宽学生的学习渠道，提高他们的信息获取和处理能力。对大学英语教育的课程设计和教学方法的调整是适应社会变革和提高教学效果的必然要求。关注社会需求、强调跨学科整合、注重个性化培养、强化实践性和借助信息技术手段等方面的调整可以更好地推动大学英语教育的发展，培养更具创新能力和实际应用能力的英语人才。

### （三）师资培训与学生支持

大学英语教育的质量和效果关键在于师资培训与学生支持。这两方面的重要性不可低估，它们直接影响着教学的质量和学生的学业成就。因此，大学英语教育需要不断加强对师资的培训，同时提供有效的学生支持，以提升整体教育水平。师资培训是大学英语教育的基石。教师是教育的中坚力量，他们的专业水平和教学方法直接影响着学生的学习效果。因此，大学英语教育需要不断地进行师资培训，使教师能够紧跟教育发展的前沿，不断提高自身的教学水平。师资培训应涵盖语言知识更新、教学理念与方法的创新、评估体系的优化等多个方面，以适应不断变化的教育需求。学生支持是大学英语教育的关键。学生在学习过程中可能面临各种问题，包括语言障碍、学习方法不当、心理压力等。大学英语教育应该提供全面的学生支持服务，帮助学生克服困难，提高学习成绩。这包括但不限于定期的学业辅导、心理健康服务、语言能力培训等多方面的支持措施，以全面提升学生的学习体验。在师资培训方面，应该注重教师的专业知识更新。英语语言不断发展，新的教学理念和方法也层出不穷。因此，教师需要参与各类专业培训，了解最新的语言学研究成果和教育理论。培训应强调实际教学技能，促使教师更好地将理论知识转化为实际教学效果。学生支持方面需要更多关注学生的个体差异。每个学生的学习方式和问题都有所不同，因此学生支持应该提供个性化的服务。这包括了解学生的学习情况、及时解决学习困难、引导学生制订个性化的学业计划等措施，以帮助每位学生实现更好的学业表现。师资培训和学生支持还需要注重互动和反馈。教师与学生之间的密切合作和有效沟通有助于更好地理解学生的需求。师资培训应该鼓励教师分享经验，形成良好的教学共同体；学生支持则需要建立有效的反馈机制，以及时了解学生的问题和建议，进而进行改进和优化。师资培训与学生支持是大学英语教育中不可或缺的两个方面。只有不断提升教师的专业水平和提供全面的学生支持服务，大学英语教育才能够更好地适应学生的需求，提高教育质量，为学生成长和发展提供更有力的支持。

# 第九章　大学英语教学的未来发展

## 第一节　大学英语教育的未来挑战

### 一、技术与教学模式的挑战

#### （一）数字化和在线学习的冲击

大学英语教育正面临着数字化和在线学习的深刻冲击，这是一场彻底改变传统教学方式的变革。数字化和在线学习的兴起给大学英语教育带来了新的机遇和挑战，需要教育者不断探索创新，以更好地适应这一时代的发展趋势。数字化和在线学习的冲击使得大学英语教育摆脱了传统的时空限制。传统的教学模式往往依赖于教室和固定的上课时间，而在线学习则打破了这种限制，学生可以随时随地通过互联网获取学习资源。这种灵活性使得学生更能根据自身的时间安排和学习速度进行学习，提高了学习的效率和质量。数字化和在线学习的冲击促使大学英语教育更加注重个性化的教学。在线学习平台可以通过学习者的数据分析，为每个学生提供个性化的学习路径和教学资源。这种个性化教学的模式有助于更好地满足学生的学科需求，提高学习的针对性和实效性。数字化和在线学习的冲击也带来了一系列的挑战。传统的面对面教学的互动性可能会受到一定的影响。在线学习虽然提供了更灵活的学习方式，但也可能减少学生与教师、同学之间的实时互动，影响了学习中的交流和合作。数字化和在线学习的冲击对教师的角色提出了新的要求。教师需要更多地掌握数字技术，设计在线教学内容，并引导学生主动参与学习过程。这意味着教师需要不断提升自身的数字素养和教学设计能力，以更好地适应数字化时代的教学需求。数字化和在线学习的冲击也引发了对教育资源的重新思考。传统教材的使用可能需要与数字化学习平台相适应,教育机构需要投入更多的资源进行在线学习平台的建设和维护。这对于一些资源有限的学校来说会有一定的负担。数字化和在线学习的冲击对大学英语教育提出了新的要求和挑战。教育者需要不断创新教学方式,提高数字素养,促使传统英语教育与数字时代的发展趋势相适应。灵活利用数字化和在线学习的优势,可以为学生提供更富有创新性和适应性的学习体验,推动大学英语教育朝着更加现代化和个性化的方向发展。

### (二)人工智能在语言教育中的崛起

语言教育领域正在迎来人工智能的崛起,这不仅在技术上推动了教学方法的创新,也为学生提供了更为个性化和高效的学习体验。人工智能在大学英语教育中的应用日益广泛,从语言学习到教学管理,都呈现出了崭新的面貌。在语言学习方面,人工智能技术为学生提供了更为个性化的学习路径。智能化的学习系统能够根据学生的学习风格、水平和需求,为其量身定制学习计划。这种个性化的学习模式可以更好地满足学生的学习兴趣和能力水平,提高学习效果。语音识别技术的发展也为口语训练提供了新的可能性。语音识别系统使学生可以在虚拟环境中进行口语练习,系统能够实时纠正发音错误,提供针对性的语音反馈。这种形式的口语训练不仅可以提高学生的口语表达能力,还可以使学生更好地适应实际语境中的语言使用。在教学管理方面,人工智能技术为教师提供了更为便捷和高效的工具。智能化的教学管理系统使教师可以更方便地进行课程设计、学生成绩分析、教学资源管理等工作。这有助于提高教学效率,使教师能够更多地关注学生的个体需求和发展情况。人工智能还在阅读理解和写作辅助方面发挥了重要作用。自然语言处理技术使得计算机能够理解和解释人类语言,从而为学生提供更智能化的写作辅助工具。文本分析和写作评估系统可以为学生提供更具建设性的意见和指导,促使其提升写作水平。人工智能在大学英语教育中展现出巨大的潜力,但也面临一些挑战。人工智能技术的应用需要充分考虑教育的本质,不能简单地代替教师的角色,而应该是教育的有益补充。技术的普及和使用需要一定的硬件和软件基础,这对一些教育资源相对匮乏的地区来说可能构成了一定的难题。因此,在推动人工智能在大学英语教育中的应用时,需要更多地关注技术与教育实际的有机结合,以确保教育质量的提高。人工智能的崛起为大学英语教育带来了新的机遇和挑战。个性化学习、口语训练、智能化教学管理等方面的应用使人工智能为学生提供了更为灵活、智能化的学习环境，为大学英语教育的创新注入了新的动力。

### （三）教育技术不平等与数字鸿沟

大学英语教育面临的一个严峻问题是教育技术不平等与数字鸿沟的存在。这一现象反映了数字时代带来的新挑战，即不同学生在接触、使用和受益于教育技术方面存在明显的差异。这种不平等的现象不仅影响着学生的学业成就，也在一定程度上影响了整个大学英语教育体系的公平性和效果。教育技术不平等体现在学生在数字设备和网络资源的获取上存在显著的差异。一些学生可能来自经济条件较好的家庭，可以轻松获得最新的电子设备和高速网络，而另一些学生可能因为家庭经济状况较差，无法拥有先进的技术设备，导致在学习过程中无法充分利用教育技术带来的便利。数字鸿沟也在不同地区之间表现得尤为明显。一些发达地区的学校拥有先进的教育技术设施和资源，学生可以在高质量的学习环境中受益于教育技术的应用。相比之下，一些贫困地区的学校可能面临着设备陈旧、网络不稳定等问题，学生在使用教育技术方面面临更大的困难，从而造成了地区之间的数字差距。教育技术的不平等还表现在学生的数字素养水平上。一些学生在家庭和学校都得到了系统性的数字素养培训，能够熟练运用各类教育技术工具，而另一些学生可能因为缺乏相关培训机会，对教育技术的应用了解较少，导致在学业中存在一定的劣势。大学英语教育中教育技术的不平等与数字鸿沟可能会导致一些学生在语言学习中无法享受到先进的在线学习资源，无法参与到数字化的交流与合作中。这不仅可能影响学生的语言水平提升，也可能影响到他们未来在职场中的竞争力。解决教育技术不平等与数字鸿沟的问题需要多方面的努力。学校和政府应该加大对教育技术设备的投入，提高学生获取高质量数字学习环境的机会。需要更加普及的数字素养培训计划，确保每位学生都能够掌握基本的教育技术操作技能。可以合作推动不同地区、学校之间的资源共享，缩小数字鸿沟。在大学英语教育中，借助教育技术促进学生语言学习也要保证所有学生平等地受益于这一过程。努力消除教育技术不平等，可以更好地实现大学英语教育的公平性和效果，确保每位学生都能够充分发展潜力，为未来的成功做好准备。

## 二、全球化与文化多样性的挑战

### （一）国际化与全球竞争

国际化与全球竞争的背景下，大学英语教育迎来了前所未有的挑战和机遇。全球化的趋势使得跨文化交流成为常态，英语作为国际通用语言，其重要性不断凸显。大学英语教育必须紧跟国际潮流，适应全球化发展的需要，培养学生具备国际竞争力的语言能力和综合素质。大学英语教育需要突破传统的语言教学框架，更注重培养学生的跨文化沟通能力。全球化使得不同文化背景的人们频繁交往，学生需要具备在多元文化环境中有效沟通的能力。因此，大学英语教育应该引入更多的跨文化交流元素，注重教学内容中不同文化的融合，培养学生对多元文化的理解和尊重。国际化的视角需要贯穿于整个英语教育过程。大学英语课程应该更加注重引入国际事务、全球热点话题，使学生能够更深入地了解国际社会的发展趋势。这不仅有助于提高学生的语言应用能力，还能够拓宽他们的国际视野，使其具备更强的全球竞争力。大学英语教育需要强化实际语境中的语言运用能力。不仅要注重语法和词汇的学习，更要使学生能够在实际的工作、学术和社交场景中运用英语。这包括模拟国际商务谈判、参与国际学术会议等实际语境的练习，帮助学生更好地适应国际化的工作和学术环境。英语教育还需要更加注重培养学生的国际竞争力。这涉及英语能力的提高，更包括其他综合素质的培养，如创新能力、团队协作能力、国际合作意识等。大学英语教育应该融入跨学科的教学内容，促使学生在学术、技术、商务等多领域中具备综合素质。英语教育的国际化还需要关注教学手段的创新。随着科技的发展，线上教学、虚拟实境技术等新兴技术为国际化教育提供了更多可能性。大学英语教育可以借助这些技术手段，提供更灵活、多样化的学习环境，增强学生在全球范围内的学术和职业竞争力。国际化与全球竞争的大背景下，大学英语教育必须迎接挑战，深化教学理念和方法的创新，培养更具综合素质和国际视野的英语人才。只有紧密结合国际潮流，使英语教育更好地适应全球化需求，才能更好地为学生的未来发展提供有力支持。

### （二）跨文化沟通与多语言环境

大学英语教育在当今社会面临跨文化沟通与多语言环境的双重挑战。随着全球化的不断深化，人们在日常生活和职业发展中经常面对不同文化、不同语言的交流。因此，大学英语教育需要更好地适应这一多元化的语言环境，培养学生跨文化沟通的能力。跨文化沟通在大学英语教育中显得尤为重要。大学生不仅需要掌握英语作为一门语言，更需要具备在多元文化背景下进行有效沟通的能力。跨文化沟通要求学生能够理解不同文化之间的差异，尊重多元文化，以更加包容的心态去与他人交往。这种能力的培养不仅有助于学生更好地融入全球社会，也为其未来的职业发展打下坚实基础。多语言环境的存在为大学英语教育带来了新的挑战。在全球范围内，不同地区使用不同的语言进行交流。因此，大学英语教育需要更加注重培养学生在多语言环境中的应对能力。学生需要具备灵活运用英语进行交流的能力，也要理解和尊重其他语言的存在，有能力在多语言环境下进行有效的交际。在多语言环境中，大学英语教育应该强调语言的实际运用。学生不仅需要学会正确的语法和词汇，更需要在实际交流中能够流利表达自己的思想，理解他人的意图。这要求教育者在教学中更加注重语言的实际运用、实际场景的模拟和实际案例的讨论，培养学生在真实语境中的语言运用能力。大学英语教育还应该重视跨文化沟通技能的培养。在多语言环境中，不同文化之间的交流常常伴随着不同的语境、习惯和礼仪。学生需要学会更加敏感地理解并适应不同文化的特点，以确保他们能够在不同语境下进行顺畅的交流。在大学英语教育中，为了更好地适应跨文化沟通与多语言环境，教育者还需要更加关注学生的综合素质的培养。这包括但不限于学生的批判性思维能力、团队协作能力以及自主学习的能力。这些素质的培养将有助于学生更好地理解和应对多元文化和多语言环境的复杂性，为其未来的职业发展奠定基础。大学英语教育在跨文化沟通与多语言环境中需要更灵活的教学方法和更全面的教育理念，培养学生对多元文化的理解和尊重，加强对多语言环境的适应能力。大学英语教育可以更好地满足学生在全球社会中的语言交流需求，使他们具备更强大的跨文化沟通技能。

### （三）社会责任与可持续发展

大学英语教育在社会责任和可持续发展的背景下，扮演着更为重要的角色。社会责任不仅仅是对学生的教育责任，更是对社会的责任。可持续发展要求我们关注长远的发展目标，英语教育培养具备社会责任感和可持续思维的人才。在社会责任方面，大学英语教育需要关注学生的全面发展，不仅仅局限在语言技能的提升上。教育者应该关注学生的社会参与能力,培养他们具备批判性思维和公民责任感。引入社会问题、公共事务等话题,激发学生对社会问题的关注和思考,使其能够更好地理解社会责任的内涵。大学英语教育还需要关注学生的道德素养。在英语课堂中,教育者可以采用文学作品、伦理问题等方式引导学生思考道德价值观,培养他们对社会的责任感。强调团队合作、公平正义等教育元素,有助于培养学生的团队协作能力和社会责任心。在可持续发展方面,大学英语教育需要关注环境保护、社会公正等议题。引入与可持续发展相关的英语学科内容,使学生了解可持续发展的理念和实践。教育者可以采用项目化学习、实地调研等方式,培养学生对环境问题和社会公正的关注,并引导他们使用英语表达自己对可持续发展的看法。大学英语教育还可以与社会机构合作,为学生提供更多实践机会。例如,与非营利组织、社区服务机构等建立合作关系,使学生能够参与社会实践活动,亲身体验社会责任和可持续发展的重要性。这样的实践活动既可以提升学生的实际应用能力,又可以培养他们对社会问题的认知和解决问题的能力。在教学方法上,大学英语教育可以采用启发式教学、问题导向学习等方式,培养学生的独立思考和解决问题的能力。这有助于激发学生的创新潜力,使他们在未来能够为社会可持续发展做出积极贡献。大学英语教育在社会责任与可持续发展的框架下,需要不断创新教学理念和方法,培养学生具备社会责任感和可持续思维的综合素质。关注学生的全面发展、道德素养、环境保护、社会公正等方面,大学英语教育能够为社会培养更加具备社会责任感和可持续发展思维的英语人才。

## 第二节 技术与教育的融合

### 一、数字化技术与大学英语教育的整合

#### (一)在线学习平台和虚拟教室

大学英语教育正面临着在线学习平台和虚拟教室的崭新时代。这一变革不仅使学习更加灵活,也为师生提供了更多的学习机会。在线学习平台和虚拟教室的出现,无疑对大学英语教育产生了深远的影响。在线学习平台为大学英语

教育带来了更加便捷的学习方式。学生可以通过互联网随时随地访问学习资源，独立学习的灵活性大大增加。这种便捷性不仅满足了学生异地学习的需求，也为他们提供了更多自主学习的机会，培养了学生的独立思考和解决问题的能力。虚拟教室为大学英语教育提供了互动和生动的教学环境。虚拟教室使学生可以在虚拟空间中与老师和同学进行实时交流，模拟真实的面对面授课情境。这种互动性的教学方式有助于提高学生的参与度和学习效果，打破了传统教学模式的时空限制。在线学习平台和虚拟教室为大学英语教育提供了更加丰富的学习资源。在线学习平台使学生可以获取到更多的学科资源、学术资料在线图书馆拓宽了学生的知识视野。虚拟教室则可以利用多媒体技术，为学生呈现更生动的教学内容，使抽象的知识更加具体可见。在线学习平台和虚拟教室带来了许多积极影响，但也面临一些挑战。技术水平不同可能导致学生在使用这些工具时存在差异。一些学生可能对技术应用更加熟练，而另一些可能由于技术水平相对较低而感到困扰，这可能导致学习成果的不均匀。虚拟教室的互动虽然提高了教学的生动性，但也可能导致一些学生在虚拟环境中参与不足，缺乏实际的互动。这需要教育者更加关注教学设计，鼓励学生积极参与，确保虚拟教室的互动效果更为理想。在线学习平台和虚拟教室为大学英语教育带来了全新的教学模式和学习机会。这一变革推动了大学英语教育的创新发展，使学习更加灵活、自主，为学生提供了更多元化的学习路径。要实现在线学习的最大效益，教育者需要积极面对挑战，充分发挥这些新工具的优势，确保学生在虚拟教室中能够获得更好的学习体验和更高的学术成就。

### （二）个性化学习和人工智能辅助

大学英语教育正逐渐借助个性化学习和人工智能辅助技术迎合学生多元化的学习需求。个性化学习强调根据每位学生的特点和需求进行定制化教学，而人工智能辅助技术则为实现个性化学习提供了全新的可能性。在个性化学习方面，大学英语教育应注重学生的个体差异，从学生的学科兴趣、学习风格、学习能力等多个方面入手，量身定制个性化学习计划。这可以通过灵活的课程设计、不同层次的教材选择、多样化的教学方法等途径来实现。个性化学习的目标是使每位学生在自己的学科领域中发挥潜能，提高学习效果。人工智能辅助技术在大学英语教育中的应用为个性化学习提供了有力的支持。智能化的学习系统可以根据学生的学习数据和表现，为其提供定制化的学习建议和资源推荐。

这使得教育者能够更好地了解学生的学习需求，有针对性地调整教学内容，提高教学的个性化水平。在语言学习方面，人工智能辅助技术还广泛应用于语音识别、自然语言处理等领域。通过智能语音交互系统，学生可以进行更为真实的语音交流，系统可以实时纠正发音错误，提供个性化的语音反馈。这种形式的语音互动不仅使语言学习更具趣味性，也提高了学生口语表达的自信心。个性化学习和人工智能辅助技术在课程设计中的应用也是大学英语教育创新的方向。借助大数据分析，教育者可以更好地了解学生在不同阶段的学习状况，为课程设计提供数据支持。这有助于更科学地确定教学内容和难度，使课程更贴近学生的实际需求。要实现个性化学习和人工智能辅助大学英语教育，仍面临一些挑战。技术的普及和应用需要一定的硬件和软件基础，这可能对一些学校和学生造成一定的门槛。个性化学习需要更多的教育者投入，以更深入地了解学生的个体差异，调整教学策略。要保障学生的学习数据隐私和信息安全，需要建立完善的法律法规和技术保障体系。个性化学习和人工智能辅助技术的融合为大学英语教育带来了更广阔的发展前景。更好地满足学生个性化的学习需求，提高教学效果，大学英语教育有望更好地适应时代发展的需求，培养更具创新力和实际应用能力的英语人才。

### （三）语音识别技术和在线评估

大学英语教育的在线评估在当今数字化时代正逐渐成为教学的重要组成部分。在线评估的出现不仅使评价过程更为高效便捷，同时也为学生和教育者提供了更多灵活的学习和教学方式。在线评估首先在提高教学效率方面发挥了重要作用。通过在线评估系统，教育者可以迅速获得学生的学业表现数据，更加及时准确地了解学生的学习状况。这使得教育者能够更有针对性地调整教学策略，针对学生的弱点和需求提供更有针对性的指导。学生也能够迅速了解自己的学业水平，及时调整学习方法，提高学习效果。在线评估为教育者提供了多样化的评估方式。传统的评估方式主要以笔试、口试为主，而在线评估系统则提供了更多元的评估方式，如在线测验、项目作业、在线讨论等。这有助于更全面地了解学生的学业表现，促使学生更多地参与到实际应用和讨论中，培养他们的综合素质。在线评估还促使学生更加主动地参与学习过程。通过在线平台，学生可以随时随地提交作业、参与讨论，获得及时的反馈。这种实时性的交互使学生更加积极主动地参与学习，提高学习的主动性和自觉性。学生也能够更好地管理自己的学业进度，这有助于培养学生的自主学习能力。在线评估系统还为大学英语教育带来了更广泛的学习资源。通过在线平台，学生可以获取到丰富的学习资料、教学视频、网络课程等资源，拓宽了学生的学科视野，提高了学习的广度和深度。这有助于更好地满足不同学生的学科兴趣和需求，促使学生更好地发挥自己的学科优势。在线评估也面临一些挑战。其中之一是保护学生隐私和数据安全的问题。在线评估系统需要收集学生的学习数据，如何妥善保护这些数据，确保不被滥用，是我们需要认真对待的问题。对于不同层次和能力的学生，如何设计公平合理的在线评估标准也是一个需要仔细考虑的问题。大学英语教育的在线评估在数字化时代的大背景下，为教学和学习提供了更多的便捷。提高教学效率、多样化的评估方式、促进学生主动参与和提供广泛的学习资源，在线评估有望更好地满足当代学生和教育者的需求，推动大学英语教育的创新与发展。

  大学英语教育正经历着巨大的变革，其中语音识别技术的广泛应用成为引领变革的一大亮点。这项技术通过计算机对语音输入进行识别和理解，为学生提供了更直观、交互式的学习方式。语音识别技术的出现丰富了语言学习的形式。传统的英语学习主要集中在书面和听力方面，而语音识别技术为口语表达提供了更多的机会。学生朗读、模仿和实时语音交互，可以更自然地提高口语表达能力，使得学习过程更加贴近实际语境。语音识别技术拓展了学习的时间和空间。传统的英语学习通常依赖于固定的时间和地点，而语音识别技术使学生能够随时随地进行学习。通过智能手机、平板电脑等设备，学生可以在公共交通等各种场合进行语音练习，提高学习的时效性和便捷性。语音识别技术也为英语教育带来了更个性化的学习路径。分析学生的语音输入，系统可以更好地了解他们的发音准确性、语调变化等方面的表现，为每个学生量身定制适合其个体差异的学习计划。这种个性化的学习方式有助于激发学生的学习兴趣，提高学习效果。语音识别技术的广泛应用也面临一些挑战。不同地区、口音、语速的学生语音输入可能会影响技术的准确性。技术系统需要更好地适应多样化的语音输入，以保证准确识别和评估。隐私和安全问题也是需要认真考虑的方面。学生的语音数据在进行识别和分析的过程中可能涉及个人隐私，学校和技术提供商需要建立健全的隐私保护机制，确保学生的个人信息得到妥善处理。语音识别技术为大学英语教育带来了巨大的变革，使得学习更加直观、交互，并提供更加灵活的学习方式。尽管面临一些技术和隐私方面的挑战，但不断改进和创新,这一技术将有望为英语教育领域注入更多活力,推动学生在口语表达和语言运用方面取得更为显著的进步。

## 二、技术与创新融合的课程设计和教学方法

### (一)创新教学方法和案例研究

大学英语教育正积极应对挑战,引入创新教学方法并进行案例研究,以提升学生的学习效果和适应力。这种变革旨在打破传统教学的条条框框,更好地满足当代学生的学习需求。创新教学方法注重激发学生的主动性和创造性。传统的教育往往只侧重于知识的灌输,而创新教学方法强调学生的参与和合作。小组讨论、项目合作等形式使学生能够更好地运用所学知识,培养批判性思维和解决问题的能力。这种方法使学生在学习中不再是被动的接收者,而是积极参与者,提高了学习的深度和广度。案例研究成为创新教学方法中重要组成部分。真实案例的引入使学生可以在实际问题中应用所学知识更好地理解抽象概念。案例研究不仅有助于将理论知识与实际情境相结合,还培养了学生的分析和解决问题的能力。这种实践性的学习方式使学生更容易将学到的知识转化为实际操作能力。创新教学方法和案例研究的结合也促使教师在教学设计上更具创造力。教师可以制定具体案例研究,引导学生深入思考,鼓励他们提出独立见解。这种教学方式需要教师更具启发性和引导性,激发学生的学习兴趣,使教学过程更加生动有趣。创新教学方法和案例研究也面临一些挑战。学生的自主学习能力和团队协作能力需要在这一过程中得到更好的培养。由于案例研究往往强调对实际问题的解决,需要学生具备更强的实际动手能力,这也对学生的综合素质提出了更高的要求。在创新教学方法和案例研究的推动下,大学英语教育正朝着更具活力、更贴近实际的方向发展。这种变革不仅满足了学生对于实际应用能力的追求,也使教育更加与时俱进。不断摸索和改进,创新教学方法和案例研究将有望为大学英语教育注入更多新鲜血液,为学生的综合素质提升和未来发展打下坚实基础。

### (二)创新教课程设计

大学英语教育中的创新教学课程设计是应对时代发展需求的必然选择。创新教学课程设计不仅关注对学生传统语言技能的培养,更强调对学生综合素养

的培养，使其具备更广泛的知识背景和实际应用能力。创新教学课程设计的一个重要方面是引入跨学科的教学内容。传统的英语课程主要侧重对语法、词汇等语言基础知识的传授，而创新教学将目光投向更为广泛的学科领域。将英语学习与科学、艺术、商业等学科融合，使学生能够更全面地了解不同领域的知识，提高他们的综合素质。创新教学课程设计强调实际语境中的语言运用。传统的课程可能过于侧重于纸面考试，而创新教学注重培养学生在实际生活和工作中运用英语的能力。通过模拟实际工作场景、组织实地考查等方式，学生能够更好地适应语言运用的真实场景，提高他们的实际应用水平。创新教学课程设计还倡导学生参与项目化学习。以项目为基础的教学使学生能够在实际项目中应用英语，培养解决问题的能力和团队协作意识。这种实践性的学习方式有助于激发学生学习的热情，使他们更加深入地理解和掌握所学知识。创新教学课程设计还强调教学资源的多元化。传统的教学资源主要以教材为主，而创新教学则更注重引入多样的学习资源，如网络资源、多媒体教材、在线课程等。这不仅使学生能够更灵活地获取知识，还有助于教师更好地创造丰富多彩的教学场景，提高教学的趣味性和吸引力。创新教学课程设计也面临一些挑战。教育资源的不平衡可能会影响创新教学的实施。一些地区和学校可能缺乏足够的技术设备和网络支持，导致创新教学难以全面推广。教师的培训和支持也是创新教学面临的问题。教师需要不断更新自己的知识储备，提高技术应用水平，以更好地适应创新教学的需求。创新教学课程设计是大学英语教育发展的必然趋势。引入跨学科内容、注重实际语境中的语言运用、推崇项目化学习和多元教学资源的运用，创新教学能够更好地满足学生的综合素质培养需求，促进大学英语教育的发展与创新。

# 第三节　全球化与大学英语教育

## 一、全球化趋势对大学英语教育的影响

### （一）英语作为国际语言的地位

英语作为国际语言的地位在当今世界格外显著。这种地位并非一夜之间形

成的,而是经过长期的历史发展和国际交流逐步确立起来的。它不仅是一门语言,更是连接不同文化和民族的桥梁,具有极其重要的地位和功能。英语的广泛使用与全球化的发展密不可分。随着国际贸易、科技、文化等领域的不断交流与合作,英语作为一种通用语言在全球范围内得到广泛应用。它成为跨文化交流的工具,为不同国家和地区的人们提供了共同语言,促进了信息流通和全球化进程。英语作为国际语言的地位受到经济发展和科技进步的推动。在当今的科技革命和信息时代,大量的科技创新和信息交流都是基于英语进行的。许多国际性的科研成果、学术论文、商业活动等都需要用英语进行交流,这进一步加强了英语在国际舞台上的地位和影响力。英语作为国际语言在国际组织、政治交流和外交谈判中扮演着重要角色。许多国际性组织和机构都将英语作为官方语言之一,国际会议、外交交涉等大多以英语作为交流语言。这种情况使得英语不仅在日常生活中得到广泛应用,更在政治和国际事务中发挥着重要作用。英语作为国际语言的地位也面临一些挑战和争议。英语的普及程度不均,存在着一定的语言不平等问题。一些发展中国家或地区的人们并不具备良好的英语水平,这导致了信息获取和参与国际交流的障碍。一些人担心英语作为国际语言的传播会导致本土语言和文化的流失。在全球化进程中,一些地区的本土语言和文化面临着被边缘化和消失的风险。这种情况引起了人们对文化多样性和本土语言保护的关注。英语作为国际语言的地位无可否认,是巨大的。它为世界各国之间的交流提供了便利,推动了全球化的进程,为经济、科技和文化领域的发展发挥了积极的作用。要想更好地利用英语这一国际语言,解决语言不平等问题,保护本土语言和文化,还需要全球各方共同努力,寻求更加平衡和包容的解决方案。

### (二)国际化的学术环境

在当今高等教育日益国际化的背景下,大学英语教育迎来了前所未有的机遇和挑战。国际化的学术环境为学生提供了更广阔的学术视野,促使大学英语教育更加注重培养学生的跨文化沟通能力、学科交叉能力和全球意识。国际化的学术环境要求大学英语教育更加注重培养学生的跨文化沟通能力。在全球化的时代,不同国家和文化之间的交流变得愈加密切。大学英语教育应该致力于帮助学生更好地理解和适应多元文化环境。引入多元文学作品、国际热点话题等教学内容,使学生能够更深入地了解不同文化的思维方式、价值观念,培养他们在跨文化交流中的灵活性和敏感性。国际化的学术环境要求大学英语教育注重培养学生学科交叉能力。现今许多重大社会问题和学术挑战都需要跨学科的合作来解决。大学英语课程可以引入与其他学科的交叉内容，激发学生的兴趣，拓宽他们的学科视野。这种学科交叉的学术环境有助于培养学生的创新精神和解决问题的能力。国际化的学术环境要求大学英语教育引入更多的国际学术资源。积极参与国际学术交流、组织国际性的学术活动，大学英语教育可以为学生提供更多接触国际前沿研究和学术观点的机会。这有助于激发学生的学术兴趣，提高他们的学术水平，使他们更好地融入国际学术社群。国际化的学术环境要求大学英语教育关注全球性的问题。大学英语课程可以引入全球性问题，如气候变化、可持续发展等，使学生深入了解全球性挑战，引导他们思考解决问题的方法。这有助于培养学生的全球意识和社会责任感，使他们具备更广泛的社会参与能力。国际化的学术环境要求大学英语教育关注学生的实际应用能力。除了传统的语法、写作等语言技能，大学英语教育还应注重培养学生在实际工作、学术研究中运用英语的能力。项目式学习、实践活动等方式，使学生能够更好地将英语应用于实际场景，提高他们的实际应用水平。国际化的学术环境为大学英语教育提供了更为广阔的发展空间。大学英语教育应紧跟时代潮流，培养学生的跨文化沟通能力、学科交叉能力，使学生更好地适应国际化的学术环境，为他们未来的发展打下坚实的基础。

### （三）跨文化沟通和国际交流

大学英语教育中，跨文化沟通显得至关重要。在全球化的今天，不同国家、不同文化的学生汇聚在同一个教室，这种多元文化的背景使得跨文化沟通成为一个必备技能。在教育实践中，跨文化沟通不仅仅是学生之间的交流，更体现在与教师、教育机构的互动中。教师需要了解学生的文化背景、价值观念和学习风格，以更好地满足他们的学习需求。学生也需要适应异国文化，尊重并理解不同文化的差异，形成一种良好的教育生态。跨文化沟通的核心在于尊重和理解。教育者应当用多样性的教育内容和教学方法让学生更全面地认识不同文化，促使他们更好地融入多元文化的学习环境。这种尊重和理解不仅仅体现在言语上，更需要行为和态度来传递。在实际教学中，语言是跨文化沟通的关键。学生需要学习英语，掌握一种国际通用的交流语言。教育者也需要语言教学，传递不同文化的思维方式和沟通风格，培养学生的跨文化交际能力。跨文化沟通还需要关注非语言层面上的因素。例如，不同文化中的肢体语言、眼神交流等在跨文化交际中有着不同的含义。教育者应当引导学生关注这些非语言因素，帮助他们更准确地理解和表达自己。对语言和非语言文化差异的认知也是跨文化沟通的重要一环。学生需要逐步认识不同文化对时间、空间、权威等概念的理解存在着差异。这种对文化意识的培养不仅有助于跨文化沟通，也有助于学生更深刻地理解自己的文化背景。跨文化沟通在大学英语教育中占有重要地位。它不仅是一种交际技能，更是一种文化意识的培养。促使学生尊重差异、理解文化背景，大学英语教育可以为他们在国际舞台上更好地融入、交流提供有力支持。这种跨文化沟通能力的培养既有助于学生更好地适应国际化的学术环境，也为他们未来在跨国企业、国际组织等各个领域的职业发展奠定了坚实基础。

在当今全球化的背景下，大学英语教育的国际交流成为一项至关重要的任务。国际交流为学生提供了更广阔的学术视野和人际网络，对于培养他们的国际视野、跨文化沟通能力和全球意识具有重要意义。国际交流有助于学生拓宽学术视野。参与国际交流项目使学生能够亲身体验不同国家和文化的学术氛围，接触到最新的学术研究成果和理念。这有助于激发学生的学术兴趣，拓展他们的学科知识，使他们在全球范围内更为有竞争力。国际交流促使学生提高跨文化沟通能力。在国际环境中，学生需要适应不同的语言、文化和思维方式。这种跨文化的交流经验有助于培养学生的开放心态和跨文化适应能力，使他们能够更好地在国际社会中交流合作。国际交流也为学生提供了更丰富的人际网络。结识来自不同国家的同学、教授，学生能够建立起广泛而深厚的人际关系。这有助于拓展学生未来的职业发展渠道，使他们能够更好地融入国际化的职业环境。国际交流不仅仅是对学生个体的培养，也对整个大学英语教育体系起到积极的推动作用。大学英语教育应该积极组织和支持学生参与国际交流项目，为其提供更多的机会。学校应该加强国际间的学术合作，推动教职员工之间的国际交流，以提升学校在国际学术舞台上的影响力。国际交流也面临一些挑战。语言障碍可能是一个限制因素。学生在国际交流中可能面临不同语境下的语言沟通问题，这需要学生具备足够的语言能力。文化差异可能引起学生的适应困难，需要学生具备一定的跨文化沟通技巧和开放心态。在国际交流中，学生还可能面临生活和学习上的困扰，需要学校提供全方位的支持和帮助。一些国际交流项目的费用较高，可能成为一些学生参与的障碍。因此，学校可以以设立奖学金、提供资助等方式，鼓励更多学生参与到国际交流中。国际交流是大学英语教育不可或缺的一部分，对于学生的个体发展和整个教育体系的提升都具有积极的作用。通过国际交流，学生能够拓宽学术视野、提高跨文化沟通能力、建立广泛的人际网络，为他们未来的职业发展和学术研究奠定坚实的基础。学校应积极支持和组织国际交流项目，为学生提供更多的机会，促进国际化水平的提升。

## 二、跨文化教学和文化多样性的应对策略

### （一）文化多样性融入课程

大学英语教育中融入文化多样性的理念具有重要意义。在全球化的背景下，学生来自不同的国家和文化，因此，在课程设计中充分考虑文化多样性的因素显得尤为重要。文化多样性不仅仅是地理位置和语言的差异，更包括了不同文化的价值观、传统习俗、社会习惯等方面的多元性。融入文化多样性的课程设计能够使学生更好地理解和尊重不同文化，增强他们的跨文化沟通能力。在语言教学方面，文化多样性的融入可以引入丰富的语言材料和实际语境进行。不同国家和地区的口音、俚语、习惯用语等都可以成为学习的一部分，帮助学生更全面地掌握语言的应用能力，提高他们的语感。文学作品也是融入文化多样性的重要途径。引入来自不同文化背景的文学作品使学生能够更深入地了解不同社会和人群的生活、思想、情感等方面，拓展他们的文学视野，培养对文学多元性的欣赏能力。社会和文化问题的讨论也是一种融入文化多样性的有效手段。引导学生探讨不同文化中的社会问题、价值观冲突等话题，促使他们思考并尊重多元化的观点，形成更加开放和包容的思维方式。融入文化多样性还可以以音乐、艺术、传统节日等多种形式进行。引入世界各地的音乐和艺术作品可以让学生感受不同文化的审美情趣；介绍不同国家的传统节日可以让学生了解和尊重其他文化的庆祝方式。融入文化多样性的课程设计不仅有助于学生更全面地了解世界，也有助于培养他们的国际视野和跨文化交流的能力。这样的课程设计使大学英语教育成为一个促进文化交流和理解的平台，使学生在未来的工作和生活中更好地适应多元化的社会环境。

### （二）多语言支持与培养

在当今全球化的时代多语言支持与培养成为大学英语教育的重要议题。这

一方面要求学生具备更广泛的语言能力，另一方面也意味着大学英语教育需要更灵活的教学方法和资源，以更好地支持学生在多语言环境中的学习与交流。多语言支持要求大学英语教育更加注重培养学生的语言能力。除了将英语作为第二语言的学习之外，学生应该被鼓励学习更多的语言，以满足跨文化沟通的需求。多语言的掌握使学生能够更好地理解不同语境下的信息，提高他们的语言敏感性和交际能力。多语言支持要求大学英语教育创新教学方法。传统的英语教育可能过于侧重于对语法和词汇的教学，而多语言的环境下，学生需要更多的实际语言运用来提高他们的语言能力。教学方法应该更加注重对实际交际和实践应用，例如项目式学习、模拟实际场景等方式使学生在语言学习中更好地应用所学知识。多语言支持也意味着多语言教材的应用。传统的教材可能以英语为主，但在多语言环境中，学生可能使用多种语言进行学习。因此，教材的多元化和多语言化是大学英语教育创新的方向之一。这有助于满足学生不同语言背景的需求，提高他们的学习兴趣和学科参与度。多语言支持也涉及培养学生的跨文化意识。语言不仅仅是一种交际工具，更是其背后文化和价值观的体现。大学英语教育应该以文学作品、文化活动等方式，引导学生更深入地理解英语国家的文化，并培养他们在跨文化交际中的敏感性和应对能力。多语言支持同时也提出了教师的培训和发展需求。教师不仅仅需要具备扎实的英语教学能力，还需要了解多语言的教学策略和方法。这有助于提高教师的教学水平，更好地满足多语言环境下学生的需求。多语言支持也面临一些挑战。多语言的背景可能导致学生之间的差异较大，教师需要灵活应对不同学生的学习需求。多语言支持可能涉及资源的问题，包括多语言教材的准备、跨文化教育资源的获取等，这需要学校提供更多的支持。在大学英语教育中，多语言支持不仅仅是对语言能力的培养，更是对学生综合素养的培养。注重多语言背景下的实际语言运用、创新教学方法和教材使大学英语教育有望更好地适应全球化时代的需求，为学生提供更为全面的语言学习体验。

## （三）国际合作与交流项目

国际合作在大学英语教育中扮演着至关重要的角色。这一合作模式是全球化背景下的产物，为提升教育质量、推动学术交流和培养具有国际视野的人才提供了有力支持。国际合作不仅仅是在国家之间，也包括学术机构、企业和社会组织等多个层面。这种多元合作为大学英语教育注入了新的活力。与国外大学合作使学生可以接触到更广泛、更先进的教育资源。这不仅包括教材、课程设置，还包括国际顶尖学者的讲座、参与国际性学术会议的机会等，为学生提供了更丰富的学术体验。国际合作有助于打破学科壁垒，推动跨学科研究的开展。与国外学术机构的合作使大学英语教育能够更好地与其他学科交叉，开展综合性的研究项目。这种跨学科的合作不仅有助于解决复杂问题，也培养了学生具有全球视野的综合能力。国际合作还促进了学生的国际交流和实践机会。与国外大学建立的联合项目、交换计划等让学生有机会亲身体验不同文化，拓展他们的国际视野。这种实际的跨文化体验对于培养学生的国际背景和跨文化交际能力有着积极的影响。教师的国际合作也是大学英语教育中的一大亮点。与国外学者的合作研究、共同参与国际性学术项目，教师们能够获取最新的研究动态，提升自身的学术水平，为学生提供更具前瞻性和实践性的教育内容。国际合作也面临一些挑战。文化差异和语言障碍可能成为合作过程中的障碍。有效合作需要各方积极探讨和解决跨文化交流中可能出现的问题。合作项目的设计和实施需要各方达成一致的目标和计划，确保合作的可持续性和有效性。国际合作是大学英语教育中的一项重要战略。与国外大学、学者和机构的合作使大学英语教育得以从全球化的角度审视和推动自身发展。这种国际合作模式不仅促进了教育资源的共享，还为学生提供了更广泛的发展机会，培养了具有国际竞争力的人才。大学英语教育中的交流项目是一种重要的教学模式，参与交流项目使学生能够在全球范围内拓宽视野、提高语言能力、增强跨文化沟通技能，从而更好地适应多元化的社会和职场需求。交流项目提供了学生与不同文化背景的人交往的机会，这对于培养跨文化沟通能力至关重要。与外国学生进行直接的语言交流和文化互动使学生能够更好地理解不同文化的思维方式、价值观念，提高他们在跨文化交往中的适应性和敏感性。交流项目有助于学生提高英语运用能力。在国外的语言环境中，学生需要主动运用英语进行日常生活和学术交流，这有助于提高他们的口语表达能力和听力理解能力。与英语为母语者的实际交流让学生能够更深刻地理解语言的实际运用情境，为他们的语言学习提供更为丰富的经验。交流项目促使学生深入了解和体验目标国家的社会文化。参与当地的文化活动、参观历史古迹、与当地人建立联系，学生能够更全面地了解目标国家的历史、传统和社会风俗，进一步增强他们的全球视野和国际意识。交流项目还能够激发学生的自主学习兴趣。在异国他乡，学生面对的学习环境和学科内容可能与本国有所不同，这需要他们具备较强的自主学习能力。主动参与课程、独立解决问题使学生能够培养自主思考和学科探究的能力。交流项目也面临一些挑战。语言障碍可能成为学生参与交流项目的一大障碍。不同国家和地区的语言环境存在较大差异，学生可能需要一定时间来适应和克服语言障碍。文化差异也可能导致学生在交流过程中的适应困难。在不同文化背景下，学生可能会面临一些文化差异引起的沟通问题，需要他们具备较强的文化适应能力。为了更好地支持学生参与交流项目，大学英语教育需要提供更为灵活的课程设置和支持体系。教育机构可以积极组织和推动学生参与国际交流项目，同时也应该提供足够的语言培训和文化适应指导。教师在交流项目中扮演着重要的角色，需要关注学生的学习情况，及时提供支持和指导。交流项目是大学英语教育中一种具有重要意义的教学模式。与不同文化背景的人进行交流，学生能够提高跨文化沟通能力、增强语言运用能力、深入了解目标国家的社会文化，为他们未来的职业发展和学术研究打下坚实的基础。大学英语教育应积极推动和支持学生参与交流项目，为他们提供更广阔的发展空间。

## 第四节　新趋势与前景展望

### 一、新趋势在大学英语教育中的崛起

#### （一）技术驱动的英语教育

在大学英语教育中，技术的广泛应用已成为一种不可忽视的趋势。技术驱动的英语教育为学生提供了更加灵活、便捷的学习方式，同时也为教育者提供了更多的创新教学手段。技术的应用使得英语学习更加个性化。通过在线学习平台、教育软件等工具，学生可以根据自身的学习进度和兴趣特点选择适合自己的学习内容，实现个性化的学习路径。这种个性化的学习方式有助于激发学生的学习兴趣，提高学习效果。技术的引入拓展了英语教育的边界。虚拟现实、增强现实等技术的应用使得学生可以在更真实的语境中学习语言，提高语言运用的实际能力。跨文化交流也因为技术的介入而更加便捷，学生可以通过在线平台与来自世界各地的学生进行语言交流，增强跨文化沟通的能力。技术驱动的英语教育还注重了学习过程的互动性。在线学习平台和虚拟教室为学生提供

了丰富的多媒体资源，教育者可以采用在线讨论、实时反馈等方式与学生进行互动。这种互动模式促进了教育者与学生之间的更密切联系，有助于更好地指导学生的学习。技术的引入也提升了英语评估的效率和准确性。语音识别技术、在线测评等工具能够更全面地评估学生的听、说、读、写能力，为教育者提供更具针对性的反馈，帮助学生更好地提升语言水平。技术驱动的英语教育也面临一些挑战。数字鸿沟可能导致学生之间的学习差异。一些地区的学生可能因为缺乏相关技术设备而无法享受技术带来的便利，增加了教育资源的不平等。技术引入可能使学生对于传统教学方法失去兴趣，导致对基础知识的掌握不够扎实。技术驱动的英语教育为大学英语教育带来了更多可能性。灵活运用各类技术手段，可以更好地满足学生个性化的学习需求，提高教学效果。同时也需要注意克服数字鸿沟、保障教育资源公平分配，确保技术的引入能够为英语教育的全面提升做出积极贡献。

### （二）跨学科教育的推动

大学英语教育在当今社会背景下，面临着跨学科教育推动的新时代要求。跨学科教育强调不同学科领域之间的融合和协同，旨在培养学生更全面、更创新的思维方式和解决问题的能力。在大学英语教育中，跨学科教育的推动不仅关乎学科内涵的丰富，更涉及学生综合素质的培养以及更具深度的学术思辨。跨学科教育推动着大学英语教育向更广泛的知识领域延伸。传统的英语教育往往局限于语法、词汇等基础知识的传授，而跨学科教育则要求将英语学习与其他学科进行有机结合，引入多样化的学科内容。结合文学、历史、科学等学科使大学英语教育能够更好地拓展学生的知识面，使其具备更广泛的学科视野。跨学科教育强调解决问题的跨学科思维。传统的英语教育可能侧重于语言技能的培养，而跨学科教育则更注重培养学生在解决实际问题时运用多学科知识的能力。跨学科的教育方式使学生能够更好地将英语语言技能与其他学科知识结合，形成更为综合的解决问题的思维模式。跨学科教育推动了学科之间的合作与交流。在跨学科教育的背景下，不同学科的教师有更多的机会协同工作，设计联合课程可以促进学科之间的互补和合作。这有助于打破传统学科之间的壁垒，提高教学的整体质量，为学生提供更为综合和有趣的学习体验。跨学科教育也能够更好地培养学生的创新精神。在英语教育中引入创新的思维方式，结合其他学科的创新理念使学生能够培养跨学科思考和解决问题的能力。这有助于他们更好地适应未来社会的复杂多变性,成为具有创造力的终身学习者。跨学科教育也面临一些挑战。学科之间的整合需要教师具备更为广泛的知识储备和跨学科教育的教学技能。这要求教师具备更强的学科交叉能力,能够在不同领域中为学生提供全面的指导。学生可能面临知识过载的问题,需要他们具备更强的学习能力和自主探究的精神。在大学英语教育中,跨学科教育的推动是一种必然趋势。将英语学习与其他学科融合可以引导学生进行跨学科思考和学科整合,大学英语教育能够更好地满足当今社会对综合素质人才的需求,使学生具备面对复杂多变社会的能力。

## (三)社会责任

大学英语教育不仅仅是一种学科知识的传授,更应当肩负起社会责任。这种社会责任的承担是为了培养更有社会责任感的人才,让学生在成为专业人士的也能够在社会中发挥更为积极的作用。在英语教育中,社会责任选择首先表现在教育内容的选择上。教育者应当选择与社会问题相关的语言材料,引导学生学习英语的过程更好地了解和思考社会现象。对社会问题的深入探讨使学生能够培养批判性思维,关注社会问题,成为有社会责任心的公民。社会责任体现在语言运用的实际场景中。教育者可以模拟真实的社会情境,如以社会会议、讨论社会热点等方式,让学生在英语的学习中更好地理解和运用语言。这种实际场景的设置不仅能够提高学生的语言实际运用能力,更能够培养他们对社会问题的关注和反思能力。社会责任也表现在培养学生的国际视野和跨文化沟通能力上。引入来自不同国家和地区的文学作品、文化传统等,学生能够更好地理解多元文化,拓展国际视野。与其他国家的学生进行合作、交流能够促进跨文化的沟通,培养学生更广泛的社会交往能力。在教学方法上,社会责任体现在促进学生团队合作和社会参与能力的培养方面。小组讨论、团队项目等形式可以培养学生在集体中协作的能力,激发团队责任感。鼓励学生参与社会志愿活动、实践项目,让他们更好地将英语学到的知识应用于社会实践中,从而更全面地发展个人素养。社会责任还可以通过关注学生的职业发展和社会贡献来体现。教育者应当引导学生在职业规划中注重社会价值,鼓励他们选择有益于社会发展的职业方向。提供职业道德的培训使学生在职场中不仅能够胜任工作,更能够担当社会责任,积极参与社会公益事业。社会责任是大学英语教育中的一项重要任务。引导学生关注社会问题、培养社会参与能力、关心跨文化交流等方面使大学英语教育能够为培养更有责任心的社会成员做出贡献,让学生在学术和职业发展中更好地服务社会。

## 二、未来前景展望与应对策略

### (一)学科交叉的创新模式

在当今高等教育领域,学科交叉的创新模式在大学英语教育中显得尤为重要。学科交叉不仅打破了传统学科之间的界限,也为学生提供了更为广泛而深入的学习体验。在大学英语教育中,采用学科交叉的创新模式,有助于培养学生的跨学科思维能力,提升其综合素养。学科交叉的创新模式有助于激发学生的学习兴趣。传统的大学英语教育往往将语言学习与其他学科割裂开来,导致学生对英语学习缺乏兴趣。将英语与其他学科融合,比如将英语与文学、历史、科学等学科相结合,可以为学生提供更为丰富的学科内容,激发他们的学习兴趣,使英语学习不再是一项孤立的任务,而是与其他领域相互渗透的过程。学科交叉的创新模式有助于培养学生的批判性思维能力。在学科交叉的教学环境下,学生不仅需要掌握英语语言技能,还需要运用这些技能去分析、理解其他学科的相关知识。这种跨学科思维的培养有助于学生形成更为全面和批判性的思考方式,使他们能够更好地理解和评估各种信息,培养独立思考的能力。学科交叉的创新模式可以为学生提供更为实际的学习体验。将英语与实际问题相结合,学生可以在实际情境中运用所学的语言知识,更好地理解和掌握英语的实际运用能力。比如,在商务英语课程中引入商业案例,或者在医学英语课程中结合实际医学情境,可以让学生在真实的场景中应用所学的英语知识,提高其语言实际运用的能力。学科交叉的创新模式为大学英语教育注入了新的活力。打破传统学科的界限,激发学生学习兴趣,培养他们的跨学科思维和批判性思维能力,以及提供更为实际的学习体验,学科交叉为大学英语教育带来了更为丰富和全面的发展机遇。这种模式的推广和深化有助于培养更具综合素养的英语人才。

### (二)强调创造力、批判性思维和解决问题能力

创造力英语教育是一场引领思维风暴的革新。其课程设计不拘泥于传统框架,而是在开放性的学术氛围中激发学生内在的创造潜能。在这里,学生不仅

仅是知识的被动接受者，更是思想的自由航行者。教学团队由来自各个学科领域的专业人才组成，他们不仅精通英语，而且在跨学科的交汇点上寻找灵感。独特的教学方法使创造力英语教育打破了传统教学的束缚，让学生在思维的海洋中尽情遨游。学生们在这里不仅仅学习语法和词汇，更是通过文学、艺术、科技等多元化的学科涵盖拓展对英语的理解。文学作品的深度解析使学生们不仅仅学会了语言的表达，更培养了对于不同文化的敏感性和包容心态。这种多元化的教学方法为学生的综合素养奠定了坚实的基础。创造力英语教育更注重学生思辨和解决问题的能力。在课堂上，学生们以小组讨论、实践项目等形式深入思考和探讨，从而培养了独立思考和解决问题的能力。这种开放的学术环境激发了学生的创造激情，让他们在语言表达中找到了属于自己的声音。创造力英语教育注重培养学生的团队协作精神。在英语教育中，学生们不仅仅是个体，更是一个共同体的一部分。合作项目和团队作业使学生们学会了倾听、尊重和合作。这种团队协作的精神将伴随他们一生，使他们在未来的职业生涯中更具竞争力。创造力英语教育不拘泥于传统，而是用开放、多元化的教学方法培养学生的创造力、思辨能力和团队协作精神。这不仅仅是一场语言的学习，更是一次思想的启蒙和人格的塑造。在这里，学生们将收获更多，不仅仅是流利的英语表达能力，更是对于世界的深刻理解和积极的人生态度。批判性思维英语教育显然与传统教育有所不同，它强调的不仅仅是知识的灌输，更是学生批判性思维的培养。这一教育理念突破了以往教学的框架，注重培养学生对信息的深度分析和评估的能力。在这一体系下，学生并非简单地记忆词汇和语法规则，而是被激发去挑战现有的观念，不断追问为什么和如何。教育者们致力于引导学生思考问题的根本，而不是仅仅提供答案。这样的教育方式不仅培养了学生的独立思考能力，更激发了他们对学科的浓厚兴趣。在课堂上，大量的讨论和辩论活动锻炼了学生语言使用的敏感性和洞察力。这不仅体现在对于词汇和语法的准确运用上，更表现在他们对于语言背后深层次含义的把握上。文学作品和实际案例的分析使学生们逐渐形成了独立见解，并能够清晰表达自己的观点。批判性思维英语教育注重培养学生的逻辑思维和推理能力。在解析文章和进行写作时，学生们被鼓励从多个角度思考问题，深入挖掘信息背后的逻辑关系。这种思维方式使学生更具分析问题和解决问题的能力，不仅在语言表达中游刃有余，更在解决实际问题时游刃有余。批判性思维英语教育还注重跨学科的融合。学生们在学习英语时接触到文学、历史、科技等多个领域，形成全面的知识结构。这种跨学科的学习方式不仅拓宽了学生的视野，更培养了他们在不同领域中进行批判性思考的能力。批判性思维英语教育注重培养学生的批判性思维，使他们具备对信息的深度分析和全面评估的能力。这一教育理念不仅在学科学习上有所突破，更培养了学生独立思考、逻辑推理和跨学科融合的能力，使他们在未来的职业生涯中更具竞争力。解决问题能力英语教育以培养学生实际解决问题的能力为核心，不拘泥于传统的知识灌输，而是注重学生的实践操作。在这一独特的教育体系下，学生在语言学习的更注重应用语言解决实际问题的技能。这种教育理念打破了传统英语教育的束缚，通过实际项目和案例研究来激发学生的兴趣和动力。学生们在解决问题的过程中，逐渐领悟到语言的实际运用价值，从而更加主动地参与到学习中。这种实践性的学习方式使学生在面对实际挑战时能够游刃有余。在课堂上，学生们不仅仅局限于死记硬背的语法和词汇，而是实际情境中的模拟，锻炼了运用语言解决问题的能力。这种注重实际应用的教学方法不仅提高了学生语言表达的灵活性，更培养了他们的实际沟通能力。在解决问题的过程中，学生们逐渐习得了灵活运用语言的技巧，从而在各种情境下都能够迅速、准确地表达自己的观点。解决问题能力英语教育更注重培养学生的团队协作意识。在实际项目中，学生们需要与同学共同分析问题、提出解决方案，并协同实施。这种团队合作的方式是使学生在实际操作中提高了协调、沟通和领导的能力。这不仅是学术上的收获，更在未来的职业发展中成为一项重要的竞争力。解决问题能力英语教育还强调跨学科的整合。学生们在学习英语时接触到不同领域的知识使他们能够更全面地理解问题，并运用语言进行综合性解决。这种跨学科的学习方式使学生更具有全局观和综合分析问题的能力。解决问题能力英语教育注重实际应用和团队协作培养了学生解决问题的实际能力。这一教育理念使学生在语言运用中更具实际性，同时也培养了他们团队协作和跨学科整合的能力，为未来的职业生涯奠定了坚实的基础。

### （三）国际化视野与全球竞争力

国际化视野英语教育独辟蹊径，强调的不仅是英语语言的学习，更是培养学生全球化视野的能力。这一教育理念在课程设计、教学方法上都体现出明显的国际化特色。在国际化视野英语教育中，学生接触到丰富多彩的跨文化素材。文学作品、影视、新闻报道等形式使学生在语言学习的同时深度了解不同国家和文化的差异。这种开放式的学习方式使学生能够在语言运用中更加灵活，更能够理解并尊重不同文化之间的差异。教学团队由来自不同国家和地区的资深教育者组成，他们带给学生不同国际视角的思考方式。教育者的引导使学生逐渐形成了辩证的思考方式，超越单一的文化观念更能够全面理解和包容多元文化的存在。这种国际化的教学团队构建了开放、多元的学术氛围。国际化视野英语教育注重培养学生的全球意识。在课堂上，学生对国际时事进行深入讨论，了解全球各地的经济、政治、社会等方面的动态。从而在语言表达中更具深度，同时也培养了他们关注全球问题的责任感。国际化视野英语教育还强调实践体验。学生被鼓励参与国际交流、实习和志愿活动，亲身体验不同文化背景下的生活和工作。这种实践性的学习方式使学生更具国际竞争力，能够更好地适应全球化时代的挑战。国际化视野英语教育还强调多语言的学习。学生在学习英语的时候有机会接触其他国际语言，拓展语言的广度。这使学生在国际交流中更具优势，更能够跨越语言障碍，进行深入的跨文化沟通。国际化视野英语教育不仅仅注重语言本身的学习，更强调培养学生的全球化视野。跨文化素材的引入、国际化的教学团队、全球意识的培养和多语言的学习等手段使学生得以更全面、更深入地理解和运用英语，在国际舞台上更具竞争力。全球竞争力英语教育具有独特的特色，突出强调的不仅仅是语言技能的提升，更注重培养学生在国际竞争中的全面能力。在这一理念的指导下，学生不仅仅学习语言，更在全球视野中锻炼自身的综合素养。在全球竞争力英语教育中，学生不仅仅是在教材中学习语法和词汇，更进行实际项目和案例的深入研究，理解语言在实际应用中的重要性。这种实际性的学习方式使学生更具实际操作能力，能够在跨国交流和合作中游刃有余。全球竞争力英语教育注重培养学生的国际视野。学生通过对国际时事的深入分析和对全球经济、政治、文化的深度了解，逐渐形成了跨文化沟通的能力。这种全球视野的培养不仅使学生在语言表达中更具深度，更使他们具备更广泛的国际化背景。教学团队由来自不同国家和地区的教育者组成，他们带给学生多元文化的思考方式。与不同国家的教育者的互动，学生在思维方式上逐渐拓宽了自己的视野，形成更广泛的思考模式。这种多元文化的教学团队使学生能够适应国际化的工作环境，更具全球化的竞争力。在全球竞争力英语教育中，学生不再是被动地接受信息，而是通过思辨和解决问题的实践活动锻炼批判性思维。在解决实际问题的过程中，学生逐渐形成了独立思考和创新的能力，这对于他们未来的职业发展至关重要。全球竞争力英语教育还强调跨学科的学习。学生在学习英语时有机会接触到其他学科的知识，形成了更全面的学科结构。这种跨学科的学习方式使学生更具综合素养，更能够在跨领域的国际竞争中脱颖而出。全球竞争力英语教育实际项目的学习、国际视野的培养、多元文化的教学团队、批判性思维的训练和跨学科的学习使学生在语言能力提升的同时培养了国际竞争力。

# 参考文献

[1] 刘振凤. 浅谈职业本科高校大学英语教学中出现的问题及解决方法 [J]. 海外英语, 2022,(20):138-139.

[2] 王妙兰, 任洁, 王杰. 应用型本科民办高校大学英语词汇教学探究 [J]. 校园英语, 2021,(27):37-38.

[3] 王金凤. 应用型本科英语教学探究 [J]. 天津中德职业技术学院学报, 2016,(06):15-18.

[4] 方耀萍. 大学本科商务英语课堂教学方法改革初探 [J]. 湖北经济学院学报 (人文社会科学版),2015,12(02):184-185.

[5] 唐芸. 新建本科院校大学英语教学方法的改进与教师素质刍议 [J]. 毕节学院学报, 2009,27(05):85-87.

[6] 周丹. 应用型民办本科院校大学英语教育中的问题及解决方法探究 [J]. 现代英语, 2022,(12):123-126.

[7] 刘春燕. 高职衔接本科专业大学英语课程分级教学改革探索 [J]. 教育教学论坛, 2018,(49):223-225.

[8] 吕丹. 慕课环境下大学本科翻转课堂英语教学方法探究 [J]. 英语广场, 2018,(08):110-111.

[9] 成洁. 应用型人才背景下民办本科高校大学英语教学改革的探索 [J]. 中国培训, 2016,(18):50.

[10] 常虹. 重视汉英语法对比提高英语写作能力——2003 年 CET-4 作文批改的点滴体会 [J]. 湖州师范学院学报, 2004,(03):51-54.

[11] 王海皎. 提高艺术专业本科学生英语阅读能力 [J]. 山西科技, 2008,(03):49-50.

[12] 陈恪清. 大学英语翻译 (选修) 课的教学目标、原则、内容与方法 [J]. 中国科技信息, 2009,(12):235-236.

[13] 李金燕 . "专升本" 转型过程中的大学英语教学初探 [J]. 考试周刊 ,2011,(27):116-117.

[14] 王红 , 夏秀芳 , 徐彬 . 探讨如何提高我院高职升本科学生英语水平 [J]. 商业文化 ( 下半月 ),2012,(02):237-238.

[15] 黄菜方 , 向华 . 应用型本科院校大学英语教学中师生关系现状研究 [J]. 现代商贸工业 ,2023,44(17):125-127.

[16] 连文浩 , 贾强 , 王艳华 . 大学英语分级教学实施策略探究 [J]. 甘肃教育研究 ,2023,(06):137-139.

[17] 许静 . 应用型本科院校大学英语写作教学中存在问题及启示 [J]. 海外英语 ,2023,(10):154-156.

[18] 黄方 . 应用型本科院校大学英语课程思政有效教学研究 [J]. 西部学刊 ,2023,(08):122-125.

[19] 王品 . 应用型本科高校大学英语教学现存问题及对策研究 [J]. 海外英语 ,2023,(05):142-143.

[20] 潘玫 . 应用型本科院校大学英语分层教学策略探讨 [J]. 教育观察 ,2020,9(38):97-99.